교사와 학생이 함께하는

참여수업

Laura Weaver & Mark Wilding 공저 | 신현숙 역

Engaged Teaching

학지사

The 5 Dimensions of Engaged Teaching: A Practical Guide for Educators
by Laura Weaver and Mark Wilding

역자 서문

2015 개정 교육과정이 발표된 이후, 우리나라에서의 교실 수업은 주지교과 중심의 지식 전달 수업을 지양하고 교사와 학생이 함께하는 활발한 수업을 지향하고 있습니다. 그러므로 학교 현장에서 교사가 학생의 수업 참여를 돕고 교사와 학생이 수업에 흥미와 관심을 가지고 적극적으로 참여하는 데 도움이 되는 구체적인 방법과 전략을 더 많이 필요로 하게 되었습니다. 역자는 이 책이 어느 교과 수업에서든 학생은 배우는 과정에 그리고 교사는 교육하는 일에 즐거움을 느끼고 자발적으로 참여하는 데 도움이 되는 수업의 원리와 실제를 안내해 줄 것이라는 믿음과 희망을 가지고 이 책을 번안하였습니다.

이 책은 열린 마음 기르기, 자기 관찰하기, 지금 이 순간에 집중하여 현존하기, 존중의 경계 설정하기, 정서능력 개발하기라는 다섯 가지 수업의 원리와 전략을 안내합니다. 먼저, 교사가 각각의 수업 원리와 실제를 이해하고 실행하는 방법을 제시한 다음, 학생들이 실행할 수 있도록 가르치는 방법을 제안하며, 또한 교사가 동료 교사들과 함께 실행하는 방법을 소개합니다. 따라서 원서 제목 『Engaged Teaching』은 학생과 교사 또는 학생과 학생의 상호작용이 활발히 일어나고 수업자료가 학생들의 실생활과 관련되어 있어서 학생들이 배움을 실천하는 과정에서 의미를 찾고 적극적으로 참여하는 수업을 말합니다. 이에 역서 제목을 『교사와 학생이 함께하는 참여수업』으로 정하였습니다. 따라서 이 책은 사회정서학습과 교과 수업의 통합, 학습공동체 활동의 활성화, 실생활과의 관련성 및 의미와의 연결을 추구하는 수업을 구성하는 데 도움이 될 것입니다. 또한 교사가 교육하는 과정에서 겪는 어려움에 차분하게 대응할 수 있도록 마음챙김 활동 몇 가지도 소개되어 있습니다.

이 책의 주요 독자는 초등학교부터 고등학교까지 신규와 경력의 구분 없이 교육 현장의 어려움을 극복하기 위해 애쓰고 있는 교사들, 수업연구공동체 활동을 하고 있는 교사들, 학교교육의 비전을 세우고 비전의 달성을 위한 목표를 설정하며 목표의 달성을 위한 능력과 기술을 배우는 데 관심을 둔 학교관리자와 교사들일 것입니다.

이들에게 스페인의 시인 안토니오 마차도(Antonio Machado)의 멋진 시에 나오는 '그때그때 한 걸음씩 가라. 여행자여, 길은 없다. 길은 걸으면서 만들어진다.'라는 구절을 읽어 드리고 싶습니다. 그의 시에서 알 수 있듯이 꽃길이든 험한 진흙길이든 자신의 두 발로 직접 걸어가는 길이 진정한 자신의 길이기 때문입니다. 비록 이 책에 제시된 사례들이 미국의 교사와 학생들의 이야기일지라도 우리나라 교사 여러분이 이 책을 읽고 토론하면서 자신의 길을 찾아 걸어가는 데 도움이 되길 바랍니다.

끝으로, 많은 분들의 노고에 힘입어 이 책이 세상에 나올 수 있게 되었음에 감사드립니다. 이 책의 번역과 출판을 허락하고 물심양면으로 지원해 주신 학지사 김진환 사장님과 정승철 이사님 그리고 김순호 이사님과 편집부 선생님께 깊은 감사를 드립니다. 교사들에게 친근한 국문 제목을 위해 함께 고민해 주신 고(故) 안의자 선생님께서도 이 책의 출간을 기뻐해 주시리라 믿습니다.

2019년 7월

전남대학교 학교심리학 연구실에서

신현숙

모든 인생은 지금을 살아야 한다. 지금은 우리가 했던 약속을 지킬 수 있는 순간이다. 어제는 하지 못했고, 내일 하기에는 너무 늦기 때문이다. 그러니까 바로 지금.

Toda la vida es ahora. Y ahora, ahora es el momento de cumplir las promesas que nos hicimos. Porque ayer no lo hicimos, porque mañana es tarde. Ahora.

– 안토니오 마차도(Antonio Machado)

교사가 걸어가는 길

이 책은 가르치는 일을 활기차게 만들고, 학생들을 수업과 학교 활동에 의미 있고 효과적으로 참여하게 하며, 생산적이고 보람찬 교사 학습공동체를 조성하고 활성화하는 데 실용적인 방안을 제시한다. 이 책에는 여러 교사들의 지혜와 경험이 담겨 있고 정서, 주의, 기억, 학습이 서로 연결되어 있음을 보여 주는 과학적 연구와 최상의 실무에 관한 연구도 포함되어 있다. 그러므로 독자 여러분의 지혜와 경험도 이 책에 이미 반영되어 있다. 이 책에 소개된 방법들이 여러분의 개인적 상황에도 유익하기를 바란다.

교직에 주어지는 압박으로 인해 교사들이 좌절하고 소진될지라도, 동료 교사들과 서로 도움을 주고받으면서 어떤 교수법이 효과적이고 어떤 교수법은 효과적이지 않은지에 대해 의견을 나누고 성장과 학습을 촉진하는 의미 있는 동료관계를 형성하는 데 이 책이 도움이 되기를 희망한다.

교사가 평생학습자로 살아가면, 학생들도 배움을 사랑하도록 격려할 수 있다. 교사가 교실에 진정성과 반짝이는 재치를 불어넣음으로써 학생들이 지닌 진정성과 반짝이는 재치를 불러일으킬 수 있다. 교사가 교직 업무에 전념할 때, 학생들도 학업에 참여하고 전념하며 유능감을 경험할 수 있다. 교사가 매일 걷는 길이 교사와 학생이 함께하는 참여수업으로 인해 더욱 강력한 의지와 효능감 그리고 더욱 큰 즐거움을 경험하면서 걷는 길이 되기를 희망한다.

> 나그네여, 그 어떤 것도 아니고 당신의 발자국이 바로 길이라네……. 길이 없어도 당신이 걷다 보면 길이 만들어진다네.
>
> *Caminante, son tus huellas el camino, y nada más……. Al andar se hace camino.*
>
> Wanderer, the road is your footsteps, nothing else……. In walking you lay down a path.
>
> – 안토니오 마차도(Antonio Machado)

추천사

아리 저존-케슬러(Ari Gerzon-Kessler)

나는 2001년에 콜로라도주에 있는 한 초등학교에서 교직 생활을 시작했다. 그 해에 콜로라도의 어느 교육청은 전국 최저의 학업성취도 점수를 받아 관리 대상이 되었다. 초등학교 3학년 학생들 중 7%만 숙련된(proficient) 수준에 해당하는 점수를 받았을 뿐이었다. 교직 생활 초창기에 나는 학생으로서 내가 과거에 얻은 경험과 나의 어머니 레이첼 케슬러(Rachael Kessler, 1946~2010)로부터 배운 수업 방식에 거의 전적으로 의존했었다. 나의 어머니 레이첼 케슬러는 패시지 워크 연구소의 창립자로 그리고『교육의 진수(The Soul of Education)』(2000a)라는 획기적인 저서의 저자로 수많은 교사와 사회정서학습 분야의 동료들과 협업하였고, 교사와 학생이 함께하는 참여수업(engaged teaching)의 구성 요소들을 개발하였다.

나는 교사로 임용된 첫 해부터 내가 맡은 학급에서 교사와 학생이 함께하는 참여수업을 적용하고 있다. 첫 해 초에는 내가 가르쳤던 이중 언어 학생들 중 7%만 콜로라도 학생평가프로그램(Colorado Student Assessment Program) 읽기 검사에서 숙련된 수준을 보였지만, 이후에는 60%로 비약적인 향상을 보였다. 두 번째 해에 내가 가르친 3학년 학생들은 읽기 수준에서 평균 2년 이상의 성장을 보였다. 세 번째 해에는 같은 학교의 다른 3학년 학생들의 9%가 콜로라도주 쓰기 검사에서 숙련된 수준의 점수를 받은 것과 달리, 내가 맡은 학급에서는 92%의 학생들이 숙련된 수준의 점수를 받았다. 또한 콜로라도주 전체 학생들 중에서 10%만 상급(advanced proficient) 수준의 점수를 받았지만, 내가 가르친 학생들 중에서는 46%가 상급 수준의 점수를 받았다. 이처럼 놀랄 만한 학업적 성공은 학생들의 사회성과 정서를 다루는 간단하면서도 효과적인 방법을 통해 학생들의 동기를 높이고 학습의 즐거움을 증가시킬 수 있었던 것에 기인한다.

교사와 학생이 함께하는 참여수업(engaged teaching)의 원리와 실제는 가족과 학교에 관련된 내 삶의 한 부분이었다. 사실, 나는 이러한 수업과 함께 성장했다고 해도 과언이 아니다. 내가 중학교 1학년 때 어머니가 학교에서 학교 기반의 전환기 프로그램을 처음으로 만들어 실시하셨는데, 나는 거기에 참여할 수 있었던 축복받은 아이였다. 이 프로그램은 매주 한 번 실시되었는데, 이 책에서 소개하는 교사와 학생이 함께하는 참여수업의 많은 측면이 실행되었다. 전환기 프로그램에 참여하기 전에 나는 또래들과의 관계에서 심한 단절감을 겪었고 자신감도 없었다. 연결(connections)[1)]에 초점을 맞춘 활동과 공동체 서클 활동을 통해 급우들과 연결되는 경험을 하게 되었고, 내 안에 있는 강점과 가능성을 소중하게 여기게 되었다. 나와 또래들은 진정한 의미의 학급공동체를 이루는 경험을 할 수 있었다. 우리가 직면했던 어려움과 우리의 삶에 대해 궁금한 것 그리고 하고 싶은 것에 대해 이야기를 나눌 수 있었고, 우리가 우정에서 찾는 것이 무엇인지를 탐색할 수 있었다. 이러한 경험은 놀랄 만큼 학습 동기를 높였고 또래들, 선생님, 나의 가족과 이루는 관계(relationships)의 질을 향상시켰다.

나는 고등학교 3학년 때 급우들과 진정한 공동체 의식을 경험하기를 간절히 원했고, 나의 미래 진로에 대해 더 분명하게 알고 싶었다. 당시에 나는 인간관계와 학교 공부의 모든 면에서 깊이도 없고 의미도 없으며 기쁨도 느끼지 못하는 나날을 보내고 있었다. 고등학교 3학년을 위한 일 년짜리 전환기 프로그램(Senior Passages) 수업에 참여하면서 깊이 있는 인간관계를 맺을 수 있었고, 장래 내가 하는 일에서 성공할 수 있을 거라는 확신을 얻었으며, 전에는 알지 못했던 나의 강점도 찾게 되었다. 이때의 경험은 매우 강력해서 오늘날 내가 교직 생

---

1) 역자 주. 이 책에서는 사람들 간의 관계를 지칭하기 위해서는 '관계(relationships)'라는 용어를, 사람들과의 관계뿐만 아니라 실제 생활 또는 자신의 삶과의 관계를 의미하기 위해서는 '연결(connections)'이라는 용어를 사용하였다.

활을 하고 지도자로서의 길을 걸어가는 데도 도움이 되었다.

나는 여덟 개 학교를 거치면서 초등학교 교사, 고등학교 교사, 교감, 교장으로 근무하였고 다양한 교직 경력을 쌓았다. 전국에 있는 내 동료들이 학교에서 학교교육에 관해 일관성 있게 목격했던 주제를 나도 마찬가지로 나의 교직 경력 중에 줄곧 목격하였다. 빈곤한 지역에서 근무하든 매우 부유한 지역에서 근무하든 교사는 다음과 같은 비탄에 찬 이야기를 듣는데, 사실 이런 이야기는 우리에게 너무나도 익숙하다.

- 고부담 검사, 새로운 평가 시스템, 교육청의 재정적 어려움, 교육자들을 향한 정치적 공세를 포함해 사회 전체에 긴장감이 감돌고 있고 교사들의 사기는 사상 최저로 곤두박질친 상태이다.
- 교사들이 소진을 피하기 위해 아무리 애를 써도 완전히 압도당한 느낌이 든다.
- 교실에서 학생들이 주의를 집중하는 시간은 더 짧아졌고 주의가 매우 산만하다.
- 인간관계 기술, 자기 조절 기술, 문제 해결 기술을 터득하지 못한 학생들이 매우 많다.

이러한 현상을 경험하다 보면 학생들과 교사들을 좀 더 효과적인 방식으로 학교 수업과 활동에 함께 참여시키는 방안을 찾거나 재발견해야 할 필요가 매우 크다는 것을 몸소 느끼게 된다.

나는 이 책에서 소개하는 교사와 학생이 함께하는 참여수업(engaged teaching)의 원리, 실제, 기본 틀을 내가 맡았던 학급과 학교에서 꾸준히 실행해 왔다. 그리고 나는 이러한 수업을 하면서 다음과 같은 성과를 직접 경험하거나 목격하였다.

- 학생들의 학교 참여 수준이 극적으로 상승하였다.

- 교사는 교직 생활 초기에 가졌던 열정을 다시 느낄 수 있게 되었고, 자신이 자율적이고 효과적인 사람인 것처럼 느껴졌다.
- 학생들과 교직원들은 더욱 깊은 신뢰를 쌓게 되었고 더 잘 협력할 수 있게 되었다.
- 학생들과 교사들은 더욱 즐겁고 의미 있으며 배타적이지 않은 학교문화를 경험하였다.
- 학생들은 더욱 즐겁고 개인적으로 관련된 학습을 할 수 있었다.
- 사회정서능력이 향상되면서 학생들은 더 많이 성장하였다.
- 학업성취도는 전례 없는 수준으로 상승하였다.

오늘날 학교에서 교사들은 과거보다 지원을 더 적게 받으면서 압력은 더 크게 받고 있다. 가르칠 내용은 많은데 시간은 부족한 형편이다. 사실, 우리 교사들은 모두 전인발달이 중요하다는 것을 믿지만 사회성과 정서의 발달을 언제 어떻게 도와야 하는지에 대해서는 잘 모른다.

이 책은 학습과 성장의 다양한 영역을 통합하는 것이 가능하고 중요하다는 점을 강조한다. 이 책의 저자들은 교사가 매일의 수업에서 이 책을 활용할 수 있도록 그리고 학생들의 다양한 요구를 더욱 효과적으로 충족시킬 수 있는 방식으로 이 책을 집필하였다.

이 책은 교사 수백 명의 경험과 강력한 연구 기반 위에서 집필되었다. 검증된 도구와 강력한 증거, 구체적 조언과 정보, 감동을 주는 이야기를 제공함으로써 가르침을 향한 교사의 열정과 즐거움을 회복시키고 더욱 효과적인 교사가 되는 데 도움이 될 것이다. 이 책에서 소개하는 수업의 원리와 방법들은 교사로서 그리고 학교관리자로서 내가 쌓아온 경험을 완전히 바꾸었다. 나에게 그러했듯이 이 책이 여러분의 교직실무를 더욱 풍요롭게 하고, 여러분이 가르치는 학생들에게 매우 큰 영향을 미칠 것이라고 장담한다.

저자 서문

> 교육은 이제 선택의 기로에 서 있다. 그것도 세상에서 가장 중대한 기로에. 교사가 가르치는 일이 그리고 그 미래가 이처럼 중요했던 적이 또 있었을까? 학생의 학습과 성취에 영향을 미치는 모든 학교 요인 중에서 가장 중요한 요인은 스탠더드도 아니고 평가도 아니며 자원이나 심지어 학교관리자나 학교운영위원회도 아니다. 바로 교사의 질이 가장 중요한 요인이다. 진정으로 교사가 중요하다.
>
> – 앤디 하그리브즈(Andy Hargreaves), 마이클 풀런(Michael Fullan)

교육이 제대로 되고 있는지를 생각할 때 우리는 교사를 가장 먼저 떠올린다. 패시지 워크 연구소가 설립된 2001년부터 이 책의 저자들은 수천 명의 교사를 만나 그들의 헌신과 창의력 그리고 용기와 지적 능력을 직접 듣고 목격하였다. 그런데 그들의 경험담을 듣다 보면, 교사들이 정말로 곤경에 처해 있다는 것을 여러 번 확인할 수 있었다. 교사들은 새로운 정책과 스탠더드에 과부하가 걸려 있고 압도당하고 있었다. 학교나 교육청이 요구하는 것말고는 어떤 다른 것을 할 만한 시간과 에너지가 교사들에게는 남아 있지 않았다. 현재의 교육시스템 안에서는 시험 점수가 학생의 성공과 교사의 질을 나타내는 주요 지표로 간주되기 때문에 많은 교사가 학습에 긍정적 영향을 미치는 가르침의 필수 요소들은 포기한 채 어쩔 도리 없이 시험에 맞춰 가르쳐야 한다고 느끼고 있을지도 모른다. 이러한 교육시스템 안에서 학생들은 창의적이고 비판적인 사고력을 기르지 못하고 있고 교사들은 학생들의 삶에 변화를 일으키지 못하고 있다.

수많은 교육 패러다임이 사회정서학습(social and emotional learning: SEL)을 교과학습에서 분리시키고, 이 둘은 같이 갈 수 없으니 둘 중 하나를 선택해야 한다고 믿게 만들었다. 그러나 최근에 밝혀지고 있는 뇌의 본질과 학습에 관한 새로운 연구 결과를 보면, 우리는 과거와는 다른 관점을 받아들여야 할 것 같다. 신경과학, 학습이론, 수업에서 얻은 모든 경험에 비추어 보면, 사회정서 학습은 학업적 성공과 불가분의 관계를 이룰 뿐만 아니라 학업적 성공에 반드시 필요한 토대라는 것을 알 수 있다. 우리 모두가 시험 점수를 높이는 데 신경을 쓸 수밖에 없을지라도 분명코 사회정서적 측면의 삶에도 관심을 둘 필요는 있다. 사실, 교사들 대부분은 학습의 여러 영역에 관심을 두고 있고 학생들이 적응유연하고[1] 창의적이며 생산적인 사람으로서 의미와 목적이 충만한 삶을 살아가도록 교육하는 방법을 알고 싶어 한다.

현행 법령에 의하면, 교사들은 학생들의 학습에 영향을 주는 다양한 조건들을 철저히 검토하여 복잡한 문제를 해결할 만한 창의적인 방안을 찾고 새로운 수업 방법과 학생들의 학습활동 참여 방법을 탐구해야 한다. 새로운 접근방안을 시행한 학교와 교사가 만들어 낸 강력한 결과를 목격하면서 많은 교사가 새로운 동향에 발맞춰 수업 방법과 학생지도 방법을 변경하고 동료 교사들과의 전문적 관계를 통해 학교 안, 교실 안에서부터 교육을 바꾸려 노력하고 있다. 따라서 최근의 동향을 말하자면, 교사는 교실 안에서 학생들의 발달과 교육에 강력한 영향력을 발휘하고 있고, 학생들이 학습에 적극적으로 참여하는 것을 중요시하며, 관계와 문화적 맥락이 교실과 학교 안에서 중요한 역할을 하고 있다는 점을 인정하며, 사회정서학습을 교과학습과 밀접히 연결시키려 하고 있다.

이처럼 **교사와 학생이 함께하는 참여수업**은 교사에게 영감과 역량을 부여하고 학생들에게 활기를 불어넣고 참여를 높일 목적으로 설계된다. 다음 장에서부터 우리는 사회정서학습과 학업을, 가슴과 머리를, 내적 삶과 외적 삶을, 내용과 맥락을 연결 짓고 통합하며, 학습과 인간발달의 본질적 측면들을 조화시킬 방안을 배울 것이다.

---

1) 역자 주. 적응유연한(resilient)이란 어떤 사람이 어려움이나 역경을 겪었을지라도 그것에 잘 대처하여 현재 어느 정도 성공적으로 적응하고 있는 상태를 뜻한다. 출처와 관련 용어 적응유연성(resilience)의 의미는 1장의 각주 4)를 참고할 것.

교사와 학생이 함께하는 참여수업은 다음과 같이 다섯 가지 영역으로 이루어져 있다.

교사와 학생이 함께하는 참여수업의 5영역
1. 열린 마음 기르기 2. 자기 관찰하기 3. 지금 이 순간에 집중하기 4. 존중의 경계 설정하기 5. 정서능력 개발하기

이러한 수업은 교사들이 더 큰 보람을 느끼면서 효과적으로 수업하는 방법을 개발하는 데 도움이 되고, 학생들이 창의적이며 비판적으로 사고하고 학업적 수월성을 이루며 자신의 감정을 관리하고 효과적으로 의사소통하며 다른 사람들과 잘 협업하는 능력을 기르는 데도 도움이 된다. 이러한 능력들이야말로 젊은 세대가 이 복잡한 세상에서 살아남아 번영을 이루는 데 필요한 21세기의 기술이고 능력이다.

유의사항: 교육에서 **참여**(engagement)는 상황에 따라 서로 다른 방식으로 사용될 수 있다. 이 책에서 참여는 학생이 성취를 이루게 하는 내적 및 외적 능력, 실제적 방법, 기술들의 집대성을 의미한다. 내용과 학년에 특수한 수업 방법을 다루는 기존의 책들과 달리, 이 책에서는 일반적인 수업 전략들을 제안한다.

집필 이유

메트라이프 서베이에 의하면,

> 교직에 매우 만족한다고 응답한 교사들의 비율이 2009년에 59퍼센트였던 것이 그 이후 44퍼센트까지 떨어졌다. 이 같은 직무만족도의 급속한 하락은 이직할 것이라고 응답한 교사들의 비율이 2009년 17퍼센트에서 2012년 29퍼센트로 크게 증가한 것과도 관련된다(MetLife, 2012, p. 1).

이 책의 집필 이유는 이렇게 자신의 직무에 만족하지 못하고 이직을 생각하고 있는 교사들에게 직접적이고도 실제적인 도움을 제공하려는 데 있다. 물론, 교사가 지닌 지혜와 경험을 높이 평가할 것이고 이를 고려하여 어떤 지원을 어떻게 제공할지를 결정할 것이다. 그럼으로써 교사들에게 유능감을 심어 주고자 한다. 교사들의 경험과 의견을 고려하지 않은 교육개혁 방안은 실패하기 마련이기 때문이다. 그래서 저자들은 유치원부터 고등학교 3학년까지 다양한 교실에서 학생들을 가르치는 현장 교사들의 목소리를 경청하는 데 상당한 시간을 들였다. 교사들에게 무엇이 난제이고, 무엇이 영감을 주는지를 물었다. 그리고 무엇이 효과적이고, 무엇이 효과적이지 않은지에 대해서도 알려 달라고 했다. 그렇게 어려운 상황에서도 학생들을 가르치기 위해 궂은 날이나 개인 날이나 아침에 기상하게 만드는 것이 무엇인지를 물었다. 우리는 교사들에게 또 물었다. "오늘날 교육에서 일어나고 있는 이 모든 것에도 불구하고, 선생님에게 주어지면 도움이 될만한 것은 무엇입니까?" 교사들의 대답을 요약하면 다음과 같다.

교사에게 필요한 것
• 교사를 고무시키고 활기차게 만드는 전략들 • 내용을 가르치고 학습목표를 충족시키며 학생들을 참여시키고 문제행동을 관리하는 데 유용하고 교실에서 즉시 사용 가능한 실제적 도구들 • 같은 분야에 속한 동료들과 학교공동체에 있는 동료들의 지원과 이들과의 협업 • 학생들의 다양한 요구를 효과적으로 그리고 공평하게 충족시키는 아이디어, 실제, 도구 • 가르침에 대한 열정을 다시 갖게 만드는 방안들

이 책의 활용법

독자 여러분은 이 책의 내용을 자신과 연결시켜 생각해 보고, 책 공간에 글을 써 보고 책 모서리를 접어도 보며, 자신에게 질문을 던져 보고, 질문과 아이디어들을 동료와 공유[2)]하는 방식으로 이 책을 적극적으로 사용하라. 이 책에 제시된

2) 역자 주. 이 책에서 공유하다(share)는 문맥에 따라 경험이나 이야기를 나눈다는 의미 또는 활동을 함께한다는 의미를 나타낸다. 지도자나 교사가 자신의 생각을 학생에게 전달하기(delivering)보다는 학생의 생각을 이끌어내기(educating)를 주로 할 때도 공유라는 용어를 사용하였다.

접근방안들을 시도해 보고, 자신에게 효과적인 것과 효과적이지 않은 것에 호기심을 가져보길 바란다. 또한 교사와 학생이 함께하는 참여수업을 실행하거나 공부하는 동료들과 함께 이 책에 제시된 접근방안에 대해 논의하고 서로를 지원해 보길 바란다.

이 책과 온라인 커뮤니티(engagedteaching.org)는 토론과 학습을 위한 상호작용을 할 수 있도록 설계되었다. 이를 통해 자신의 경험을 같은 학교 또는 다른 학교에 있는 동료들과 나누고 최상의 실제를 공유할 수 있다. 자신의 지혜와 지식 그리고 수많은 동료 교사의 지혜와 지식은 가르침의 분야가 더욱 발전하는 데 매우 중요하다.

이 책의 활용법

- 유치원부터 고등학교 3학년까지 경력교사, 신규교사 구분 없이 개별적으로
- 교사들이 짝을 이루거나 모둠별로 또는 독서토론 모임에서
- 교사들이 연구공동체 또는 수업탐구공동체에서
- 수석교사 또는 부장교사들이 비전 설정과 프로그램 기획의 도구로
- 교장, 교감 등 학교관리자들의 학교문화 개선의 자원으로
- 예비교사 교육이나 교사 직무연수의 교재로

이 책에서는 교사와 학생이 함께하는 참여수업을 구성하는 5영역, 뿌리, 성과를 살펴볼 것이다. [그림 A]는 이러한 주제들이 어떤 장에서 논의되는지를 보여준다.

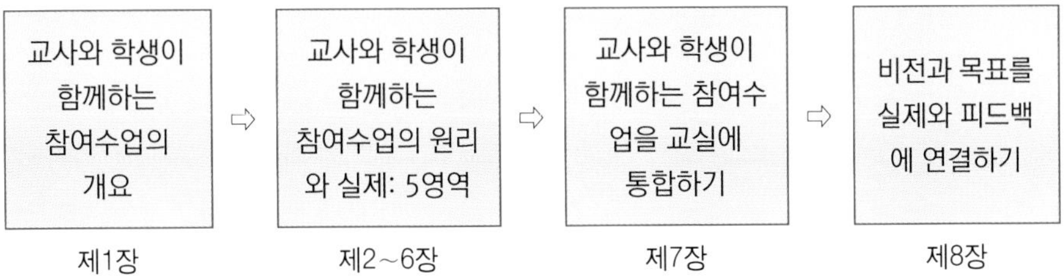

[그림 A] 이 책의 주제별 구성

제1장에서는 교사와 학생이 함께하는 참여수업을 소개하고, 참여수업의 뿌리와 5영역 그리고 효과에 대해 설명할 것이다.

제2~6장에서는 교사와 학생이 함께하는 참여수업의 5영역을 장별로 나누어 영역별 수업의 원리와 실제를 설명할 것이다. 각 장의 내용은 다음과 같은 측면에서 교사들에게 도움이 될 것으로 기대된다.

1. 실제와 연결되는 참 수업하기
2. 교실 안에서 의미 있는 수업하기
3. 숙련된 기술과 진정성 있는 마음으로 동료 교사들과 협업하기

제7장에서는 교사와 학생이 함께하는 참여수업의 5영역을 한 학기 또는 일년 동안 교실에서 통합적으로 실행하는 방법을 제안한다. 이 책에서는 이러한 활동을 '**학습 여행**(learning journey)'이라고 부른다. 제7장에 제시된 원리와 실제는 학습준비도(learning readiness)를 높이고, 학업수월성을 촉진하며, 믿음의 학습공동체를 구축하고, 전환기를 거치는 학생들을 지원하며, 학급 관리에 대한 예방적 접근을 취하는 데 도움이 되고, 생산적이고 의미 있는 학습 환경을 조성하는 데도 기여한다.

제8장에서는 교사와 학생이 함께하는 참여수업의 실행계획을 세우는 단계별 과정을 제시한다. 전체 과정은 비전(vision) 구상하기, 중·장기 성과 확인하기, 목표달성을 위한 행동경로(an action path) 계획하기로 이루어진다. 마지막으로, 교사들이 서로 피드백을 주고받을 수 있는 형성평가(formative assessment) 도구를 예시한다.

예시 활동안과 도구 및 자료 목록은 부록에 제시되어 있다.

교사와 학생이 함께하는 참여수업의 접근법

교사와 학생이 함께하는 참여수업은 교수·학습에 대한 실제적 접근으로 사회적, 정서적, 학업적 성과를 향상시키고 교실 안에서 의미와 목적, 실제 생활이

나 자기 삶과의 연결을 조성하며 동기를 촉진한다. 어떤 교실에서든지 통합 가능하고, 학생들을 가르치는 방법과 학생들이나 동료 교사들과 협력하는 방법을 개선하는 데 필요한 원리와 실제가 설계되었다.

[그림 B]에서 볼 수 있듯이 교사와 학생이 함께하는 참여수업은 나무로 묘사된다. 뿌리는 교사와 학생이 함께하는 참여수업의 원리와 실제를 지원하고 이에 관한 정보를 제공하는 토대를 상징한다. 교사와 학생이 함께하는 참여수업의 원리와 실제는 나무의 몸통에 해당되는데, 이는 교사와 학생들의 능력과 기술을 형성하는 원리와 실제를 의미한다. 수업과 학습에서 이러한 능력과 기술을 활용함으로써 장기적 성과를 이루고 오래 지속시킬 수 있다. 성과는 나무의 가지로 묘사되었다.

교사와 학생이 함께하는 참여수업의 원리와 실제는 교실과 학교공동체에 즉각적 결과를 가져다준다. 잘 조직된 학습공동체 안에서 오랜 기간에 걸쳐 동료들과 함께 이러한 수업의 원리와 실제에 관심을 두고 이를 적용하면, 일관성 있는 협력을 통해 장기적이고 종합적인 성과를 이룰 수 있다.

먼저, 제1장에서 우리는 교사와 학생이 함께하는 참여수업의 뿌리, 즉 토대를 탐색할 것이고, 그다음 장부터는 교사와 학생이 함께하는 참여수업의 5영역을 하나씩 차례로 살펴볼 것이며, 이 접근법을 지지하는 연구를 검토할 것이다.

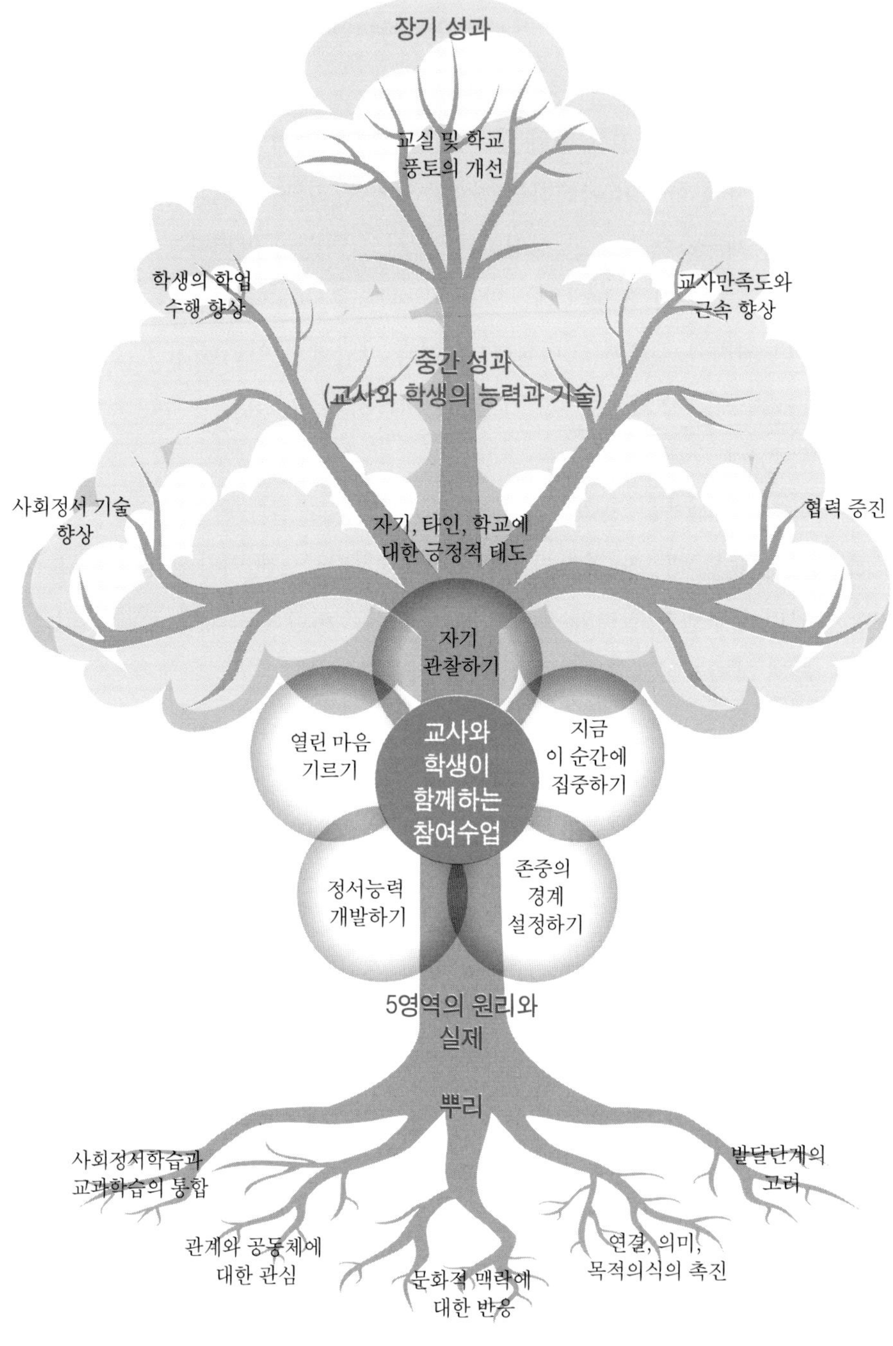

[그림 B] 교사와 학생이 함께하는 참여수업

차례

1 교사와 학생이 함께하는 참여 수업

뛰어난 교사도 대학을 졸업할 때는 완전히 발달한 상태가 아니었다. 선천적으로 뛰어난 교사로 태어난 것도 아니다. 뛰어난 교사는 늘 '뛰어난 교사가 되어 가는' 과정에 있다. 그들은 동료 교사들과 대화하고 변함없이 지속적으로 공부하며 자신의 교육 방법에 대해 심사숙고하면서 자신이 어떤 교사이고 무엇을 위해 노력하는지를 계속해서 성찰한다.

– 소냐 니토(Sonia Nieto)

생각해 보기

당신을 격려해 주고, 당신에게 영감을 준 교사는 누구입니까? 그들은 당신에게 어떤 방식으로 영감을 주었습니까? 그들은 어떤 구체적인 자질, 행동, 성향을 가지고 있습니까? 이제 당신의 학생들에 대해 생각해 보십시오. 그들은 당신을 어떻게 묘사합니까? 당신은 어떤 종류의 교사가 되기를 원합니까?

우리 사회는 종종 〈Freedom Writers〉,[1] 〈Stand and Deliver〉,[2] 〈Dead Poets Society〉[3] 영화에 등장하는 교사들처럼 학생들의 요구를 충족시키기 위해 많은 노력을 기울이고 심지어 자신의 건강이나 안녕을 포기하면서까지 애쓰는 이

1) 역자 주. 미국 캘리포니아 소재 한 고등학교에 부임한 초임 교사가 불우한 환경에서 생활하고 있는 다양한 유색 인종의 학생들에게 글쓰기를 통해 절망을 극복하도록 돕는 내용의 영화.

2) 역자 주. 히스패닉계 학생들이 많이 다니는 한 고등학교에 부임한 교사가 학교 측의 반대를 무릅쓰고 학생들에게 공부를 시켜 대학에 진학할 수 있는 희망을 심어 준다는 내용의 영화.

3) 역자 주. 미국의 명문 고등학교에 새로 부임한 영어 교사 '존 키팅'이 파격적인 방식으로 수업을 진행하면서 학생들에게 신선한 충격과 인생을 바라보는 새로운 관점을 준다는 내용의 영화.

상적인 교사상에 초점을 맞춘다. 이는 훌륭한 교사는 태어나는 것이지 만들어지는 것이 아니고, 후속세대에 영감을 불어넣으려면 특별한 카리스마를 지녀야 하며, 어떤 불가능한 역경에도 맞서서 엄청난 희생을 감내해야 한다는 인상을 준다.

당신에게 영감을 준 교사들을 생각해 보라. 그 교사들은 중요한 무엇인가를 당신에게 가르쳤고, 학교나 인생에 대한 당신의 관점을 바꾸었으며, 당신의 재능을 알아차렸고, 어떤 주제를 사랑하게 만들었으며, 과거에 당신을 한계에 몰아넣었던 신념을 떨쳐 버리라고도 격려했다. 그 교사들은 아마도 교과목에 대한 어마어마한 열정을 보였을 것이고, 훌륭한 유머감각도 가지고 있었을 것이다. 사려 깊었고, 당신의 생각을 진지하게 대해 주기도 했을 것이다. 그리고 당신이 어려움을 겪을 때는 당신이 버텨 낼 수 있도록 굳건하면서도 배려하는 태도를 보였을 것이다.

진정성이 있으면서도 효과적인 가르침은 학생들에게 긍정적인 영향을 미치고 교사의 경험을 극적으로 향상시킨다. 이 책에서 교사는 오랜 시간에 걸쳐 학습하고 발달하며 연습함으로써 만들어지는 존재라고 전제한다. 교사가 '슈퍼 교사'여야 하는 것도 아니고 자신의 것이 아닌 가면을 쓰거나 카리스마 넘치는 스타일을 고수할 필요도 없으며 온 힘을 다 쓸 필요도 없다. 교사가 자신의 독특한 재능을 찾아내고, 다른 교사들로부터 배우며, 평생 학습에 참여할 때 참된 가르침을 계속할 수 있는 것이다. 참된 가르침은 교사가 최고의 자질을 개발하고 자신을 발달시키며 자기인식 수준을 높이고 스트레스를 관리하며 학생들과 의미 있는 관계를 맺고 가르침에 대한 자신의 열정을 유지하는 것을 말한다.

뿌리

교사와 학생이 함께하는 참여수업(engaged teaching)은 문제 증상에 대해 처방되는 치료법이 아니고 직선적 과정도 아니며 평생 학습을 해나가는 일종의 여행과 같다. 교사는 성찰하는 실무자가 되어 가고, 자신의 경험을 연구하며, 성공과 실수로부터 배우고, 사회정서지능을 기르며, 효과적 교수에 대한 깊은 이해를 발달시킨다. 경력교사든 신규교사든 모두 각자가 처해 있는 바로 지금 이 시점의 상황에서 교사와 학생이 함께하는 참여수업을 시작한다.

> 내가 지금까지 본 모든 형태의 전문직 중에서 교직이 가장 어렵다. 박사는 십수 년을 준비해서 업무를 수행하는데, 우리는 단 몇 년 만에 교사들을 준비시키려 한다. 그러고 난 다음에 교사들을 큰 어려움에 빠뜨리고 교사들에게 지속적 발달의 기회도 주지 않는다. 그러고는 가르치는 일이 왜 그렇게 어려운지 의아하게 여긴다.
> – 리 슐먼(Lee S. Shulman)

이 책의 서론에서 우리는 교사와 학생이 함께하는 참여수업을 나무에 비유하였다. 이 장에서도 나무 비유를 계속 사용할 것이고, 나무 비유의 근거를 좀 더 깊이 있게 살펴볼 것이다. 교사와 학생이 함께하는 참여수업의 토대를 이루는 주요 뿌리는 다섯 개이다. 저자 서문의 [그림 B]에서 볼 수 있었듯이 뿌리는 교사와 학생이 함께하는 참여수업의 몸통(원리와 실제)과 가지(중 · 장기 성과)를 지탱한다. 뿌리는 교사의 능력을 향상 · 지속시키며 21세기의 복잡한 문제에 학생들을 효과적으로 준비시키는 교수 · 학습에 대한 포괄적인 접근방식의 지지대 역할을 한다.

교사와 학생이 함께하는 참여수업의 뿌리

1. 사회정서학습과 교과학습의 통합
2. 관계와 공동체에 대한 관심
3. 문화적 맥락에 대한 반응
4. 연결, 의미, 목적의식의 촉진
5. 발달단계의 고려

사회정서학습과 교과학습의 통합

뇌과학 연구와 학습이론에 의하면, 사회정서학습과 교과학습은 불가분의 관계에 있다. 그러므로 학습의 두 측면을 통합하면 학생들이 학교와 일상생활에 적응하도록 더 잘 도울 수 있다(Durlak et al., 2011). 명예교수이자 저술가로 활동 중인 로버트 실베스터(Robert Sylwester, 1995, p. 72)는 다음과 같은 글을 남겼다.

> 아동 · 청소년의 사회적, 정서적, 윤리적 삶을 다루는 것은 절박하고도 긴박한 요구이다. …… 잘 교육받은 사람은 정신뿐 만 아니라 마음과 영혼도 교육받은 사람이다.
>
> – 린다 란티에리(Linda Lantieri)

"정서는 주의의 방향을 정하고 주의는 학습과 기억을 방향짓기 때문에 교육이 일어나는 과정에서 정서는 매우 중요하다." [그림 1-1]은 이러한 진행 과정을 보여 준다. 우리가 오로지 학업목표 달성에만 집중할지라도 우리가 원하는 학업 성과를 거두려면 교사와 학생 모두 정서와 주의를 다루는 사회정서 기술과 능력을 증진시킬 필요가 있다.

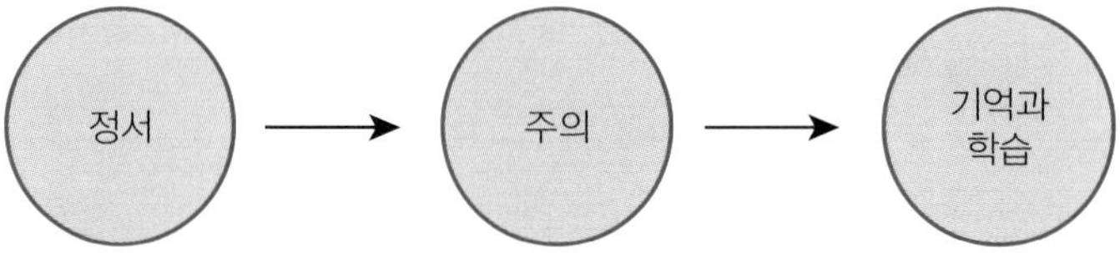

[그림 1-1] 로버트 실베스터가 제안한 정서와 학습의 진행 과정

관계와 공동체에 대한 관심

> 학습 능력은 관계에 깊이 뿌리박혀 있다. 얼마나 학습을 잘 하느냐는 학습이 일어나는 정서적 환경의 영향을 많이 받는다.
>
> – 낸시 프레이(Nancy Frey), 더글라스 피셔(Douglas Fisher), 샌디 에버러브(Sandi Everlove)

학습은 진공 상태에서 일어나지 않고, 매우 특별한 맥락 안에서 일어난다. 교사가 믿음의 관계를 구축하고 문화적 맥락을 알아차리며 문화적 맥락에 반응하기 위해서 성실하게 노력할 때 학생들이 배우고 성장하는 능력이 향상된다. 또한 공동체 의식과 건강한 학습 역량을 만들어 내면, 학생의 안전과 적응유연성(resilience)[4]을 촉진할 수 있다. 학업수월

4) 역자 주. 국내 연구자들은 resilience를 적응유연성, 탄력성, 회복탄력성으로 번역하고 있다. 아동 · 청소년 긍정적 발달(positive youth development: PYD) 분야에서, 적응유연성은 어려움 또는 역경을 겪었을지라도 그것에 잘 대처하여 적응상태로 회복하는 과정 또는 성공적 적응을 이루어가는 기제를 뜻한다(Masten, 1994, 2001). 이는 외부 스트레스나 내부 긴장에 유연하게 대처하는 능력 또는 성격특성의 소유를 뜻하는 자아탄력성(ego resiliency)과 구별되는 개념이다.

출처: Masten, A. S. (1994). Resilience in individual development: Successful adaptation despite risk and adversity. In M. C. Wang & E. W. Gordon (Eds.), *Educational resilience in inner-city America: Challenges and prospects* (pp. 3-25). Hillsdale, NJ: Erlbaum.

Masten, A. S. (2001). Ordinary magic: Resilience processes in development. *American Psychologist, 56*(3), 227-238.

성 역시 교사와 학생 간 그리고 학생과 학생 간의 따뜻한 관계와 밀접하게 관련되어 있다. 이런 이유에서 시간과 공간을 할애하여 의도적으로라도 긍정적인 학습 환경을 조성하는 것은 학업 성과와 학교 안전을 이루는 데 매우 중요하다(Eccles & Roeser, 2011). 교사가 학생, 교직원, 가족, 지역사회 구성원들 간의 관계에 관심을 기울이고 이들을 학생 교육에 참여시키는 데 효과적인 전략들을 활용할 때 학생들의 학습과 웰빙에 직접 영향을 미칠 수 있다.

문화적 맥락에 대한 반응

> 모든 사람이 각기 자신에게 중요한 고유의 전통과 가치관 그리고 신념을 가지고 있음을 인정하면, 우리가 어떻게 서로 연결되어 있는지를 파악할 수 있다.
> – 킴 케네디 화이트(Kim Kennedy White)

문화는 우리가 수영하는 물과 같고 숨 쉬는 공기와 같으며 세상을 보는 렌즈와 같다. 교사와 학생들은 자신의 문화적 맥락과 배경에 기초한 특별한 이해를 가지고 교실에 들어온다. 우리가 문화의 역할(예: 자원을 이용할 수 있는 권리, 공평함과 관련된 이슈들)을 인정할 때 비로소 학교 안에 있는 여러 종류의 정체성과 문화를 더 잘 파악할 수 있고, 그들의 가치를 더 높게 인정할 수 있으며, 다양한 정체성과 문화에 더 민감하게 반응할 수 있다. 글로리아 래드선-빌링즈(Gloria Ladson-Billings)는 다음과 같이 기록하였다.

> 문화는 학습에서 중추적 역할을 한다. 문화는 정보를 전달하고 수용하는 역할도 하고 집단과 개인들의 사고 과정을 조성하는 역할도 한다. 어떤 지역의 토대를 이루는 문화를 인정하고 토대 문화에 반응하며 토대 문화를 기리는 교육은 문화적 배경이 다른 모든 학생이 교육에 완전히 그리고 공평하게 접근할 수 있게 한다(Benitez et al., 2009, pp. 324-325에서 인용하였음).

교사가 자신과 학생들의 **문화적 민감성**(cultural responsiveness)을 촉진하는 일은 학업목표의 달성, 불공평 문제의 시정, 포용적이고 차별 없는 학습공동체의 조성에 중요한 열쇠가 된다. 문화가 중요하다고 생각하는 교사들은 학생들을 학습공동체에 공평하게 참여시킬 수 있는 강력한 기회를 찾아낸다. 그러나 교사들은 어떻게 자신이 무의식적으로 문화를 표현하는지, 이러한 자세가 학생들에게 어떻게 영향을 미치는지를 반드시 알고 있어야 한다. 『문화정체성과 교육(Cultural Identity and Teaching)』의 저자들이 주장하기를 "자신의 신념, 경험, 가치, 가정(assumptions)이 문화에 어떻게 연결되는지를 이해하는 것은 문화적으로 민감한 방식으로 업무를 수행하는 데 가장 중요한 요소이다(White, Zion, Kozleski, & Equity Alliance at ASU, 2005, p. 2)." 우리는 자신이 어떤 문화적 렌즈를 착용하고 있는지를 잘 이해할 때, 교실 안에 존재하는 다양한 문화에 민감하게 반응할 수 있다. 연구에 의하면, 문화적으로 민감한 방식으로 교직실무를 수행하고 안전, 소속, 포용(차별 없음), 학생들에 대한 공평한 대우를 지향하는 교사들이 학생들의 적극적 참여와 동기 수준을 높일 수 있다(Roeser, Eccles, & Sameroff, 2000).

연결, 의미, 목적의식의 촉진

> 학생들의 믿음이 그들의 삶에 의미와 진실성을 부여한다는 점에서 교사는 학생들의 믿음을 존중해야 한다. 그리고 학생들이 자신에게 가장 소중한 것과 연결을 이루는 방식을 존중해야 한다. 이런 것들을 탐색하는 과정 그 자체에서 젊은이들은 자신의 삶에 가장 중요한 것이 무엇인지를 발견할 수 있고, 자신의 재능을 이 세상에 펼쳐 내도록 만드는 것이 무엇인지도 발견할 수 있다.
>
> – 레이첼 케슬러(Rachael Kessler)

위기에 처한 아동들을 위한 위원회(Commission on Children at Risk; Kline, 2003)가 발표한 보고서에 의하면, 뇌는 연결을 이루도록 만들어져 있다. 연결성(connectedness)은 사람과 사람 간의 연결뿐만 아니라 가치나 의미와의 심오한 연결도 포함한다. 의미, 목적의식, 연결을 학급 안에서 키우는 것은 교수 · 학습 성과와 직접 관련된다. 학생들이 목적의식을 가지고 있고 자신, 교사, 또래, 더 큰 사회와 연결되어 있다고 느낄 때 더욱 적응유연해지고 배려와 인정이 더 많아지며 동기 수준이 더 높아진다. 이런 학생들은 학교 공부에 관심을 더 많이 가지게 되고, 학교생활과 자신의 개인생활에서 건강한 선택을 더 많이 할 것이다.

학생들은 남들이 자신을 알아봐 주고 남들에게 이해받는다고 느끼기 위해 학교에서 더 많은 연결을 이루기 원한다. 이러한 연결감을 가지지 못하는 학생들은 학교에서 이탈되고 무관심해지며 위험행동을 할 것이다. 연결이 약할 때 학생들은 대부분의 학습이 자신에게 관련된다고 느끼지 못하고, 결국 학업에서 뒤처지게 된다. 여러 연구에 의하면, "고등학생들의 약 40~60퍼센트가 학교에서 만성적으로 유리되어 있다(Payton et al., 2008, p. 3)." 연결은 학업수월성, 학업적 성공, 적응유연성의 기초가 된다. 케슬러(Kessler)는 1999년에 출판된 『교육리더십(Educational Leadership)』에 기고한 논문에서 다음과 같이 피력하였다.

> 깊게 연결되어 있다고 느끼는 학생들은 충분한 생동감을 느끼기 위해 위험에 빠질 필요가 없다. 이런 학생들은 자신이 강하고 힘센 사람이라고 느끼기 위해 총을 필요로 하지 않는다. 남이나 자신을 해치길 원하지 않는다. 연결로부터 연민과 열정—사람들에 대한 열정, 목표와 꿈에 대한 열정, 삶에 대한 열정—이 자란다(p. 53).

학생들 **내면의 삶**(inner life)을 다루는 활동을 통해 학생들이 연결을 이루도록 도울 수 있다. 자신, 타인, 사회, 세상과 깊은 연결을 이루려 하고, 의미와 목적에 관한 문제를 해결하려고 하며, 참된 자기 표현을 추구하며, 배움과 성장을 열망하는 인간 본성의 핵심적 측면은 내면의 삶이다. 내면의 삶은 우리의 생각, 신념, 정서, 질문, 경이로움, 직관, 희망, 꿈, 비전, 창의적 충동, 윤리적 및 도덕적 성향, 연결을 원하는 가장 깊은 열망을 포함한다. 또한 배우고 기여하려는 의향과 소망으로 자연스럽게 유도하는 선천적 호기심이 내면의 삶에 포함된다. 학교에서 내면의 삶을 지지하고 내면의 삶과 외면의 삶을 연결 짓는 것은 매우 중요하다. 교사와 학생이 함께하는 참여수업은 학생과 교사 모두의 내면의 삶과 외면의 삶을 지원한다.

발달단계의 고려

개인이든 집단이든 학생들은 발달단계를 거쳐 나간다. 발달단계는 학습과 직접 관련되고 학습에 중요한 영향을 미친다.

첫째, 학생 개인과 학생 집단의 발달단계를 다루는 하나의 방법은 한 학기 또는 일 년에 걸쳐 학생 개인 또는 학생 집단의 발달적 요구가 변화하는 양상에 주의를 기울이는 것이다. 이렇게 발달적 요구의 변화를 파악하면 학생들에게 특정 발달단계에 효과적인 활동과 실제를 확인할 수 있다. 이는 매우 중요한 일인데, 예를 들면 학급 안에서 믿음을 증진시키기 위해 학년도의 중간쯤에 해야 하는 활동을 학년 초에 하는 것은 매우 위험할 수도 있다.

둘째, 학생들의 발달적 요구를 다루는 두 번째 방법은 상급 학교에 입학하거나 학교를 졸업하는 시기, 즉 '전환기(transition years)' 동안에 학생들을 지원하고 지도하는 것이다(National Council for Accreditation of Teacher Education, 2008). 만일 학생들이 초등학교에서 중학교로 진학하는 전환기 동안에 경험하는 복잡한 감정과 심각한 문제들을 혼자 해결하도록 방치되면, 학생들의 학습능력은 제대로 발달하기 어려울 것이다. 커리큘럼, 스캐폴딩, 차별화된 교수, 전환기 프로그램, SEL 프로그램을 사용함으로써 직접적으로 그리고 계획적으로 학생들의 발달단계와 전환기에 적합한 교육을 시행할 수 있을 때, 학생들의 학습을 지원할 수 있고 학생들이 건강한 선택을 하고 위험한 행동을 피하도록 도울 수 있다. 그리고 학생들은 학업과 학교생활이 개인적 관심이나 실제생활과 연결됨을 경험할 수 있게 되고, 그럼으로써 학교 중퇴가 예방될 수 있다(Eccles & Roeser, 2011).

> 최저 임금을 벌 수 있는 적당한 기회를 잡으려면 최소한 고등학교 졸업장이 필요하다. …… 그러나 미국에서는 매우 많은 학생이 고등학교 졸업 전에 예고 없이 교육의 경로 중에 사라져 버리는 일이 허용되고 있다.
>
> – 개리 오필드(Gary Orfield),
> 다니엘 로센(Daniel Losen),
> 조해나 왈드(Johanna Wald),
> 크리스토퍼 스완슨(Christopher Swanson)

기원

교사와 학생이 함께하는 참여수업(engaged teaching)은 수많은 교사와 교육 현장 전문가들의 지혜와 지식 그리고 경험이 녹아들어 있는 방법이다. 패시지 워크 연구소의 설립자이자 진정성 있는 교육에 대한 비전을 가진 교사이며 저술

> 우리는 최고의 커리큘럼을 가지고 교사들에게 교수기법과 이론을 훈련시킬 수 있다. 그러나 만일 교사들이 자신의 영혼과 마음 그리고 사회정서지능을 개발할 기회를 얻지 못하면 학생들은 안전하지 못할 것이고 교육 프로그램들은 허울만 좋은 빈 껍질에 불과할 것이다.
>
> – 레이첼 케슬러(Rachael Kessler)

가였던 레이첼 케슬러(Rachael Kessler, 1946~2010)의 노력과 업적에서 교사와 학생이 함께하는 참여수업의 기원을 찾을 수 있다. 케슬러는 지난 25년 동안 미국 전역의 초·중·고등학교 교사 그리고 동료 연구자들과 함께 학생들과 교사들 내면의 삶이 학교에서 기꺼이 수용될 수 있는 방법이 무엇일지를 고민하였고, 그 방법을 개발하기에 이르렀다. 케슬러(2000a)는 그녀의 획기적인 저서 『교육의 진수(The Soul of Education: Helping Students Find Connection, Compassion, and Character at School)』에서 교육의 목적과 실제에 대한 독특하면서도 강력한 견해를 제시하였다. 이 책은 출판된 이래 미국 전역에서 대학 교재로 활용되고 있다.

케슬러와 동료들은 미국 여러 지역의 학교에 재직하는 중에 교실 환경의 질적인 면이 큰 차이가 난다는 것을 목격하였다. 똑같은 수업지도안을 사용하는데 어떤 교실에서는 학생들이 흥미진진해 하고 학습에 열심히 참여하며 믿음의 관계가 구축되어 있는 반면, 다른 교실에서는 무질서와 혼란이 만연해 있고 학생들이 관계를 이루지 못하고 있으며 학업을 제대로 하지 못하는 이유가 무엇일지 궁금해졌다. 물론, 교실마다 매우 독특한 공감대가 조성되어 있고, 학생들이 처해 있는 배경과 조건이 다르기는 하다. 그러나 케슬러와 동료들은 교사 역시 사람이라는 점 그리고 교실 안에서 교사가 자신만의 독특한 존재감을 어떻게 표현하는지에 따라 학생들의 학습과 참여가 달라진다는 점을 발견하였다. 이를 '티칭 프레즌스(teaching presence)'라고 부른다.

'티칭 프레즌스'는 커리큘럼, 교수전략, 교수기법을 뛰어넘는 가르침의 한 측면을 말한다. 이는 교사가 어떤 사람인지, 자신을 어떻게 표현하는지, 학생들과의 연결을 어떻게 이루고 있는지가 중요하다는 점을 강조하기 위해 케슬러와 그 동료들이 만든 용어이다(Palmer, 1998). 교사가 가르치면서 자신을 어떻게 표현하고 진정한 자기를 어떻게 구체적으로 나타내는지에 관한 것이다. 케슬러(2000b)는 자신의 발표 논문 「티칭 프레즌스(The Teaching Presence)」에서 티칭 프레즌스의 세 영역(열린 마음, 존중하는 훈육, 집중하고 알아차림)을 제안하였다. 이후에 두 영역(자기 관찰, 정서능력의 발달)이 추가되었다. 이들 다섯 가지 영역은 교실 내 교직실무 활동과 교사 개인의 실제 생활에 더 직접 관련되는 방향으로 확장되었고, 이제는 다른 이름[5)]으로 불려진다.

교사와 학생이 함께하는 참여수업은 수많은 동료와 교사의 고견과 조언에 힘입어 오랜 시간에 걸쳐 발전해 왔다. 이 접근은 교사와 교사, 교사와 학생, 학생과 학생, 학생과 공동체, 학생과 그 자신이 의미 있고 참된 연결을 이루게 한다. 그래서 참여수업에서는 교사가 교실과 학교에서 자신의 사회정서능력과 인지능력을 표현하고 구체적으로 발휘하는 일이 중요하다. 어느 중학교의 한 여교사가 1년 동안 자신이 맡은 학급에서 티칭 프레즌스를 경험했던 추억을 다음과 같이 말했다. "시간이 흐르면서 학생들의 눈에 내가 좀 더 인간다운 모습으로 비춰진 것 같았어요. 이제 나는 더 많은 학생과도 더 강력한 결속을 이루고 있답니다." 이러한 결속이 제대로 발전하면 우리가 이전에는 가능할 것이라고 생각지도 못했던 방식으로 학생들에게 활기를 불어넣고 격려할 수 있을 것이다.

5영역

교사와 학생이 함께하는 참여수업이 5영역으로 구성되어 있다는 것이 참여수업의 가장 핵심적인 특징이다. 교사로서 진정성을 제대로 구현하고 학생들 그리고 동료 교사들과 생산적인 인간관계를 이루며 교실에 혁신적인 원리와 실제를 적용할 수 있는 것은 바로 교사와 학생이 함께하는 참여수업의 5영역 때문이다. 이들 5영역의 순서가 정해진 것은 아니다. 다섯 가지 영역은 상호 관련된 능력이므로 동시에 개발될 수도 있다. 각 영역은 다른 영역의 발달을 지원하고, 다섯 가지 영역이 함께 작용하여 부분의 합 이상으로서의 전체를 만들어 낸다. [그림 1-2]는 교사와 학생이 함께하는 참여수업의 5영역을 묘사한다.

5) 역자 주. 레이첼 케슬러의 '티칭 프레즌스(teaching presence)' 5영역은 이제 '교사와 학생이 함께하는 참여수업(engaged teaching)' 5영역으로 칭해진다.

이 책에서는 교사와 학생이 함께하는 참여수업의 5영역을 상징적으로 나타내기 위해 영역마다 독특한 아이콘을 사용하였다. 다음 장에서는 영역별 활동과 정보가 일견 구별될 수 있도록 [그림 1-2]와 같은 아이콘을 사용할 것이므로 눈여겨보길 바란다.

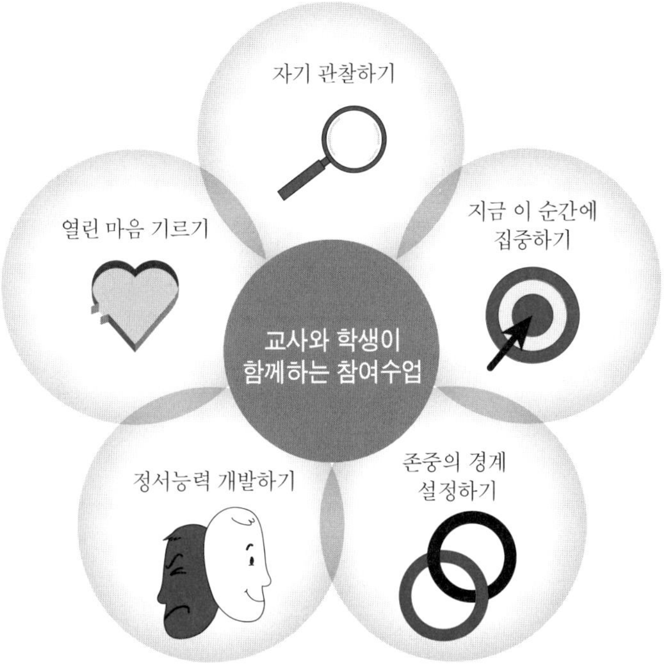

[그림 1-2] 교사와 학생이 함께하는 참여수업의 5영역

교사와 학생이 함께하는 참여수업의 5영역	
	열린 마음 기르기 온정, 친절, 배려, 연민 표현하기; 교사와 학생, 학생과 학생의 연결 이루기; 신뢰를 쌓고, 차별 없는 학습공동체 조성의 실제적 방법을 적용하기.
	자기 관찰하기 교사가 자신의 행위에 대해 좀 더 의식적인 선택을 할 수 있도록 자신의 생각, 신념, 편견, 정서, 행동에 주목하고 관찰하며 반성적으로 생각하기; 학생들에게도 자기 관찰 또는 '자기탐구(self-science)'를 권장하기.
	지금 이 순간에 집중하기 교사가 교실에서 일어나는 일의 순간순간을 알아차리고 주의를 기울이기; 창의적 문제 해결을 위해 지금 이 순간에 지속적으로 주의를 집중하고 주의산만 관리법을 배우기; 학생들의 학습준비(주의집중하고 몰입하는 능력) 발달을 지원하기.
	존중의 경계 설정하기 교실과 학교공동체 안에서 교사 자신을 위해 분명하면서도 애정 어린 경계를 설정하고(자기규율), 타인들과의 관계에서도 분명하고 애정 어린 경계를 정중하게 설정하기; 학급 관리에 대한 예방적 접근을 사용해 학생들과 학습공동체를 지원하기.
	정서능력 개발하기 정서지능을 개발하고, 정서의 범위를 확장하며, 교사 자신과 타인의 정서를 효과적으로 다룰 수 있도록 정서의 경계를 설정하기; 학생들의 정서표현 능력과 정서관리 능력의 발달을 지원하기.

능력과 기술

다음 장부터는 교사들이 다음의 세 가지 교직 업무 영역에 해당하는 능력과 기술을 발달시킬 수 있도록 교사와 학생이 함께하는 참여수업의 원리와 실제를 배우고 적용하는 방법에 대해 논의할 것이다.

1. 교사 자신의 교육학 이론과 실제의 측면에서

2. 교실에서 학생들과 함께
3. 동료 교사 또는 학교공동체와 함께

교사와 학생이 함께하는 참여수업을 실행하는 데 필요한 능력과 기술이 발달하면 교사는 자신이 추구하는 중·장기 교육성과를 달성할 수 있다. [그림 1-3]은 교사의 업무 영역별로 참여수업의 능력과 기술을 예시한 것이다.

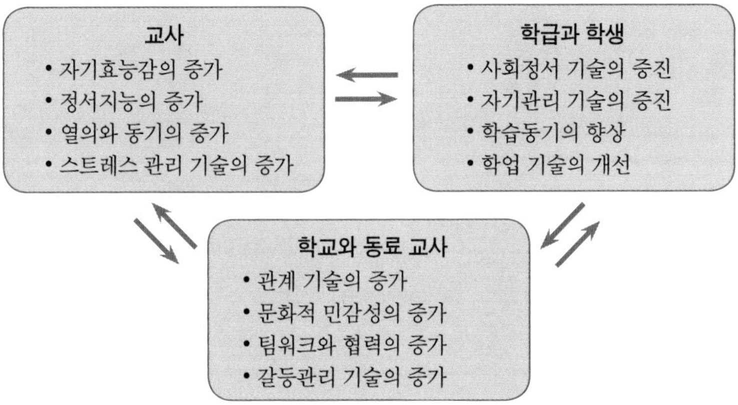

[그림 1-3] 교사와 학생이 함께하는 참여수업의 능력과 기술: 교사의 업무 영역별 예시

학습 여행을 위한 지도

교사와 학생이 함께하는 참여수업은 교실에서 매일 일어나는 업무가 장기 비전과 목적에 연결될 수 있게 해 준다는 점에서 유용하다. 영역별 원리와 실제는 수업의 토대가 되는 뿌리를 중·장기 성과에 연결 짓는 일종의 행동경로로 작용한다. [그림 1-4]는 교사와 학생이 함께하는 참여수업 전반을 상세히 묘사한 지도[6]이다.

6) 역자 주. 원서에서는 교사와 학생이 함께하는 참여수업의 지도를 'Map of the Engaged Teaching Approach'로 명명하였다.

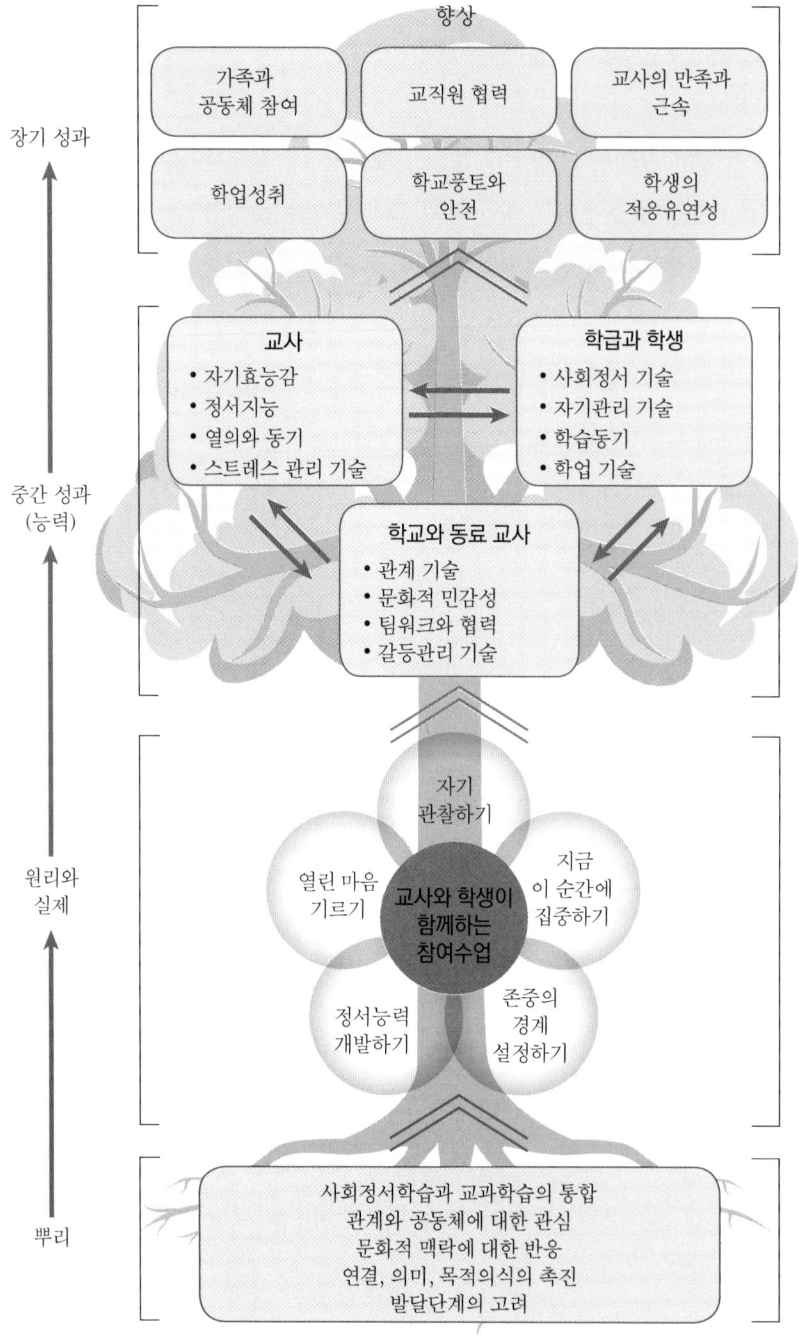

[그림 1-4] 교사와 학생이 함께하는 참여수업의 지도(ETM)

사례와 증거

교사와 학생이 함께하는 참여수업이 효과적이라는 사례와 증거는 많이 있다. 참여수업은 학생의 사회적, 정서적, 학업적 학습에 긍정적인 영향을 미치고 교사의 수업 방법을 개선한다(Darling-Hammond & Bransford, 2005; Jennings & Greenberg, 2009; Roeser, Skinner, Beers, & Jennings, 2012). 교사 경험담, 연구 결과, 학습이론에 의하면 [그림 1-4]에 묘사된 바와 같이 교사와 학생 두 집단에서 중간 성과(능력의 향상)가 달성되므로 교사들이 추구하는 장기 성과(예: 학업성취의 향상, 학교풍토의 개선)를 달성할 수 있다. 다음은 교사와 학생이 함께하는 참여수업에서 강조하는 주요 기술과 능력에 관한 연구 결과를 요약한 것이다.

교사의 정서지능과 관계 기술

- 긍정적 관계는 학생의 참여, 동기, 학습에 유익한 학습 환경을 조성하는 핵심 요인이다(Roeser, Peck, & Nasir, 2009). 교사가 교실에서 공동체 의식을 조성하면, 학생들은 이타행동과 협력행동을 더 많이 하고 타인에 대한 배려와 관심을 더 많이 가지게 된다. 빈곤은 학업수행에 부정적 영향을 미치는 것으로 알려졌는데, 공동체 의식이 조성된 학급풍토는 이런 상황에서 보호요인의 역할을 한다(Battistich et al., 1997; Battistich, Schaps, Watson, Solomon, & Lewis, 2000).
- 교사-학생 간의 지지적인 관계는 효과적인 학급 관리에 중요하다. 백 개 이상의 연구에 대한 메타분석에 의하면, 교사가 학생들과 긍정적인 관계를 맺고 있는 교실에서 일 년 동안 발생한 문제행동의 빈도는 교사가 학생들과 긍정적인 관계를 이루지 못하고 있는 교실에서 발생한 문제행동의 빈도보다 약 31% 적다(Marzano & Pickering, 2003). 교사-학생 간의 지지적

인 관계는 건강한 학교풍토와 학급풍토, 학교와의 유대감, 학업 성과, 사회정서적 측면의 성과에 중요한 영향을 미친다(Abbott et al., 1998; Darling-Hammond, Ancess, & Ort, 2002; Gambone, Klem, & Connell, 2002; McNeely, Nonnemaker, & Blum, 2002; Osher et al., 2008).

- 따뜻하고 지지적인 교사는 학생들이 학교의 사회적 환경과 유대감을 갖게 하고, 위험을 무릅쓰면서 새로운 아이디어를 탐색할 수 있도록 안전감을 제공한다. 그런데 이러한 유대감과 안전감은 학습에 필수적인 요인이다(Mitchell-Copeland, Denham, & DeMulder, 1997; Murray & Greenberg, 2000; Watson & Ecken, 2003). 교사가 학생의 문제행동에 대해 보이는 지지와 민감한 반응은 특히 저학년 학생들의 사회정서발달에 지속적으로 긍정적인 효과를 낳는다(Lynch & Cicchetti, 1992). 유치원 교사가 아동에 대해 부정적 감정을 가질 때, 유치원 교사의 부정적 감정은 그 아동이 적어도 4학년이 될 때까지 사회성 문제와 학업 문제에 유의한 영향을 미치는 것으로 밝혀졌다(Hamre & Pianta, 2001). 또한 교사는 학생들의 또래관계에까지 영향을 미치는데, 학생들은 특정 또래가 마음에 드는지 아닌지를 결정할 때 교사로부터 단서를 얻는다(Hughes, Cavell, & Willson, 2001). 만일 교사가 어떤 학생을 좋아하지 않으면, 또래들도 그 학생을 좋아하지 않을 가능성이 높다.

교사의 자기효능감, 열의, 동기

- 교사의 가르침은 교사가 어떤 사람인지를 반영한다. 커리큘럼에 열정과 흥미를 가진 교사는 학생들의 학습을 격려한다(Fried, 2001).
- 숙달을 경험하는 교사는 효능감을 더 많이 느끼고 가르치는 일에 더 큰 즐거움을 느낀다. 개인적인 어려움을 극복하는 교사는 학생들이 사회정서적 어려움을 극복하도록 돕는 데 적극적이다(Goddard, Hoy, & Hoy, 2004; Roeser, Midgley, & Urdan, 1996).

교사의 스트레스 관리와 마음의 습관

- 훈육과 관련된 문제를 개인적으로 받아들이지 않고 사실에 입각한 방식으로 다루며 압박을 받는 상태에서도 침착함을 유지하는 교사들은 가장 효율적으로 학급을 관리한다. 교사의 '마인드세트(mental set)'는 파괴적 행동의 감소에 가장 큰 효과를 가진 요인이다(Marzano et al., 2003). 랭어(Langer, 1997)는 그의 저서 『마음챙김 학습의 힘(The Power of Mindful Learning)』에서 어떤 상황에 대한 인식이 고조된 상태 그리고 그 상황에 대한 자신의 사고와 행동에 대한 의식적 통제를 지칭하기 위해 마음챙김(mindfulness)이라는 개념을 사용했는데, 마인드세트의 의미는 바로 마음챙김의 의미와 비슷하다(Marzano et al., 2003, p. 65). 규칙적으로 마음챙김을 연습하면 정서조절 능력이 증가하고 스트레스와 심리적 고통이 감소하며 주관적 안녕이 증가한다(Holzel et al., 2011). 마음챙김은 정서에 대한 자기인식의 증가와 관련되고(Brown & Ryan, 2003), '자신과 타인에 개방되어 있는 느낌, 일과 사람들에게 연결되어 있는 느낌, 분열되지 않고 완전한 느낌, 주어진 역할의 범위 밖이 아니라 범위 안에 있는 느낌'으로 정의되는 '심리적 프레즌스(psychological presence)'에 기여한다(Kahn, 1992, p. 322).
- 마음챙김에 기초한 알아차림(mindful awareness)은 인지와 정서의 조절을 돕는다. 사람들은 마음챙김을 통해 자신의 관점을 심사숙고하고 확장할 수 있게 되며, 이로써 스트레스 상황을 다양한 방식으로 해석하고 대처할 수 있게 된다(Zelazo & Cunningham, 2007). 교사를 위한 마음챙김 훈련은 "교사들에게 마음의 습관(habits of mind)을 길러 주고, 21세기가 요구하는 교사상을 성공적으로 실현할 수 있게 해 준다(Roeser et al., 2012, p. 172)."

학생의 학습동기

- 자율성과 내재 동기를 향상시키는 가르침은 보상과 통제에 의존하는 가

르침보다 더 효과적이다. 연구에 의하면, 외재 목표보다는 내재 목표를 가진 학생들이 더 자율적으로 동기화되고 더 잘 배우며 끈기가 더욱 강하다(Vansteenkiste, Simons, Lens, Sheldon, & Deci, 2004).

- 학생의 소속감과 동기는 교실 내 학업성취 수준에 영향을 미친다. 중학생 대상의 한 연구에서 학생의 소속감과 교사의 지지가 학생의 동기와 관련되고, 학생의 소속감과 동기가 학업성취도에 영향을 미쳤다(Goodenow, 1993). 학생들이 수업 시간에 배우는 공부에 대해 얼마나 흥미를 느끼고 얼마나 중요하고 가치가 있다고 생각하는지를 평가했을 때, 교실 수업에 대한 흥미, 중요성, 가치에 대한 평가의 1/3 이상이 교사의 지지에 의해 설명되었다. 이러한 연구 결과는 교사의 영향력이 매우 중요하다는 것을 시사한다. 그러므로 교사와 학교에 연결되어 있다는 느낌은 청소년기 학생들의 정서적 건강에 유의한 영향을 미치고 폭력과 알코올, 흡연, 마리화나 사용의 감소에도 기여하며 일종의 보호요인으로 작용한다(Resnick et al., 1997).
- **연결**(connection)은 이탈과 분리의 치료제이다. 연구에서 동기와 중퇴율은 함께 변화하는 것으로 밝혀졌다. "읽기, 쓰기, 계산하기 같은 기초 학습기술에서 저조한 것이 중퇴율 상승의 주요 원인은 아니다. 기술이 아니라 의지가 더 중요한 요인으로 지목받고 있다(Wagner, 2010, p. 149)." 미국의 국립교육통계원(National Center for Education Statistics)이 보고한 바에 의하면, 학생들은 중퇴를 결정하는 중요한 이유 몇 가지로 교사와 잘 지내지 못하는 것(35%), 또래들과 잘 어울리지 못하는 것(20%), 소외감을 느끼는 것(23%), 안전함을 느끼지 못하는 것(12%)과 같은 사회정서적 요인들을 많이 언급하였다(Zins & Elias, 2006).

학생의 사회정서 기술과 자기관리 기술

- **사회정서학습**(social and emotional learning: SEL) 프로그램은 학업성취에 도움이 된다. 학업 및 사회정서학습 협회(Collaborative for Academic, Social, and Emotional Learning: CASEL)가 기술한 바에 의하면, 사회정서학습이란 "아동과 성인들이 효과적인 삶을 영위하고 자신, 관계, 하는 일을 효과적이며 윤리적으로 실행하는 데 필요한 기본기술의 발달을 돕는 과정이다(CASEL, 날짜미상; [그림 1-5] 참고)." 유치원 아동부터 고등학교 3학년을 대상으로 이루어진 사회정서학습 프로그램의 효과성을 검증한 연구 213개에 대한 메타분석의 결과는 이러한 주장을 지지한다. 이 메타분석에는 유치원 아동~고등학생 270,034명이 포함되었는데, SEL 프로그램에 참여했던 학생들은 사회정서 기술, 태도, 행동에서 유의한 향상을 보였고, 학업성취도에서는 백분위 11%가 향상되었다(Durlak et al., 2011). 그러므로 다음과 같은 결론을 내릴 수 있다. "아동 · 청소년의 사회정서발달을 지원하는 것은 학업적 성장을 위한 토대를 제공하는 일일 뿐만 아니라 사회적으로 책임있는 시민의식의 토대가 되는 보편적 인간 자질(연민, 공정, 존중)을 발달시키는 일이며, 안전하고 배려하며 차별 없는 학습공동체 조성의 토대를 닦는 일이다(Hymel, Schonert-Reichl, & Miller, 2006, p. 27)."

학교와 교직원의 역량 증진: 팀워크와 협력

- 성공적으로 프로그램을 시행하려면 증거 기반의 프로그램이 필요한 것은 사실이지만, 이것만으로 충분하지는 않다. 개혁을 시도하여 얻으려고 의도했던 효과의 달성 여부는 프로그램을 시행하는 과정(implementation process)에 의해 결정되기 때문이다. 그러므로 수업 전략을 잘 실행하는 것 그리고 학교 기반의 예방 및 개입 프로그램들을 잘 시행하는 것이 긍정적이고 지속가능한 결과를 얻는 데 핵심요인으로 작용한다. 성공적 시행은 다양한 요인(예: 시행요원들의 훈련, 조직의 지원)의 영향을 받는다(Durlak & DuPre, 2008; Fixsen, Naoom, Blase, Friedman, & Wallace, 2005; Odom et al., 2010).
- 교직원과 학교조직의 역량은 학교 기반의 예방 및 개입 프로그램의 성공적 시행에 중요한 요인이다(Halgunseth et al., 2012; Meyers, Durlak, &

Wandersman, 2012). 교직원의 특징들 중에서 역량, 배경, 개방성은 예방 및 개입 프로그램의 보급과 시행에 영향을 미치는 요인들이다(Flaspohler, Duffy, Wandersman, Stillman, & Maras, 2008). 또한 자기효능감이 높은 교사들은 프로그램 시행에 더 많은 노력을 기울이는 경향이 있는데, 이는 프로그램의 성공 가능성을 높이고 학생들의 긍정적 성과를 촉진한다(Han & Weiss, 2005).

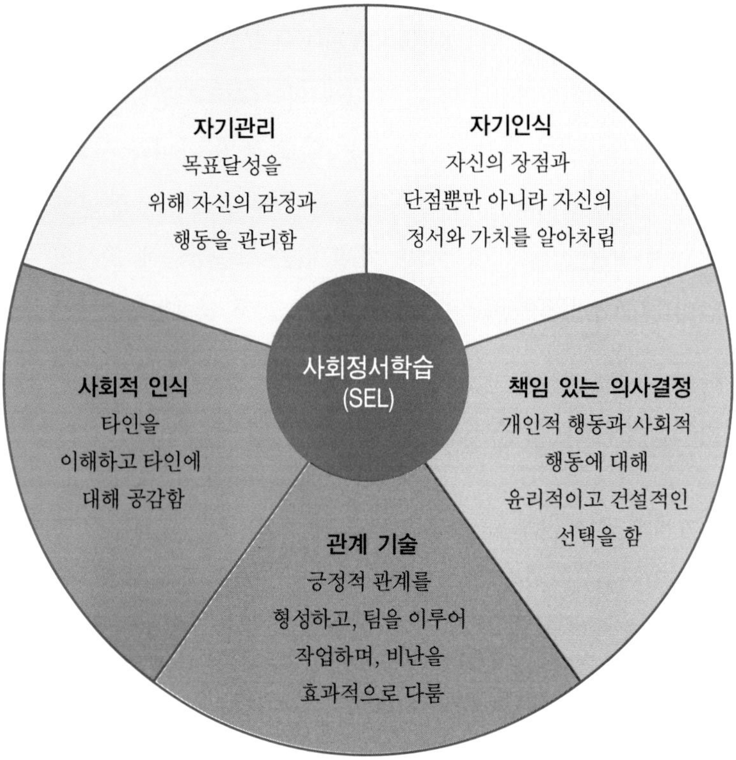

[그림 1-5] 사회정서학습에서 지향하는 다섯 가지 유능성

출처: Collaborative for Academic, Social, and Emotional Learning(CASEL)의 허락을 받아 수정한 것임.

• 멘토링은 교직실무를 지원한다. 멘토링은 오랜 시간 동안 교사들이 지속

적으로 양질의 교직실무를 수행하도록 돕는다. 좋은 멘토는 격려하고 지지적이며 헌신적이고 민감하며 유연하고 예의바르고 열정적이며 인내심이 있고 정보, 신용, 명성을 기꺼이 공유한다(McCormick & Brennan, 2001).

- 교사에게 제공되는 코칭과 지원은 학교 기반의 개입을 향상시킨다. 교사 훈련이 포함되어 있는 학교 기반의 개입 프로그램의 효과성을 보고한 연구들에 대한 메타분석 결과, 교사 훈련도 받고 개별화된 코칭도 지속적으로 받은 집단은 주어진 시간의 95%를 학교 기반의 개입을 실행하는 데 할애하였다(Joyce & Showers, 2002). 훈련자의 시범이 제공되는 훈련만 받고 코칭을 받지 않은 집단은 주어진 시간의 5%만 학교 기반의 개입을 실행하는 데 할애한 것과 대조적이다.

이러한 일련의 연구 결과는 교수 · 학습의 사회적, 정서적, 학업적 측면들이 서로 관련되어 있고 상호작용한다는 점을 보여 준다. 이 책에서는 이처럼 교사와 학생이 함께하는 참여수업의 원리와 실제를 지지하는 최근 연구들을 참고할 것이다. 더 많은 연구를 검토하길 원하면 웹사이트 engagedteaching.org를 검색하라.

결론

이 장에서 우리는 교사와 학생이 함께하는 참여수업에서 뿌리에 해당하는 부분을 살펴보았고, 이러한 토대가 수업의 원리와 실제를 어떻게 지원하는지에 대해서도 알아보았다. 또한 교사와 학생이 함께하는 참여수업을 지지하는 일부 연구를 참고하였다. 다음 장부터는 교사와 학생이 함께하는 참여수업을 구성하는 다섯 가지 영역을 하나씩 탐구하고, 영역별로 수업의 원리와 실제를 검토할 것이다. 우선, 2장에서는 '열린 마음 기르기'에 대해 배울 것이다. '열린 마음 기르기'는 교직실무, 학급공동체, 동료 교사들과의 전문적 관계에 관한 것이다.

2 열린 마음 기르기

나의 교육철학은 내가 겪었던 부정적인 경험에서 비롯되었다. 학교를 다닐 때 나는 똑똑하지 않은 아이, 좀 모자란 아이 취급을 받았다. 나에게 마음을 써 주시고 내가 느끼는 감정에 공감해 주실 뿐만 아니라 내가 가진 능력을 진정으로 믿어 주셨던 선생님들은 마치 공교육이라는 바다에 떠 있는 섬과 같았다. 이처럼 나에게 큰 영향을 미친 선생님들은 내 지적 능력을 알아주셨고 내가 똑똑한 아이라고 믿어 주셨다. 그리고 믿음 그대로 행동하셨다.

- 콜로라도 고등학교 교장

생각해 보기

여러분이 교실에 있을 때 어떤 행동과 경험이 열린 마음을 갖게 합니까? 어떤 행동과 경험이 여러분의 마음을 닫히게 합니까?

열린 마음(an open heart)이란 따뜻함, 연민, 배려, 돌봄, 진심을 표현하는 능력, 때로는 학생과 동료 교사들로부터 받은 마음의 상처를 표현하는 능력까지 의미한다. 또한 열린 마음은 교사가 학생들과 의미 있는 연결을 이루고 학생들 사이에서도 의미 있는 연결을 촉진하는 방법과 학급 안에서 모든 학생이 환영받고 받아들여지는, 즉 다양한 문화에 반응적인 교실 환경을 조성하는 방법을 구상하고 실행하는 마음을 말한다. 이러한 학습 환경 안에서 학생들은 안전하게 자신의 마음을 열어 학습하고 성장할 수 있다.

교사와 학생이 함께하는 참여수업(engaged teaching)을 구성하는 다섯 가지 영역 중에서 열린 마음 기르기는 교수 · 학습의 측면에서 간혹 무시되거나 경멸조로 언급된다는 점을 유념하는 것이 중요하다. 예를 들면, 교사와 학생이 함께하는 참여수업(engaged teaching)에 관한 웹 세미나에서 만난 어느 참석자는 웹 세미나가 "기대했던 것보다 감상적인 스킨십이 훨씬 더 많았지만, 정말로 긍정적이었고 강력했으며 효과적이었다."라는 코멘트를 했다. 사람들이 '감상적인' '스킨십' 같은 용어를 쓸 때 의미하는 바는 정확히 무엇일까? 그리고 이 용어들이 가끔 공동체 조성이나 사회정서활동의 중요성을 폄하하는 데 사용되는 이유는 무엇일까? 많은 사람이 활기차지만 사소하고 비효과적이라고 느껴지는 전문성 개발 프로그램이나 집단 작업에 강요에 의해 참가한다. 아마도 신뢰가 충분히 구축되지 않은 집단 안에서 지도자가 교사들에게 지나치게 개인적인 내용을 드러내라고 요구하거나 위험을 무릅쓰고 마음을 공유하라고 요구했을지도 모른다. 또는 의무적으로 참가해야 하는 활동에서 참가자들은 공유하기에 불편한 것을 공유하라는 강요를 받았을지도 모른다. 워크숍이 이렇게 형편없이 설계될 때 교사들은 정서에 관한 전문성 훈련이나 연수라면 그것이 무엇이든지 참가하지 않으려 할 것이다. 그러나 우리가 마음을 열어 가슴속 이야기를 꺼내 서로 공유하고 정서능력을 개발하는 데 도움이 되는 적절하고도 엄밀하며 실용적인 방법은 있다. 교사가 자신의 정서를 효과적으로 다루고 학생들에게 관심을 기울이는 법을 배우는 것은 교사로서 우리가 할 수 있는 일 중에 가장 어려우면서도 가장 보람찬 일이다. 그리고 이 일을 하는 교사는 교사의 교수목표와 학생들의 학습목표를 모두 달성할 수 있다.

교사가 정서지능과 열린 마음을 수련하는 전문성 개발 교육이나 연수 커리큘럼을 감상적인 스킨십 정도로 일축한다면 크나큰 학습 기회를 잃는 셈이다. 체험 중심으로 진행되고, 단지 인지적인 것만은 아니며, 마음과 가슴에 관련되고, 정서에 대한 자기조절을 돕는 교수 · 학습 방법에 마음을 여는 것은 교사 자신과 학생 모두를 위해 매우 유익하다.

열린 마음으로 가르치기

이제 열린 마음과 관련된 원리와 실제에 대해 살펴보도록 한다. 이러한 원리와 실제는 교사의 교직실무를 강화시킬 목적으로 그리고 교사가 학생들이나 동료 교사들과 연결을 이루고 긍정적인 관계를 맺는 능력을 증진시키는 데 목적을 둔다.

원리 열린 마음 유지하기

열린 마음으로 가르친다는 것은 단지 학생들과 동료 교사들을 따뜻하게 대하고 배려하는 것만은 아니다. 안전한 **정서적 경계**(emotional boundaries)를 분명하게 설정하여 현명하게 마음을 여는 것을 포함한다. 존중의 경계에 대해서는 5장에서 상세하게 설명할 것이다. 경계와 열린 마음은 마치 한 마리 새에 달린 두 날개와 같다. 새는 두 날개가 모두 있어야 날 수 있다. 경계는 지나치게 흥분하여 이성을 잃었을 때, 의식적으로나 무의식적으로 학생이나 동료 교사를 고치려 들 때, 분명한 한계에 끼어들거나 분명한 한계를 세울 필요가 있을 때를 아는 능력을 말한다.

다음과 같은 경우에는 학교에서 안전하게 마음을 열기가 어렵다.

- 학교의 전반적 문화에 존중과 신뢰가 부족할 때
- 학생의 삶과 교사의 삶을 구분하지 못할 때
  즉, 교사가 학생의 개인적 문제에 압도당하고 학생의 문제를 고치려는 욕망에 압도당할 때
- 일을 '집에 싸들고' 가지 않는 방법을 아직 찾아내지 못했을 때
- 신뢰, 경계, 존중의 학교풍토 또는 학급풍토가 조성되어 있지 않을 때

교사는 복잡한 학교 일 때문에 개인생활을 돌보지 못하는 경우가 있다. 학교 일을 학교에 두고 퇴근하기를 매우 어려워하는 교사도 있다. 특히 학생, 동료, 가족과 이루는 매우 많은 개인적 관계와 상호작용이 가르치는 업무에 포함되어 있기 때문에 수많은 교사가 가르치는 삶이 주는 정서적 부담으로 인한 어려움을 겪는다. 교사가 업무에 관한 걱정과 문제를 뒤로 하는 건강한 습관을 가질 때, 업무와 개인생활 사이에 더욱 분명한 경계를 그릴 수 있다. 이를 위해 하루 업무를 끝내면서 5분 동안 침묵하는 시간을 갖거나 동료 교사와 마무리 대화를 하는 것은 하루 동안 교직 업무를 수행하면서 겪은 일을 의도적으로 뒤로 하는 데 도움이 된다. 또는 일종의 경계를 만들기 위해서 퇴근하면서 걷기 운동이나 격렬한 운동을 하거나 깊은 사색을 할 수도 있다. 이와 같이 일과 개인생활 사이에 분명한 경계를 설정하면 학교에서 더 제대로 근무할 수 있고 학생들에게 관심과 애정을 더 많이 표현할 수 있게 된다. 다음에 제시되는 실제는 열린 마음을 오랫동안 유지하는 데 도움이 되는 방법들이다.

실제 따뜻한 관심과 배려의 장애물 극복하기

교사가 열린 마음을 가지려면 학생들이나 다른 사람들에게 따뜻한 관심을 표현하고 배려하는 자신의 능력을 방해하는 것이 무엇인지를 파악하는 것이 가장 중요하다. 자신에게 다음과 같은 질문을 계속 던져 보는 것이 도움이 된다. “언제 교실에서 내 마음이 열리는가?” “언제 교실에서 내 마음이 닫히는가?” 이와 같이 단순한 질문이 자신의 내면 상태를 더 잘 이해하고 자신의 내면 상태가 공감과 연민을 느끼고 연결과 긍정적 관계를 형성하는 능력에 어떤 영향을 미치는지를 이해하는 데도 도움이 된다. 집에 어떤 문제가 있거나 동료와의 상호작용에 문제가 생기면 우리의 마음은 닫힌다. 또는 숨 쉴 틈 없는 삶의 속도 때문에 기진맥진이 되는 경우에도 우리의 마음이 닫힌다. 마음이 닫히면, 위축되고 고립되며 여유없이 팽팽하고 방어적이 되며 경직되고 무감각하며 화가 나고 냉정해진다. 호흡은 가빠지고, 가슴은 옥죄어 답답하며, 주의 범위는 좁아진다. 우리가 방금 동료와 불편한 대화를 나누었고 그래서 우리의 마음이 닫히면, (마음이 닫히지 않았을 때는) 신경이 거슬리지 않았을 학생의 문제행동에 과잉 반응을 하게 된다. 이처럼 우리의 마음이 닫혔을 때는 학생의 문제행동에 대해 과잉 반응하는 경향성을 더욱 주의 깊게 살펴볼 필요가 있다.

우리는 몇 가지 공통된 이유에서 우리의 마음을 닫는다.

- 마음의 상처를 받거나 비난을 받을까 봐 느끼는 두려움
- 특정 안건이나 결과에 대한 집착 또는 마음을 열면 그 안건이나 결과가 망가질지도 모른다는 염려
- 압도당하는 느낌, 이제는 '하나라도 더' 이상은 취할 수 없다는 과부하
- 실수를 저지르는 데 대한 두려움
- 자신이 도전이나 어려움을 해결할 유일한 사람이라는 부담감
- 개인생활과 일에서 느끼는 강렬한 정서, 감정마비, 상실감
- 자신의 가치가 다른 사람들에 의해 공유되지 않거나 자신의 관점이 존중받지 못한다는 느낌
- 열린 마음을 갖기 위한 시간과 공간이 불충분하다는 생각

그러나 장애물이 무엇이든지 일단 자신의 마음 상태를 더 많이 자각하면 더욱 의식적으로 선택할 수 있다. 자신의 마음 상태를 면밀히 살피면 무엇이 타인에 대한 따뜻한 관심과 배려를 방해하는지, 다시 마음을 열기 위해 어떤 지지와 자원이 필요한지를 깨달을 수 있다. 예를 들면, 만일 학교에서 자신의 의견이 계속해서 받아들여지지 않고 있어서 어찌 보면 무시당하고 있다고 느껴지면, 교장과 일대일의 면담시간을 잡아보거나 자신을 지지해 줄 동료를 찾을 필요가 있다. 만일 어떤 학생이 내 마음을 닫히게 만드는 행동이나 태도를 보인다면, 이 학생과 다른 종류의 관계를 맺는 방법을 찾아보거나 내 태도를 바꾸거나 학생의 행동 이면에 무엇이 있는지를 발견하기 위해 학생과 개별면담을 시도할 필요가 있다. 이런 일들 때문에 압도당하는 느낌이 계속 들고 마음이 닫힌다면, 다른 사람이 나에게 요구하는 것과 내가 책임을 맡아야 할 것에 대해 '이번에는 할

수 없을 것 같습니다.'라고 대답하기를 연습할 필요가 있다. 그러고는 휴식과 재충전을 위한 공간과 시간을 찾아나서는 것이 도움이 된다. 다음은 따뜻한 관심과 배려를 방해하는 장애물을 극복하기 위해 교사들이 사용해 온 몇 가지 방법이다.

따뜻한 관심과 배려에 대한 장애물 극복 활동

- 이번 주에 자신의 마음이 언제 열렸고, 언제 닫혔는지를 기록하라. 마음이 열렸던 이유와 닫혔던 이유가 있었는지, 그 이유가 무엇인지에 대해서도 생각하라.
- 마음이 닫혀 있을 때 무엇이 마음을 다시 열었는지에 주목하라.
- 마음을 여는 하나의 활동을 선택해서 일주일 동안 매일 시도하라. 자신과 학생들에게 어떤 변화가 일어났는지를 기록하라.
- 수업 시작 전, 자신이 학생 개개인의 장점으로 인정하는 것 또는 학급 전체의 진가로 인정하는 것을 한 가지씩 생각하라.
- 각각의 학생이 한 행동이나 과제에 대해 학급 전체와 나눌 칭찬을 찾으라.
- 하루 일과를 끝내고 일에서 개인생활로 전환하는 과정에서 느끼는 부담감과 삶의 무게를 내려놓는 데 도움이 되는 활동을 하라.
- 동료 교사, 가족, 친구들에게 도움을 청하라.

실제 취약함을 인정하기

브레네 브라운(Brené Brown, 2010)이 **취약함**(vulnerability)에 대해 다음과 같이 언급하였다. "우리가 연결을 경험하려면 자신이 취약한 상태에 있음을 감수해야 한다." 취약함을 인정한다는 것은 세련되게 다듬어지지 않았고 완전하지 못하다고 느껴지는 자신의 어떤 부분들에 대해 기꺼이 표현하고 공유하려는 의향을 말한다. 기꺼이 **참 자기**(authentic self)가 되려는 의향, 자신에게 참인 것에 대해 다른 사람들과 기꺼이 이야기를 나누려는 의향, 기꺼이 자신의 전체(wholeness)를 드러내 보이려는 의향을 포함한다. 또한 자신이 정답을 모른다는 것을 받아들이고 동료들에게 지지를 구하는 것을 의미하기도 하고, 자신이 개인적 문제를 힘들게 헤쳐 나가고 있고 자신을 잘 돌보려면 교사에게도 휴식이 필요함을 학생들과 공유하는 것을 의미할 수도 있다. 자신의 **취약함을 인정**하는 교사는 '진실을 말하고' 자신에게 도전이 되는 어려운 문제를 교직원 회의에서 털어놓거나 갈등을 겪고 있는 동료와 대화하며 사과를 받아들이고 실수를 용납하며 반대 의견을 제시한다. 때로는 장점보다 단점, 불완전함, 의혹에 대해 남과 공유하기가 훨씬 더 쉽다. 그런 경우에 취약함을 인정한다는 것은 각자의 경험과 전문적 지식을 서로에게 제공하는 것도 포함한다.

가장 간결한 의미로 정의하면, 인간다움의 범위 안에 속하는 모든 것을 기꺼이 받아들이고 표현하는 것이 취약함이다. 이와 관련하여, 브레네 브라운(2010)은 우리가 자신의 취약함을 피하려고 한다면 자신의 삶에 있는 또 다른 풍부한 경험을 차단하게 된다고 지적하였다.

> 우리는 취약한 세상에 살고 있다. 이것을 해결하는 한 가지 방법은 취약함에 무뎌지는 것이다. …… 그런데 연구에 의하면, 우리는 정서를 선택적으로 무뎌지게 만들 수 없다. 이것은 나쁜 정서, 이것은 취약함, 이것은 상심, 이것은 수치심, 이것은 두려움, 이것은 절망감이니 나는 이것들을 느끼고 싶지 않다고 말할 수가 없다. …… 모든 정서를 무뎌지게 하지 않고서는 나쁜 감정만을 무뎌지게 할 수는 없다. 선택적으로 무감각해질 수 없다. 그래서 우리는 그런 감정들에 무감각할 때 즐거움, 감사, 행복에 대해서도 무뎌지는 것이다.

그래서 취약함은 **진정성**(authenticity), 즉 참모습에 이르는 통로이자 전체적인 자기(the whole self)를 작동시킬 때 경험하는 기쁨, 목적, 의미로 나아가는 출입문이다. 자신의 취약함을 인정하고 기꺼이 받아들이면 자기에 대한 연민을 가지는 데 도움이 된다. **자기연민**(self-compassion, 자신을 측은하게 여기는 마음)은 우리가 하루를 쉴 때, 실수를 저지를 때, 문제에 대한 정답을 가지고 있지 않을 때, 도움이나 지지를 필요로 할 때 자신의 완벽주의와 판단을 누그러뜨리고, 자신을 수용하고 용서하게 만든다. 물론, 우리는 자신이 속한 공동체와 맥락을 고려하여 자신의 취약함을 언제 어떻게 표현해야 할지를 알려 줄 내적 정보를 활용해야 한다. 왜냐하면 치료 장면에서 더 잘 탐색될 수 있는 개인적 문제를 다룰 만한 안전하고 적절한 공간이 학교공동체에는 없을 수 있기 때문이다. 교사가 고해성사하듯이 지나치게 자기를 드러내지 않으면서도 진정성을 유지하는 방법을 학생들에게 가르칠 수 있듯이, 성인 학습공동체에도 비슷한 접근을 적용해 볼 수 있다. **개인적 이야기**(퍼스널 스토리, personal stories), 실수, 강점, 즐거움을 적절히 공유함으로써 좀 더 인정이 넘치고 보람찬 전문가 공동체를 만들 수 있다.

다음은 자신의 취약함을 수용하는 활동 몇 가지를 예시한다.

취약함 수용 활동

- 이번 주에 자신이 저지른 실수 한 가지를 찾아 그 실수를 인정하는 말을 자신에게 또는 다른 사람에게 하라. 이러한 실수의 공유가 어떤 영향을 미치는지에 주목하라.
- 취약함을 가장 많이 느끼는 때와 상황을 찾으라. (유의사항: 때때로 즐거움, 놀이, 자발성의 표현이 취약함을 느끼게 할 수도 있다.) 그러고 나서 취약함이 주는 선물을 알아보라.
- 자기판단과 완벽주의가 자신의 삶에 미치는 영향에 대해 생각하라. 나는 무엇에 관하여 자신을 심하게 대하는가? 그 이유는 무엇인가? 이번 주에는 자기연민의 행동 하나를 선택해 시도하라.
- 자신이 취약하다는 느낌이 들 때 어떻게 반응하는 경향이 있는지에 주목하라. 움츠러들고 감추려 하는가? 다른 사람들과 단절하고 자신을 소외시키는가? 다른 사람들의 도움을 구하거나 다른 사람들과의 연결을 추구하는가?
- 다른 사람들이 취약할 때 자신이 그 사람들에게 어떻게 반응하는지를 생각하라. 동료 교사들에게는 어떻게 반응하는가? 학생들에게는 어떻게 반응하는가?
- 어떻게 취약함이 혁신, 창의력, 자기 삶의 변화를 일으키는 원천인지에 대해 생각하라.

실제 용서하기

용서하기(forgive)는 원한을 품지 않고 죄나 위반행위를 면제해 준다는 것을 뜻한다. 데스몬드 투투[1](Desmond Tutu, 2004)에 의하면, "우리는 허점 없는 사람이 아니기 때문에 그리고 우리가 사랑하는 사람들의 마음을 다치게 할 수도 있으므로 관계에서 발생하는 모든 인간적인 위반사항을 해결하는 데는 항상 용서의 과정이 필요하다. 관계에서 발생하는 인간적인 위반사항은 인간 조건의 피할 수 없는 특징이다." 학생과 교사들도 매일 실수를 저지를 것이고, 실수는 교수 · 학습 과정에서 자연스럽고 필연적으로 일어나기 마련이다. 교사가 자신과 학생들을 기꺼이 용서하는 마음은 열린 마음으로 가르치는 데 필요하고도 중요하며 강력한 요인이다.

어떤 사람이 우리의 기분을 상하게 하거나 우리의 마음에 상처를 주거나 우리에게 비용 부담을 주는 실수를 저질렀을 때, 우리의 마음은 굳어지고 실수 하나하나를 떠올리면서 자신이나 상대방에 대해 단호한 태도를 취하게 된다. 또는 의식적으로 용서하기를 선택할 수도 있다. 용서는 우리가 자신과 타인에 대해 새롭고 개방된 태도를 갖게 한다. 용서하면, 우리는 그 상황에서 겪은 고통을 인정하는 데 그치지 않고 미래에 새롭게 관계 맺는 방식으로 나아갈 가능성이 남아 있다는 것을 알게 된다. 경계를 침해하는 일이 발생했을 때 발생한 일을 명명하고 그 일이 우리에게 어떤 영향을 미쳤는지를 말하여 용서를 한다. 용서는 어떤 식으로든 발생한 행동에 대해 변명하고 핑계를 대도록 허용하는 것이 아니라 그 행동이 발생했음을 인정하고 우리 자신 안에 있는 고통, 원한, 분개를 내려놓는 것이다. 우리가 의도했든 아니든 다른 사람의 마음을 다치게 했음을 인정하고, 어떻게 마음을 다치게 했는지 그리고 어떻게 용서받기를 원하는지에 대해 생각하게 하는 것이 용서다.

학창 시절의 경험 하나를 떠올려 보자. 여러분이 경계를 넘어서거나 규칙을 어기거나 누군가를 다치게 했을 때 선생님께서 여러분을 용서하시고 여러분에게 다시 잘해 볼 기회를 주셨는가? 그랬을 때 여러분은 어떤 기분이 들었고 어

1) 역자 주. 데스몬드 투투는 1984년에 노벨평화상을 수상한 남아프리카공화국 성공회 대주교이다.

떻게 반응했는가? 이처럼 학생이 경계를 넘거나 규칙을 위반했을 때 교사는 그 상황을 못 본 척 내버려 두거나 가볍게 여겨 넘길 수도 있고, 그 학생에게 어떤 식으로든 꼬리표를 붙여 그 학생을 여러 활동에서 배제시키고 그 학생에 대한 마음을 닫아 버릴 수도 있다. 그러나 교사가 분명한 경계를 설정하고, 학생에게 책임감을 요구하며, 학생을 교실에서 내쫓기보다는 용서하고, 학급공동체 안에 머물게 하면서 학급활동에 참여시키면, 그 학생은 새롭게 시작할 수도 있다.

연구에 의하면, 용서하는 사람은 원망하는 사람보다 더 행복하고 더 건강하다(McCullough, Pargament, & Thoresen, 2001). 범인을 용서할 때 심혈관계와 신경계의 기능이 향상되기도 하였다(Witvliet, Ludwig, & Laan, 2001). 그러나 용서가 쉬운 일은 절대 아니다. 특히, 감정이 격해진 상황에서는 더욱 그렇다. 예를 들면, 괴롭힘 행동이 발생했을 때 그 사건을 다루는 동안에 어떻게 가해 학생을 용서하는 마음을 쉽게 가질 수 있겠는가? 이런 상황에서 용서란 실제로 발생한 일을 부인하거나 눈감아 주는 것이 아니다. 그 대신에 괴롭힘 상황에 관련된 학생들의 이야기를 귀 기울여 듣고, 행동 이면에 있는 것을 파악하며, 파괴적인 행동에 대한 분명한 귀결을 적용해야 한다. 그러면 앞으로 뭔가 새로운 일이 생길 것을 예상할 수 있고, 가해 학생에 대한 마음이 다시 열릴 수도 있다. 이렇게 용서와 화해가 함께 일어나려면, 가해 학생은 자신이 저지른 피해와 손상을 복구해야 하고 앞으로는 그 행동을 반복하지 말아야 한다. 이와 같은 일을 겪은 어떤 교사는 다음과 같이 말했다. "나는 학생들에게 이런 말을 해요. 매일매일이 새로운 날이고, 너희는 학교에서 언제든지 행동을 바꿀 수 있고 새로운 경험을 할 수 있을 거라고요." 이렇게 학생들을 새로운 변화로 초대하는 교사는 학생들이 언젠가는 학교에서 최고의 자신을 나타내 보일 거라고 믿고 있다는 것을 학생들에게 알려 주고, 학생들이 과거의 행동에 맞춰 현재의 자기를 만들 필요는 없다는 점을 깨우쳐 준다.

다음은 용서와 관련된 활동이다.

용서 활동

- 이번 주에 자신을 용서한 일 한 가지를 상기하라.
- 이번 주에 동료 교사 또는 학생을 어떻게 용서할지에 대해 생각하라.
- 학생들과 용서와 신뢰에 대한 토론을 시작하라. 경계를 넘어선 사람을 용서할 수는 있지만 이런 상황이 발생한 후에 신뢰를 다시 쌓는 데는 시간이 걸린다는 점을 명심해야 한다.
- 우리가 인간관계에서 신뢰를 보이는 방법에 대해 학생들이나 동료 교사들과 브레인스토밍 하라. 신뢰의 인간관계는 타인을 신뢰하는 행동을 하는 것과 타인으로부터 신뢰받을 만한 행동을 하는 것 둘 다를 필요로 한다.

지금까지는 열린 마음으로 교직실무를 수행하는 방법에 대해 살펴보았다. 다음부터는 학생들이 열린 마음으로 자신과 그리고 타인과 연결감을 갖도록 교육하는 방법에 대해 알아보겠다.

학생들이 열린 마음을 갖도록 가르치기

긍정적 관계를 형성하고 긍정적 학급풍토를 조성하는 일이 학생의 학습, 발달, 학교에 대한 애착에 중요하다는 것은 연구를 통해 잘 알려져 있다. 다음의 원리와 실제는 학생들의 마음과 정신을 기꺼이 받아들이고 안전하고 재미있으며 포용적인 학습 환경을 조성하는 방법들이다(Roeser et al., 2000).

원리 관계와 공동체 형성에 공들이기

안전하고 포용적이며 서로 존중하는 학습공동체를 만드는 데 시간과 에너지를 쏟는 것은 사회정서학습에서나 교과학습에서나 필수적이다. 만일 교사가 학생들이 마음과 정신을 집중하길 원한다면 학생들이 이렇게 할 수 있는 안전한 환경조건을 만들어 주어야 한다. 신체적, 인지적, 정서적 안전의 상호관계를 고려하면 캐시 오닐-그레이스(Cathy O'Neill-Grace)의 의견을 들어보는 게 유익하다. "만일 당신이 방과 후에 매 맞을 일 때문에 두려움에 떨고 있거나 집단 안에서 하루 종일 멸시의 눈초리를 받고 있다면, 당신은 제대로 배울 수가 없다(O'Neill-Grace & Thompson, 2002, p. 213)." 학생이 불안이나 위협을 느낄 때 학생의 마음은 심란해지고 주의는 산만해진다. 이러한 정서 경험은 학습에 사용될 뇌 부위를 직접 타격한다(Durlak et al., 2011).

학습공동체를 조성하려면 시간이 필요하다. 그런데 시간을 들여 학습공동체가 만들어지면 학생과 교사는 상당한 혜택을 얻을 수 있다. 학습 환경은 더욱 효율적이 되고 덜 산만해지며, 학생의 학업참여와 학업성취는 향상되며, 학습에 대한 즐거움이 커지고 교실 안에서 의미와 목적의식이 깊어진다.

중학교 1학년을 맡고 있는 교사 한 분이 한 학생과 매일 실랑이를 하느라 겪은 어려움에 대한 이야기를 들려주었다. 그 학생은 교사에게 말대꾸하고 다른 학생들을 놀리며 마음의 상처가 되는 농담을 한다. 그 학생이 교실 문으로 걸어 들어 오는 것을 보자마자 교사의 마음은 닫히고 몸은 완전히 긴장 상태에 돌입한다. 교사는 그 학생의 '맹공격'에 대비해 자신을 굳건하게 만들려고 했다. 하루는 그 학생이 빈정거리듯 건방진 말을 던졌고, 교사는 참을성을 잃고 화를 내면서 학생을 복도로 내쫓았다. 쉬는 시간에 다른 학생들이 모두 교실을 빠져 나가자, 교사는 그 학생과 대화를 시도했다. "왜 나를 미워하는 거예요?" 이렇게 말하는 학생의 눈에는 눈물이 차올랐다. 그 순간, 교사는 자신이 그 학생과의 사이에 교착 상태를 만든 주인공이었음을 깨달았다. 그날 오후에 한 동료 교사가 이렇게 힘든 학생들을 지도하면서 몇 년 동안 사용해 온 방법을 알려 주었다. 매 학년 초 첫 수업 시간 전에 학생들의 사진을 찍고, 학생들 각각의 장점을 한 가지씩 생각해 보고 기록하는 것이었다. 그 동료 교사는 학생 개개인의 잠재력을 찾느라 집중하는 데 시간을 들였다. 이 말을 들은 교사는 이 방법을 시도해 보기로 했다. 교사는 골칫거리 학생이 교실 문으로 들어오자 학생을 따뜻하게 맞이하는 혼신의 노력을 했다. 사실, 이런 행동은 교사가 다른 학생들과는 너무나도 자연스럽게 했던 것인데, 그 학생에게는 마음의 문을 단단하게 닫고 있었기에 하지 못했던 것이었다. 그 학생에게는 다른 학생들에게 주었던 따뜻한 관심을 똑같이 보여 주지 못했었다. 시간이 흐르면서 그 학생의 행동이 조금씩 바뀌기 시작했고, 이제는 많이 달라졌다. 이제 교사와 그 학생은 예전보다 훨씬 더 가까운 신뢰의 관계를 갖게 되었다. 그러자 학급의 전반적인 풍토도 바뀌게 되었다. 그 학생이 이제는 새로운 방식으로 교실 활동에 참여하고 있기 때문이다.

실제 참된 자기표현을 모델링하고 격려하기

참된 자기표현(authentic self-expression)을 모델링하려는 사람은 자신의 흥미와 관심, 배경, 유머감각, 퍼스널 스토리를 공유할 필요가 있다. 교사가 적절하고도 학생들과 관련된 방식으로 교사 자신의 성격과 사적 경험을 학생들과 공유하는 방법을 모델링하는 것이 중요하다. 예를 들면, 교사가 어떤 내용이나 주제에 대해 소개할 때 어떻게 해서 자신이 처음에 그 내용이나 주제에 대한 열정을 가지게 되었는지를 말해 줄 수 있다. 교과 시간에 '영웅' 단원을 가르칠 때, 교사가 어린 시절에 영웅으로 여겼던 사람에 대한 이야기를 들려줄 수도 있고, 지금 교사에게 영웅은 누구인지에 대한 이야기를 들려줄 수도 있다. 교사의 학교 밖 역할을 상상하지 못하는 학생들이 있는데, 이처럼 교과수업의 내용과 학습목표를 교사의 개인적 경험에 관련지어 이야기해 주면 학생들의 관심을 집중시키고 주목을 받을 수 있다.

교사가 학생들과 **개인적 연결**을 이루기 위해, 학생들이 적절한 방식으로 교사에 대해 더 많이 알 수 있게 해 주는 다양한 활동을 실행할 수 있다. 예를 들어, 미국 덴버시에 있는 어느 고등학교에서는 매 학년 초에 '교사 빙고' 게임을 한다. '콜로라도주에 있는 ○○산을 세 번 등반한 선생님' '○○에서 태어나 성장한 선생님' '고등학교 때까지 야구선수로 활동했던 선생님' 등 교사의 특징을 진술한 문장을 만들어 학생들에게 나누어 주고, 학생들은 그러한 진술문에 맞는 교사를 찾아낸다. 게임에 참여한 고등학생들은 문장과 일치하는 교사를 찾아내면서 매우 즐겁고 놀라운 경험을 할 수 있고, 교사도 다른 사람들과 마찬가지로 복잡하면서도 풍부한 삶과 생애사를 지닌 인간이라는 것을 알게 된다.

이와 같은 활동을 사용해서 학생들끼리 서로 자신의 참모습을 공유하고 서로에 대해 더 많이 알게 될 수도 있다. 이러한 학습공동체가 조성되면, 더욱 심오한 의미와 목적 그리고 관련성을 높이기 위해 정기적으로 학생들의 개인적 흥미와 관심, 경험, 이야기를 교실 안으로 끌어들여 활동을 규칙적으로 실행할 수 있다. 다음은 교실 안에서 학생들의 참된 자기표현을 돕는 활동을 예시한다.

자기표현 모델링 및 격려 활동

- 학년 초에 교사와 학생들이 서로를 파악하는 데 도움이 되는 활동을 한다. 예를 들면, 교사 빙고 게임을 할 수 있다. (부록 참고)
- 교사가 학생들 나이였을 때 어떤 학생이었는지에 대해 학생들과 이야기를 나눈다. 무엇이 학습 동기를 일으켰는가? 무엇이 어려운 도전이었는가? 그 당시의 학교는 어떠했는가? 종종 학생들은 이런 이야기에 관심을 보인다.
- 학년 초에 학생들에게 겨울 방학 중에 했던 일이나 작년에 생긴 일에 대한 이야기를 서로 나누게 하거나 마치 짧은 전기를 쓰듯이 작문을 하게 한다. 교사가 자신의 이야기를 나누는 것에서 시작해 학생들에게 모델링한다. 그다음, 학생들이 한 명씩 돌아가면서 자신의 이야기를 발표한다.
- '피플 백(people bag)' 게임을 한다. 학생들은 자신의 삶에서 중요하다고 여겨지는 물건 다섯 개를 백에 담아 온다. 그리고 각각의 물건이 자신에게 중요한 이유를 설명한다. 교사도 학생들과 공유할 만한 피플 백을 가져오고, 그 이유를 학생들에게 말해 준다.

실제 감사하는 마음 기르기

개인적으로 또는 학습공동체 안에서 **감사**(gratitude)를 연습하면, 교사의 업무가 경감되고 학생들과 학급 전체의 경험이 극적으로 향상되는 효과를 얻을 수 있다. 학급에서 감사를 실천하는 교사는 학생들에게 자신의 마음을 열고 문제 상황에 성공적으로 대응하며 교직 생활에서 기대하지 못했던 선물을 발견하고 그 진가를 알아차린다. 감사를 연습한 학생들은 적응유연성과 학습능력이 향상되고 집중, 열의, 결단력, 관심, 활력 등 긍정적 상태의 수준이 상승한다(Emmons & McCullough, 2013b, p. 1).

어느 교사는 월요일 아침마다 5분 동안 '축하 세리머니'를 한다. 이 짧은 시간 동안에 학생들은 한 주 동안 또는 자신의 삶에서 기념하고 축하할 것을 찾아 그것에 대해 이야기를 나누고 서로 축하해 주고 축하받는 시간을 가진다.

또 어떤 교사는 학생들에게 감사하는 마음을 표현하고 싶었지만 그렇게 하지 못했던 것들을 목록으로 써 보라고 한 다음에 감사 목록 중에서 작든 크든 하나씩 발표하게 한다. 어떤 학생에게 감사의 순간은 축구시합에서 이기는 것일 수도 있고, 다른 학생에게는 복도에서 친한 친구와 마주치는 일일 수도 있으며, 또 다른 학생에게는 따뜻하게 빛나는 태양을 바라보는 일일 수도 있다. 복잡한 문제와 냉소주의가 만연한 세상에서 감사를 실천하는 것은 우리의 내적 자원과 외적 자원에 주의를 기울이게 하고, 삶의 긍정적 측면을 발판으로 삼게 하며, 미래에 우리가 마주치게 될지도 모르는 도전에 대처할 힘을 길러 준다. 그러나 강제로 감사를 실행하게 해서는 안 된다. 감사를 연습하고 감사의 마음을 갖는 활동에 학생들을 초대해야 한다. 어느 누구든지 진심으로 감사를 연습하고 표현하지 못하는 때가 있다. 학생이든 교사든 누구에게나 그런 때가 있다는 것을 인정해 주는 것이 중요하다.

다음은 감사하는 마음을 기르는 활동이다.

감사의 마음 활동

- 조례시간이나 종례시간에 전체 학급을 모이게 한 다음, 각각의 학생에게 지금 이 순간 또는 오늘 하루 중 감사하다고 여겨졌던 것 한 가지를 골라 이야기를 나누게 한다. 또는 수업 종료 직전에 학생들에게 각자 감사하다고 여기는 것에 대해 한 단어로 표현하는 '감사 쪽지'를 쓰게 하거나 짧은 시간이라도 서클 타임을 마련하여 학생들이 서로 자신의 경험담을 말하게 한다.
- 감사 일지를 쓴다. 학생들은 감사 일지에 자신이 감사하다고 여기는 것을 꾸준히 기록한다. 감사 일지를 쓰는 연습은 우리가 자신에게 그리고 서로에게 즉각적이며 효과적으로 마음을 열게 한다.
- 학생들에 대한 감사의 마음을 가진다. 그리고 학생들이나 동료 교사들과의 관계에서 또는 교사로서의 삶 속에서 감사하다고 느끼는 것을 매일 기록한다.
- 일주일 동안, 아침에 교실 문 앞에 서서 교실로 들어오는 학생들을 진심으로 친절하게 맞이한다. 학생들의 진가를 음미하라. 이것이 교사의 교수활동과 학생들과의 관계에 어떤 영향을 미치는지 살핀다.

실제 학생들이 연민의 마음을 갖도록 돕기

학생들이 자신에 대해 그리고 서로에 대해 **연민의 마음**을 갖도록 교사가 직접 도울 수 있는 방법이 있다. 학생들이 교실 안에서 맡고 있는 역할 이외의 측면에서 서로를 잘 알게 되면 새로운 방식으로 서로를 바라볼 수 있게 된다. 구체적인 방법으로는 서클 타임을 정하고 학급 전체를 큰 원 안에 모이게 하여 개인적 스토리텔링 시간을 갖는 방법이나 집단 프로젝트를 함께하는 방법이 있다. 또한 다음과 같은 활동은 학생들이 급우에 대한 따뜻한 마음과 연민의 정을 갖는 데 도움이 된다.

연민의 마음 활동

- 학기 중에 학생들은 세 명의 급우에게 감사의 글을 쓴다. 그래서 각각의 학생이 다른 학생들로부터 글이나 말로 표현된 세 번의 감사를 받게 한다.
- 전체 학급이 함께 일종의 봉사 프로젝트를 수행한다. 학생들이 공동체의 걱정스러운 점 또는 공동체 안에서 관심 있는 부분을 찾아보게 한다. 학급의 일원으로서 학생들이 어떤 조치를 취하도록 격려하고, 학생들의 노력을 지지한다.
- 학급의 모든 학생이 교실 벽면에 붙일 이미지를 그리거나 문구를 쓰거나 핸드프린팅을 한다. 무엇이든지 적절한 것이면 좋다. 그러나 이미지나 문구는 공동체의 다양성과 아름다움을 나타내는 것이어야 한다. 완성된 전지를 교실 벽면에 전시한다.

실제 학생들의 신뢰와 분별력 발달을 돕기

공동체 의식을 증진시키기 위한 활동을 할 때, 학생들을 너무 깊게 너무 빨리 떠밀지 않도록 유의해야 한다. 교사는 학생들이 공개적 장소에서도 안전하게 **개인적 공유**(personal sharing) 활동을 할 수 있도록 도와야 한다. 학생들에게 자신의 개인적 이야기를 서로 이야기 나누라고 요청할 때, 개인적 공유를 원하지 않는 학생은 하지 않아도 된다는 것을 알려 준다. 이러한 학생은 이 활동에서 완전히 빠지는 것이 아니라 '패스'라고 말하고는 조용히 경청하는 방식으로 이 활동에 참여해야 한다고 말해 준다. 다음 이야기는 학생들이 자신의 개인적 내용을 공유할 준비가 된 때를 스스로 결정하도록 학생들을 믿어 주는 것이 얼마나 중요한지를 보여 준다.

어느 중학교 3학년 교사가 급우들과의 관계가 단절된 여학생에 대해 염려되는 점을 이야기했다. 교사는 여학생이 수줍음이 많고 사생활을 매우 중시하는 환경에서 성장했다는 점을 이해하였기 때문에 그 여학생의 사생활을 존중해 주기로 하였다. 학급 안에 충분한 신뢰가 쌓이자, 교사와 학생들은 드디어 신체상에 관련된 이슈를 다루었다. 자기 차례가 되자, 그 여학생은 체중이 증가하는 질병을 최근에 진단받은 데 대한 두려움에 대해 말했다. 겁이 나지만, 자신을 지지해 줄 학급 친구들이 있어서 마음의 의지가 된다고도 말했다. 전에 이야기를 나눈 적이 없는 친구가 그렇게 개인적인 문제를 공개한 것에 대해 학급 친구들은 놀랐다. 학생들은 한 명씩 일어나 그 여학생의 강인함에 얼마나 많이 감명받았는지를 말했고, 그 친구가 내면적으로나 외형적으로나 아름다운 사람이라는 것을 알게 되었다고도 말했다. 수업 시간이 끝날 때쯤 그 여학생은 밝게 빛나고 있었고, 교실 안에는 매우 강력한 연결감이 감돌았다. 만일 그 여학생이 개인적 이야기를 할 준비가 되기도 전에 학급과 공유할 것을 교사가 강요했다면, 그 여학생은 자신에게 정말로 중요한 것에 대해 이야기할 정도의 안전함을 느끼지 못했을 것이다.

학생들은 자신의 개인적 이야기를 터놓고 말할 적절한 때가 언제인지를 잘 알고 있다. 교사는 이 점을 확인함으로써 교실 안에 안전이 깃들도록 지원할 수 있다. 또한 어떤 이야기와 경험은 교실에서 공유하기에 적절하고, 어떤 이야기와 경험은 상담실에서 공유하는 것이 더 나은지를 학생들이 식별하도록 교사가 도울 수 있다. 진심으로 그리고 적절하게 공유하는 방법을 배우는 것은 학교생활이나 일상생활에 모두 필수적이다. 그러나 학급 안에서 개인적인 경험과 이야기를 공유할지라도 비밀까지 공유해야 하는 것은 아니라는 점을 학생들에게 일러 줘야 한다. 개인적 공유는 학생들과 교사가 서로에 대해 더 많이 알고자 하는 것이고 학급의 사회적, 정서적, 학업적 발달을 지원하기 위한 목적에서 하는 것이지 누군가의 비밀을 폭로하기 위해 하는 것은 아니다.

교사가 학생들과 이 활동을 할 때, 교사는 학생들의 안전과 안녕 측면에서 염려가 되는 상황을 보고해야 할 법적 의무를 가지고 있다는 것을 학생들에게 미리 공지해야 한다. 학생들이 자신이나 타인을 해칠 가능성이 있는 경우, 어느 형태든지 폭력이나 학대의 피해가 의심되는 경우, 전염병이 의심되는 경우가 이에 해당된다. 이를 비밀보장의 한계라고 하는데, 이 주제에 대해서는 7장(p. 196) 내용을 참고하길 바란다.

개인적 공유의 한계를 논의할 때, 교사는 소셜 미디어에 관해서도 학생들과 논의하는 것이 바람직하다. 인기 있는 리얼리티 TV 쇼와 소셜 미디어는 고백의 문화(confessional culture)를 양산하는 데 기여했고, 그 고백의 문화가 학생들이 개인적 이야기와 감정을 소통하는 방식에까지 영향을 미쳤다. 이러한 미디어를 모방하는 학생들은 자신에 관한 극적이거나 부적절한 것조차 드러내, 결국에는 또래공동체나 학교생활에 부메랑처럼 돌아와 부정적인 결과를 낳는다. 다음은 믿음과 분별력을 기르기 위한 활동을 예시한다.

믿음과 분별력 활동

- 교과학습의 맥락에서 개인적 공유에 대해 자연스럽게 이야기하는 식으로 학생들과 대화하라. 이러한 개인적 공유가 학생들의 학습, 기억, 연결, 참여를 어떻게 돕는가?
- 고학년 학생 대상의 활동에서는 개인적 공유와 상담 또는 심리치료를 구분하라. 학급에 적절한 개인적 공유와 부적절한 개인적 공유를 예시하라.
- 개인적 공유를 의무로 부과하지 않아야 한다. 그 대신에 개인적 공유에 학생들을 어떻게 초대할 것인지에 대해 논의하는 데 시간을 들이라. 고학년 학생들과는 개인적 공유를 의무화하지 말아야 하는 이유에 대해서도 논의하라.
- 믿음은 개인적 공유와 관련되므로 믿음에 대해 학생들과 대화하라.
- 테크놀로지의 역할에 대해 논의하라. 페이스북, 스마트폰 문자, 리얼리티 TV 프로그램 같은 미디어와 인터넷이 우리가 자신을 어떤 방식으로 표현할지와 무엇을 남들과 공유할지에 어떤 영향을 미쳤는가?

원리 문화적 민감성 개발하기

열린 마음을 기르면 모든 형태로 존재하는 다양성을 깊이 이해할 수 있게 된다. 지구상에서 가장 이질적인 사회 중 하나인 미국의 예를 들면 다음과 같다.

2010년 미국의 인구센서스 조사에 의하면, 스페인계가 아닌 백인이 전 국민의 63.4%를 차지하였고, 36.6%(약 1/3을 조금 넘는 비율)는 상이한 인종, 민족, 문화적 배경의 사람들이다. 학교는 인종, 종교, 문화, 사회적 측면에서 매년 점점 더 다양해지고 있다. 그래서 교사가 개인적으로 어떤 문화 지향성을 가지고 있느냐에 따라 교사와 학생의 상호작용이 달라진다.

우리의 문화 지향성은 모든 상호작용에 생생하게 드러난다. 셸리 자이언(Shelley Zion), 엘리자베스 코즐레스키(Elizabeth Kozleski), 매리 루 풀턴(Mary Lou Fulton)은 다음과 같이 주장하였다.

> **문화적 정체성**(cultural identity)의 발달은 진행 중인 과정이다. 우리가 다양한 신념과 가치관에 더 많이 노출되면서 그리고 원래 교육받은 적이 없는 신념과 가치도 채택함에 따라서 문화적 정체성이 계속 발달하기 때문이다. 문화적 정체성은 개인 안에서 구성되지만, 사회 안에 사는 사람들 간의 상호작용에 의해 지속적으로 영향을 받는다(Zion, Kozleski, & Fulton, 2005, p. 3).

교사는 학생들이 다양한 정체성과 공동체를 더 잘 이해하도록 도와야 하고, 학생들이 자신과 다르다고 여기는 사람들과 좀 더 편안하고 자신감 있게 상호작용하도록 도와야 한다. 이렇게 하는 데 열린 마음이 필요조건이기는 하지만 충분조건은 아니다. 책임과 규율도 필요하다.

학생들이 고정관념과 편견에서 벗어나도록 교사가 돕는다면 배타적이지 않은 **통합의 학습공동체**(inclusive learning community)를 조성할 수 있다. 여기에서 학생들은 자신의 관점뿐만 아니라 타인의 관점도 가치 있게 여기는 법을 배운다. 학생들은 자기가 속해 있는 더 크고 복잡한 공동체 맥락 안에서 자신을 이해하기 시작한다. 이렇게 교실 환경을 조성하려면, 교사는 통합을 증진시키고 다양성의 가치를 촉구하며 학생들이 단지 차이를 인정하거나 참아내는 것에만 그치지 않고 진정한 이해와 배려로 나아가도록 진솔한 연결을 구축해야 한다.

제네바 게이(Geneva Gay, 2000)는 자신의 저서 『문화적으로 민감한 교수

(Culturally Responsive Teaching)』에서 **문화적으로 민감한 교수**의 특징을 다음과 같이 열거하였다.

- 문화적으로 민감한 교수는 상이한 인종집단들이 가진 문화유산의 정통성을 인정한다. 학생들의 성향, 태도, 학습에 접근하는 방식에 영향을 미치는 유산으로서의 정통성과 형식적 교육과정에서 가르쳐야 할 가치가 있는 내용으로서의 정통성을 인정한다.
- 문화적으로 민감한 교수는 학생들이 가정에서 하는 경험과 학교에서 하는 경험이 가진 의미의 차이를 연결한다. 학업에서 배우는 추상적 개념과 실생활에서 경험하는 생생한 사회문화적 현실 사이를 연결 짓는다.
- 문화적으로 민감한 교수는 상이한 학습양식에 적합한 다양한 수업전략을 활용한다.
- 문화적으로 민감한 교수는 학생들이 자신의 문화유산뿐만 아니라 타인의 문화유산에 대해서도 알고 높이 평가하도록 가르친다.
- 문화적으로 민감한 교수는 다문화 정보, 자원, 재료를 학교에서 가르치는 모든 주제와 기술 안에 통합시킨다(p. 29).

교사가 학생들에게 **문화적 민감성**(cultural responsiveness)을 모델링하고 가르치는 것은 모든 학생이 성공적으로 성장 · 적응하고 포용적인 관계 기반의 교실을 만드는 데 중요하다. 또한 모든 인종, 민족, 문화배경의 학생 집단이 학습성과를 이루는 데 직접 관련되는 중요한 기술과 인식을 개발시키고, 학생들이 국제문화와 직업세계에서 성공할 수 있는 능력을 증진시킨다.

교사는 자신이 문화적으로 민감하게 반응하는 능력을 개발함으로써 학생들의 문화적 민감성을 개발하는 토대를 이룬다. 다음과 같은 질문을 자신에게 던지고 탐구하여 교사 자신의 세계관, 신념, 편견을 자세히 들여다봄으로써 자신이 교실 안에서 언제 포용과 통합의 풍토를 방해하는지를 성찰할 수 있다.

- 우리는 가족과 공동체로부터 다른 문화에 대해 무엇을 배웠는가?
- 사회와 대중매체는 인종, 계급, 문화, 민족, 성별, 성지향성에 대해 어떤 메시지를 던지는가?
- 이러한 메시지 중에서 우리는 무엇을 믿는가?
- 이러한 메시지가 우리의 행동에 어떤 영향을 미치는가?
- 어떤 차이가 우리를 놀라게 하고 움직이게 하는가?
- 그 이유는 무엇인가?

다음 단계에서는 이러한 인식에 맞춰 행동할 용기와 기강을 갖도록 노력해야 한다. 즉, 우리가 이야기하거나 접하기에 불편한 주제일 때조차 자신의 인식에 따라 목소리를 내어 자기 주장을 하고, 위험을 무릅쓰며, 손을 뻗어 도와주거나 도움을 받으려고 노력해야 한다.

사회정서학습이 문화적 민감성을 기르는 데 유용할 때가 있다. 교사가 교과 수업에서 사회정서학습 활동을 통합하여 가르치면 학생들은 의미 있는 맥락 안에서 서로에 대해 개인적으로 더 잘 알게 되고, 사회적 가면과 조건화된 역할을 벗어 버리게 된다. 이러한 참 경험을 통해, 학생들은 열린 마음으로 서로를 더 잘 볼 수 있고, 연민의 마음으로 서로와 긴밀한 관계를 이룰 수 있다. 어느 고등학생이 일 년 동안 학급에서 이러한 경험을 해 본 것에 대한 소감을 다음과 같이 말하였다.

> 학년 초에 학교에서 나는 스페인어를 쓰는 아이들과 대화해 본 적이 한 번도 없었다. 그러나 여러 명의 스페인계 학생들이 학급에 있었기 때문에 그들과 대화를 나누기 시작했고, 점심시간이나 방과 후에는 그들과 어울려 지냈다. 우리는 함께 축구시합도 했다. 우리가 사용하는 언어는 달랐지만 서로의 공통점을 보기 시작했다.

이 학생의 급우였던 스페인계 학생은 자신의 경험을 다음과 같이 말하였다.

처음에 나는 말을 많이 하길 원치 않았다. 다른 아이들이 내게 어떤 식으로 반응할지에 대한 확신도 없었다. 그러나 우리가 각자 자신에게 중요한 것에 대해 이야기하고 서로의 의견을 들으면서 상황이 점차 바뀌었다.

학생들이 추측과 고정관념을 극복할 수 있을 것이라는 교사의 기대와 그렇게 하도록 돕는 교사의 지원에 발맞춰 학급공동체는 점점 더 확고해질 것이다. 이러한 과정에서 교사들은 '동일성(sameness)'을 추구하지 않는다. 교사들은 차이를 인정하고 다양한 경험과 견해를 환영하면서 인간애를 인정하는 환경을 만들려고 한다. 차이라는 복잡한 문제를 다루는 데 마법과 같은 공식은 없다. 그렇지만 교사가 의도적이고 적극적인 예방조치를 취하면, 다양한 배경과 관점 그리고 경험을 가치 있게 여기는 안전한 학급공동체를 조성할 수 있다.

문화적으로 민감한 학급에서는 활동과 규범이 주류 문화권의 학생들과 문화적 배경이 다른 학생들에게 서로 다른 영향을 미친다는 것을 잘 인식한다. 교사가 자신이 조건화되어 온 것을 항상 잘 뛰어넘어 볼 수 있는 것도 아니고 교실에서 어떤 문제가 발생할지를 항상 잘 예측할 수 있는 것도 아니다. 교사도 실수를 저지른다. 그러나 교사는 실수에 민감하게 대응할 수 있다. 겸손, 호기심, 자신의 경험으로부터 배울 수 있고 필요한 도움을 구하고자 하는 불굴의 의지를 불태울 수 있다. 우리가 자신의 관점과 매우 다른 관점을 가진 동료들이나 공동체 구성원들의 말을 경청하면 그들로부터 배우는 것이 있기 때문이다.

어느 대도시 고등학교에 근무하는 교사들이 사회정서학습 수업을 준비하고 있었다. 그들이 준비하는 사회정서학습 수업에서 학생들은 자신의 이름에 관한 이야기를 나눌 것이다. 학생들은 자신의 이름이 무엇을 뜻하는지, 누구의 이름을 따라서 지었는지, 부모가 그 이름을 선택한 이유는 무엇인지, 공개하기를 원하는 여타의 별명이 있는지를 이야기 나누었다. 교사는 유럽계인데 그 차시의 수업활동을 확장하여 학생들이 자기 이름의 기원을 조사하고 조상과는 어떻게 관련되는지를 찾아보는 단원을 하나 더 구성하였다. 교사는 자신의 어린 시절에 이러한 종류의 활동이 매우 큰 의미를 가졌고, 그 영향력이 강력했다는 점을 주장하였다. 교사는 자신이 스웨덴 계통이고, 선조가 미국에 이민왔을 때의 이야기를 학생들에게 들려주었다.

이 학급의 학생들은 거의 대부분 아프리카계 미국인 또는 라틴계 미국인이었다. 이름에 관련된 조사활동은 다수 학생들에게 생소한 것이었기 때문에 몇 가지 불편한 진실이 드러났다. 일부 아프리카계 학생들은 자신의 성(性)이 노예 소유주와 관련되어 있는 점을 발견하였고, 몇몇 라틴계 학생들은 자신의 이름이 멕시코와 라틴 아메리카의 복잡한 역사와 관련되어 있음을 알게 되었다. 많은 학생이 이런 개인적 이야기를 들으면서 분노와 슬픔 그리고 혼란을 경험했다. 이러한 정보는 학생들이 자신의 정체성과 세계사를 이해하는 데는 중요했지만, 교사는 이러한 개인적 이야기의 의미를 잘 이해하고 수업 과정에서 드러나는 정서를 잘 처리하려면 더 큰 맥락을 이해하는 활동을 하는 것이 현명했을 것이라고 생각했다.

이처럼 처음에는 학생들이 서로의 이름을 잘 기억하도록 돕기 위하여 이름 이야기 활동(name story activity)을 했는데, 더 넓은 탐구 분야와 감정이라는 새로운 주제를 다루는 계기가 되었다. 이 활동을 해 본 교사들은 다음에는 다양한 문화사를 탐색하는 사회교과의 더 큰 단원과 이름 조사활동을 연결 지을 것이라고 결심하였다. 학급 구성원들 사이에 믿음이 깊어지고 정서능력이 증가하는 학년 말쯤에 다시 이름 이야기 활동을 하고 학생들의 질문에 대답해 줄 수 있는 인물을 수업에 초청할 계획을 세웠다. 처음에는 학생들의 감정과 깨달음이 매우 많이 드러나서 이러한 주제를 다루기가 쉽지 않았지만, 이 활동을 실시한 교사들은 이러한 주제를 다룰 수 있었던 기회에 대해 좋게 생각했고 이름 이야기 활동을 응용하는 수업계획도 세웠다. 이름 이야기 활동은 학생과 교사 모두에게 풍부한 학습 기회가 되었다.

문화적으로 민감한 교수를 한다거나 문화적으로 민감하다는 것은 교사가 학급 안에서 일어나는 모든 복잡한 이슈를 항상 알아차릴 수 있다거나 예측할 수 있다는 것을 의미하지는 않는다. 가장 단순한 질문이 혼란스럽고 상반될 수 있으며 때때로 고통스러운 정서를 유발할 수 있으므로 문화적 인식을 증진시키는 교사연수나 전문성 개발 훈련에 참여하는 것은 언제나 유익하다. 교사는 자신의 견해를 확대해야 하고, 학생들의 풍부한 문화적 역사가 지닌 가치와 의미를 적극적으로 인정하며 교수학습 활동에 활용함으로써 학생들의 역량을 키워야 한다. 교사 자신의 전략과 접근 방법들에 대해서도 신중하게 검토할 필요가 있고, 실수를 하더라도 실수에 대해 기꺼이 책임지는 자세를 견지하고 실수를 정정하며 잘못된 교수 방법을 바꾸는 데 필요한 지원을 받는 것이 매우 중요하다.

우리가 열린 마음을 갖기 위해 수련하면 더 큰 연민을 가지고 더 효과적으로 문화적 차이에 관련된 문제를 다룰 수 있게 된다. 문화적 민감성은 자기에 대한 탐구와 반성적 숙고, 결의와 행동을 요한다. 억압의 고통스러운 역사를 품은 복잡한 지역에서 일할 때 또는 자원의 이용이 불공평한 현실에 뛰어들 때 열린 마음은 배려의 토대 위에서 활동하는 데 도움이 된다. 열린 마음은 우리 자신의 개인적 역사와 세계관을 되돌아보는 데 도움이 될 뿐만 아니라 우리가 학생들이나 부모에 대해 '이럴 것이다.' 또는 '저럴 것 같다.'고 추측하고 가정하는 것을 알아차리고 이를 해체하는 데 도움이 된다. 마지막으로, 열린 마음은 단 하나의 보편적인 문화 지향성은 없다는 점을 상기시킨다. 교사는 제한되어 있거나 편협한 입장에서 행동하거나 반응하지 않도록 주의해야 하고, 자신의 세계관을 확장시키려고 끊임없이 노력해야 한다.

교사는 문화적 민감성을 지닌 평생학습자로서 그리고 교육실무자로서 성장해야 하고 임시변통의 손쉬운 해결책이나 처방은 없다는 점을 기억해야 한다. 이런 일에 참여하는 것은 학생들의 사회정서학습과 학업을 개선하는 데 매우 필요하고도 보람찬 일이다. 문화적으로 민감한 학교를 만드는 데 도움이 되는 여러 서적과 단체에 대한 정보는 교사와 학생이 함께하는 참여수업 웹사이트 engagedteaching.org에서 찾아볼 수 있다.

다음은 교사들이 문화적으로 민감한 교직실무를 수행하는 데 도움이 되고 학생들의 문화적 민감성을 높이는 데 도움이 되는 활동을 예시한다.

문화적 민감성 활동

- 교사가 자신의 개인사, 혈통, 공동체, 가족, 문화, 전통에 대해 공부하고, 수집한 정보를 학생들과 공유한다.
- 교사가 자신이 속한 문화의 특징 몇 가지를 목록으로 작성한다. 자신의 의사소통 방식과 문화적 규범을 검토한다. 이것이 수업방식에 어떤 영향을 미치는지를 살펴보고, 다른 방식도 의식적으로 사용해 본다.
- 학급과 학교에서 누가 조용하고, 누가 적극적으로 참여하는가? 누가 자주 야단을 맞고, 누가 규율을 잘 따르는가? 교사와 학생들의 상호작용이 어떤 방식으로 일어나는가? 학생들 간의 상호작용은 어떤 방식으로 일어나는가? 이러한 상호작용 방식에서 어떤 패턴이 눈에 띄는가? 이러한 것에 주의를 기울이고, 시간이 지나면서 이러한 문제들이 문화적 차이와 관련되는지를 살펴본다.
- 학교 내 징계 자료를 검토하고, 문화적 차이와 관련하여 발견한 결과를 작성하여 교직원 회의에서 논의한다.
- 담임학급이나 교과수업 담당학급에서 문화에 대해 토론한다. 학생들이 자신의 문화적 전통에 대해 서로 이야기 나누도록 격려한다. 문화적 정체성을 찾아보는 연습을 한다.
- 교실에서 사용하는 서적, 포스터 등 교육용 자료를 모아놓고, 어떤 문화가 교육용 자료에 주로 표현되어 있는지를 조사한다. 문화적 다양성을 넓히는 자료들을 제공하고 사용한다.
- 인종차별주의, 계급주의, 능력주의, 성차별주의 등 차별적인 이념에 대해 학생들에게 가르친다. 학생들이 비판적으로 사고하고, 다양한 관점을 검토하고, 억압이 발생했던 역사를 이해하도록 가르친다.
- 교실에서 수용 가능한 것이 무엇인지에 대해 학생들에게 분명하게 말한다. 예를 들면, "나는 우리 교실에서 다른 피부색, 민족, 언어, 성별, 문화에 대해 농담을 하거나 조롱하는 것을 절대로 허용하지 않을 것이다."
- 학생들과 동료 교사들이 표현하는 고정관념에 대해 생각해 보는 시간을 마련한다. 학생들과 동료 교사들이 잘못 학습한 고정관념에 대해 다시 생각해 보고,

새로운 관점을 학습하는 데 도움이 되는 정확한 정보를 찾아보게 하거나 제공한다.

- 다문화 교육과정, 반편견 교육과정을 찾아보고 학습한다.
- 백인 특권에 대한 페기 매킨토시(Peggy McIntosh, 2003a, 2003b)의 연구와 저서를 읽고 토론한다. 학생들과 함께 시사점을 탐색하고 시스템을 변화시킬 수 있는 방법에 대해 토론한다.

출처: 자이언 등(Zion et al., 2005)의 저서 『문화에 대한 이해(Understanding Culture)』, 비비안 엘리어트(Vivian Elliott) 박사와의 개인교신(2012년 9월 15일)을 정리한 것임.

실제 개인적 이야기(퍼스널 스토리텔링)

교사가 학생들의 마음을 열고 포용적인 통합의 학습공동체를 조성하는 데 도움이 되는 한 가지 강력한 방법은 수업 시간에 개인적 이야기를 말하는 퍼스널 스토리텔링(personal storytelling)이다. 세계적으로 알려진 이야기꾼이자 작가이며 교육자인 로라 심스(Laura Simms)는 다음과 같이 말했다.

> 자신의 이야기를 할 수 있고 들려줄 수 있는 것보다 더 유익하고 더 큰 변화를 줄 만한 것은 없다. …… 학교와 커리큘럼이라는 일상의 세상에서 아동의 개인사는 창의적 에너지와 의미를 담은 살아 있는 도서관이고 구급약 상자와 같다(L. Simms, 개인교신, 2012년 6월 16일).

퍼스널 스토리텔링은 모든 학생의 의견 표현을 권유하고 존중하며 학생들의 의사소통 기술이 보고서, 토론, 토의, 대화 같은 인습적인 방식을 뛰어넘어 확장되게 한다. 학생들은 서로 이야기 나누는 연습을 통해 열린 마음으로 서로를 바라보고 경험하는 법을 배우고, 이로써 소속감과 포용의 느낌을 가지게 된다. 교실에서 공유하기에 적절한 개인적 이야기들을 서로 나누자고 권유하면, 학생들은 일상에서 경험하는 삶과 학교에서 공부하는 내용이 서로 연결되어 있음을 깨닫게 된다. 자신의 개인적 이야기를 누군가가 경청하고 존중한다는 것을 경험하는 학생들은 자신이 선생님과 또래들에게 중요한 존재임을 느끼게 된다. 작가 샘 킨(Sam Keen)은 다음과 같이 말했다. "우리가 하는 말을 열린 마음과 가슴으로 들어주리라는 믿음이 가는 누군가에게 우리 삶의 드라마를 말할 때까지 우리는 자신이 누구인지 모른다(Elbot & Fulton, 2008, p. 60)."

이러한 연습을 통해 학생들은 누군가가 자신의 이야기를 듣고 누군가가 자신을 알게 되는 경이롭고 독특한 경험을 한다. 퍼스널 스토리텔링을 효과적으로 할 수 있는 두 가지 방법은 **협의회**(council)와 **공동체 서클**(community circle)이다(부록 pp. 271-273 참고). 학생들은 한 번에 한 명씩, 방해받지 않으면서, 일상적인 주제에 관한 자신의 이야기를 한다. 학생들에게 판단하지 않으면서, 서로의 이야기를 귀 기울여 듣고, 서로를 새롭게 바라보라고 권유한다. 학생들에게 자신이나 타인을 판단하지 않으면서 참된 마음을 가지고 자발적으로 말하고, 분석하는 마음이 아니라 따뜻한 마음으로 경청하고 말하도록 격려한다. 이러한 기술은 학교뿐만 아니라 일상생활을 위해서도 중요하다. 우리가 서로의 이야기를 안다면 서로에 대한 고정관념을 덜 가질 것이고 서로에게 꼬리표 붙이는 행동을 덜 할 것이며, 서로에게 연민의 마음을 가지고 친절하게 다가갈 것이다. 어느 중학교 학생이 다음과 같은 말을 했다. "내가 아는 누군가가 내가 진정으로 아는 사람이라면, 나는 그 사람이 다치는 것을 원하지 않아." 퍼스널 스토리텔링은 학생들을 서로 모이게 하는 데 매우 효과적이고, 학생들이 서로의 차이점과 공통점을 알아차리고 서로 축하하며 존중하도록 돕는 데 효과적이다. 다음은 퍼스널 스토리텔링을 활용한 활동을 예시한다.

퍼스널 스토리텔링 활동

- 한 단원의 일부 활동으로, 학생들에게 자신의 문화적 배경에 대한 이야기를 글로 쓰게 하고 서로 이야기를 나누게 한다.
- 협의회나 공동체 서클을 시작한다. 학생들은 자신의 가족이나 공동체로부터 내려온 한 가지 중요한 전통을 발표한다.
- 매주 금요일에 수업을 시작할 때 학생들에게 수업의 주제와 관련되는 노래, 시, 책 또는 영화에 관한 이야기를 나누게 한다.

- 학생들의 퍼스널 스토리텔링 활동과 직접 연결될 수 있고 발달적으로 적합한 책을 읽는다. 폴 플라이쉬만(Paul Fleischman)의 저서 『작은 씨앗을 심는 사람들(Seedfolks)』[2)]을 읽고 서로 다른 문화가 함께 모여 얻은 선물에 관해 토론한다. 또는 산드라 시스네로스(Sandra Cisneros)의 『망고거리의 집(The House on Mango Street)』[3)]을 읽고 가족, 공동체, 문화를 주제로 하는 사진을 활용하여 자신의 이야기를 써 본다.

동료 교사들과 함께 열린 마음으로 일하기

성인 학습공동체 안에서도 열린 마음으로 동료들과 활동함으로써 긍정적 관계를 조성할 수 있고 깊게 뿌리박힌 서로에 대한 편견을 해소할 수 있으며 참된 의미의 협력을 이뤄 낼 수 있다.

원리 학교공동체 안에 동맹 만들기

교사는 때때로 동료들과 단절되어 있는 듯한 느낌을 경험한다. 동료들에 대해 열린 마음을 가진다는 것은 동료들에게 손을 뻗어 다가가고 긍정적이며 배려하는 전문적 관계를 좀 더 의도적으로 발달시키는 것을 의미한다. 학교공동체

> 교사들의 역량이 더 크게 발전한 학교 시스템에서 혁신의 가장 강력한 동력은 동료들에게서 찾을 수 있다.
>
> – 맥킨지(McKinsey) 보고서 "세계 최고로 개선된 학교 시스템은 어떻게 계속 개선되고 있는가?"

2) 역자 주. 『작은 씨앗을 심는 사람들』은 미국 주류사회에서 소외된 채 빈민가에서 살고 있는 다양한 인종의 이민자들, 노인, 비행청소년, 병자 등 13명의 등장인물이 1인칭 시점에서 자신의 불행했던 사연을 소개하고, 베트남 출신 아홉 살 소녀 킴이 쓰레기장 공터에 심은 콩 몇 알로부터 이어져 텃밭 가꾸기에 참여하면서 자신들의 상처를 치유해 간다는 소설. 청소년부터 노인까지 모든 세대의 마음을 이어주는 글이라는 호평을 받았다.

3) 역자 주. 『망고거리의 집』은 이 세상 모든 여성에게 바친다는 헌사로 시작하는, 저자의 자서전적 소설. 히스패닉 이민자로 미국 시카고 빈민가 망고거리에서 자란 저자가 유색인종, 여성, 빈민 등 다양한 역경에 처해서도 희망을 잃지 않고 살아가는 사람들에 대한 이야기. 미국에서는 초등학교부터 대학까지 여러 연령층에서 읽혀지고 있다.

안에서 아이디어와 피드백을 풍부하게 교환하는 것이 매력적인 일이지만, 실제로 교사들은 교실 문제에 직면하면 혼자라는 느낌을 가지기 쉽다. 진정성을 가지고 서로를 지지하는 방식으로 동료들과 어울릴 기회가 많지 않다면 무거운 업무부담의 압박 때문에 동료들과의 관계를 포기해 버리는 경우가 많다. 바쁘고 스트레스를 받을 때는 다른 사람들에게 손을 뻗을 시간조차 찾기가 어렵다. 그러나 동맹을 찾으면 협력과 연결이 가능해지고, 효과적이며 효율적으로 일을 해낼 수 있게 되며, 학교 안으로부터 긍정적 학교문화를 조성할 수 있게 된다.

지지적인 동료들로부터 얻는 장점 몇 가지는 다음과 같다.

- 학교에서 교사가 가르치고 상호작용하는 방식을 변화시키기란 어려운 일이다. 그러나 만일 동료 한 명 또는 여러 명으로부터 정신적 지지를 받는다면 교사와 학생이 함께하는 참여수업을 계속할 가능성은 있다. 동료들과 함께 이 작업을 계속하겠다는 결의를 다지면 어떤 실수와 실패 또는 장애에도 불구하고 이 수업방법을 지속해 나아갈 수 있을 것이다.
- 베테랑 교사들조차 자신의 부분적인 경험을 바탕으로 이해한다. 그러므로 동료들과 관점과 지식을 교환하면 학교문화와 교육에 대한 좀 더 풍부하고 세밀한 이해를 얻을 수 있을 것이다.
- 다른 동료들은 다른 견해와 아이디어를 가지고 있을 뿐만 아니라 어떤 도전을 다루는 데 더 적합한 보완적인 기술을 가지고 있을 수도 있다.
- 지지적인 동료들이 있으면 직무생활의 질이 높아진다. 심지어 가장 작은 협력적 네트워크에 소속되는 경험이 교직실무를 변화시키겠다는 의지를 지속시키고 더 큰 학교문화의 변화를 촉진시킬 수도 있다.

다음은 동료들과 함께 성인 학습공동체를 활성화하는 데 유익한 활동이다.

동료들과 하는 공동체 참여 활동

- 교사 자신에게 중요한 이슈를 다루는 교직원 집단, 학교 팀, 위원회에 동료를 초대한다.
- 학교나 공동체에 중요한 주제를 다루는 토론 모임에 동료를 초대한다.
- 매주 한 번 점심 모임에서 다음 주 목표를 설정하거나 도전과 성공에 대한 이야기를 나누면서 서로의 교육방식과 철학에 대해 알아본다.
- 동료들과 함께 시간을 보낼 사교의 기회를 찾는다. 공통된 흥미와 관심을 가진 동료들과 월례회를 가진다.
- 서로의 문화적 배경과 전통에 대해 이야기 나누거나 서로 다른 문화의 경축일을 알아본다.
- 동료들에 대한 당신의 마음이 언제 열리고, 언제 닫히는지에 주목한다. 누가 동료인가, 누가 당신의 마음을 닫히게 만드는가? 이들과 있을 때 당신의 마음이 닫히는 이유를 더 분명히 이해하기 위하여 자기 탐구를 한다. 신뢰가 부족하다고 느껴지는가? 두려움이 느껴지는가? 평가받는다고 느껴지는가? 경쟁심이 느껴지는가? 시간을 들여 그 동료에 대한 새로운 점을 찾아보는 데 집중한다.
- 당신이 대체로 회피하는 동료에게 다가갈 방법을 찾아본다. 진심으로 그를 이해하려고 노력한다. 만일 당신이 그렇게 하고자 하는 의향이 있다면, 감사의 쪽지를 쓰거나 차 한 잔 같이 하자고 초대한다.

결론

이 장에서는 교사가 열린 마음을 가지고 학생들을 지도하거나 동료 교사들과 상호작용하는 방법에 대해 다각적으로 살펴보았다. 교사가 마음속 깊게 배려하고, 연민으로써 행동하며, 연결을 이루고, 자신과 다른 배경의 사람들과도 효과적으로 관계를 맺고, 문화적 민감성을 향상시킴으로써 배려와 포용의 학습 환경을 조성해 낼 수 있다. 교사가 학생들이나 동료 교사들과 긍정적인 전문적 관계를 발전·유지시키면 직무 환경에 더 많이 만족하고 더 큰 즐거움을 느끼게 될 것이다. 다음 장에서는 교사가 자기 관찰자(self-observer)로 활동하는 것이 어떻게 교직실무를 더 많이 향상시킬 수 있는지에 대해 알아볼 것이다.

3 자기 관찰하기

반성은 자신의 생각과 행동을 긍정적으로 변화시키는 능력을 기르는 데 크게 기여하는 요인들 중 하나이다.

- 로빈 잭슨(Robyn R. Jackson)

생각해 보기

자신의 교직 업무에 대해 생각해 보십시오. 자신의 강점을 확장하고 도전으로부터 배우기 위해 현재 자신의 삶 속에서 어떤 도구들을 사용하고 있습니까?

자기 관찰(self-observation)이란 자신의 생각, 행동, 생각과 행동의 촉발요인들을 알아차리고, 자신이 알아차린 것에 대해 심사숙고하며, 전진하기를 의식적으로 선택하고, 필요할 때는 자신의 행동방침을 바꾸는 능력을 잘 활용하는 것을 말한다. 이 장에서는 교사와 학생들이 자기 관찰을 할 수 있도록 돕는 데 초점을 맞춘다.

> 가르침, 교수는 분명히 기술이다. 여느 기술과 마찬가지로 교수 역시 연습이 필요하다. 기술을 향상시키길 원하는 운동선수라면 자신의 강점과 약점을 확인하고 목표를 설정하며 목표달성을 위한 활동을 집중적으로 해야 하듯이, 교사도 자신의 교직 업무를 검토하고 목표를 설정하며 목표달성을 위해 교직 업무에 집중하고 피드백을 활용해야 한다. 이러한 성찰의 과정은 전문적인 교수 개발에 필수적이다.
> – 로버트 마르자노(Robert Marzano)

교사로서 자기 관찰하기

자기 관찰자(self-observer)의 역할을 하는 교사는 평생학습의 관점을 유지하면서 수업과 교직 업무에 대해 끊임없이 배우고 향상시켜 나간다. 자기 관찰하기란 교사가 과거 상황으로부터 배우고, 현재 자신의 행동에 대해 심사숙고하여 변화를 꾀하고, 미래 상황에 대비하는 계획을 세우는 것을 말한다.

원리 성찰하는 교사되기

성찰하는 교사는 자신이 어떻게 가르치고 행동하는지, 어떤 신념을 가지고 있는지, 가르치고 행동하는 방식과 신념이 학생과 동료 교사에게 어떤 영향을 미치는지를 자주 살펴본다. 존 비토(John Vitto, 2003, p. 232)에 의하면, "우리 모두는 교사라는 직업에 대해 그리고 교육 방법에 대해 깊게 뿌리박힌 신념을 가지고 있다. 이러한 신념은 우리의 행동에 영향을 줄 뿐만 아니라 우리가 새로운 전략과 아이디어를 생각하는 데 방해가 되기도 한다. 만일 교사가 추구하는 목표가 교사-학생 관계의 개선과 적응유연성의 증진에 우선순위를 두고 있다면, 자신의 신념 체계부터 면밀히 검토해야 한다."

실제 자기 관찰

규칙적인 자기 관찰은 교사 자신의 업무에 대한 성찰과 정서 관리에 도움이 된다. 수업 종이 울리기 전에 2~3분 정도 짬을 내서 학생들에게 어떤 모습으로 다가갈지 그리고 오늘은 어떤 방향으로 수업할지를 생각하라. 수업을 끝낸 후에 2~3분 간 오늘 수업에서 무엇을 제대로 했고 무엇을 제대로 하지 못했는지를 생각하라. 이러한 자기 관찰의 경험은 수업 개선에 도움이 된다. 교사라면 학생들이 수업에 참여하는 때, 인지적 도약을 보이는 때, 서로 연결을 이루는 때를 눈여겨봄으로써 교사가 언제 성공적이었는지를 확인할 수 있고 성공을 더 많이 이룰 수 있다. 그런데 사실 우리 모두에게는 자신을 돌아보지 못하는 약점이 있다. 그렇기 때문에 믿음이 가는 동료와 규칙적으로 대화를 나누어 수업에서 자신이 보지 못했던 것을 볼 수 있어야 한다. 다음 목록은 교사가 자신을 관찰하고 자신의 경험으로부터 학습하는 능력을 발전시키는 전략들을 소개한다.

자기 관찰 활동

- 언제 자신이 스트레스를 받는지, 일에 압도당하는 느낌이 드는지를 살펴보고, 자신을 돌볼 수 있는 시간을 마련한다.
- 교사로 살면서 바로 지금 특별히 어렵게 겪고 있는 문제를 목록으로 작성한다. 동료 교사, 친구, 멘토, 문제 영역에서 뛰어난 분에게 도움이나 지원을 요청한다.
- 자신에게 활력을 주고 기운을 북돋우는 것과 어렵고 힘 빠지게 하는 것 그리고 자신과 자신의 수업 방법을 더 잘 이해하는 데 도움이 되는 것은 무엇인지 살펴본다.
- 자신의 수업 방법 중에서 효과적인 것과 효과적이지 않은 것을 주의 깊게 관찰한다. 특별히 성공적이었던 수업지도안과 수업 방법을 찾아보고, 이러한 성공을 토대로 다음 수업을 계획한다.
- 자신의 세계관, 신념, (문화, 인종, 계층, 성격, 스타일 등에 대한) 관점에 호기심과 관심을 가진다. 문화적 민감성을 다루는 교사연수나 교사연구동아리에 참여하는 것이 도움이 된다.
- 동료들과 학습공동체를 구성하여 도움과 피드백을 주고받는다. 이러한 집단은 같은 학교의 동료 교사들로 구성될 수도 있고 교육 분야에서 일하는 다른 사람들로 구성될 수도 있다.
- 매일 또는 매주 한 번은 자신의 수업에 대해 성찰해 보는 시간을 규칙적으로 가진다. 동료 교사들과 함께 연 4회 분기별 목표를 설정하고 공유한다. 가능하면 목표달성이 어떻게 진행되고 있는지, 어떤 도움이 필요한지를 협의하는 모임을 가진다. (목표 설정에 대해서는 8장을 참고한다.)

실제 마음챙김

한순간의 자신을 관찰하기가 쉬운 일은 아니지만 우리가 속도를 조금이라도 줄이면 성찰하는 방법을 배울 수 있다(Schön, 1983, pp. 49-50). **마음챙김**(mindfulness)은 이러한 능력을 발달시키는 한 가지 방법이다. 카밧-진(Kabat-Zinn, 1994, p. 4)에 의하면, "마음챙김은 특별한 방식으로 주의를 집중하는 것이다. 목적을 가지고, 현재 이 순간에, 판단하지 않으면서." 교사와 학교관리자들을 위한 간단한 마음챙김 활동을 포함한 교사용 프로그램과 강좌가 점차 증가하고 있다. 어느 스트레스 감소 프로그램 매뉴얼에서는 마음챙김의 이점에 대해 다음과 같이 기술하였다.

> 마음챙김 활동을 통해 현재 이 순간에 주의를 집중함으로써 자신의 경험 하나하나를 있는 그대로 바라볼 수 있다. 이것이 단순하기는 하지만 쉽지는 않다. 사람들 안에는 자신을 비판적으로 판단하는 마음이 있기 때문이다. 마음챙김을 우리의 삶에 들여 놓으면 우리는 더욱 명확한 이해와 통찰 그리고 이완의 기회를 얻을 수 있다. 다양한 기관에서 마음챙김 활동이 통합된 프로그램을 실시하고 있다. 이제 병원, 교도소, 학교, 기업체, 스포츠 팀, 기타 조직에서도 마음챙김을 가르치고 있다(Cullen, Wallace, & Hedberg, 2009, pp. 11-12).

호흡 알아차림 활동

다음은 호흡 알아차림을 위한 마음챙김 활동의 하나이다. 마음챙김 수업의 첫 단계에서 이 활동을 할 수 있다.

1. 조용한 장소를 찾는다.
2. 편안하지만 곧바른 자세로 의자에 앉아 두 발은 바닥에 평평하게 놓고 등은 의자 등받이에 기대지 말고 곧게 편다.
3. 눈을 감고 할 수도 있고 눈을 뜨고 할 수도 있다. 눈을 뜬다면 앞쪽 바닥을 응시한다. 특별히 어떤 것에 초점을 집중시키지 않도록 시선을 이완시킨다.

4. 심호흡을 세 번 한다. 천천히 숨을 들이마시고 천천히 내뱉는다.
5. 평상시 이완된 호흡으로 돌아가서 자신의 호흡이 들고 나는 것을 분명하게 느낄 수 있는 지점을 찾는다. 그것은 코일 수도 있고 가슴일 수도 있으며 배일 수도 있다. 호흡을 하면서 자신의 몸이 느끼는 것에 주의를 집중한다.
6. 어느 정도 시간이 지나면, 호흡에 집중되었던 주의가 호흡에서 벗어나 방황하고 어떤 생각이 들고 있는 것을 알아차리게 될 것이다. 어떤 생각이든지 자신이 그 생각을 하고 있다는 것을 인정한다. 그리고 호흡하면서 몸이 느끼는 감각으로 다시 주의를 집중시킨다. 이렇게 하면 내가 하고 있는 것을 주의 깊게 관찰할 수 있고, 내 호흡과 현재 이 순간으로 주의를 되돌릴 수 있다.
7. 성찰하는 능력을 키우기 위해 매주 여러 번 5~10분 동안 호흡 알아차림 활동을 한다.

마음챙김에 대해 더 많은 정보를 얻으려면 www.mindful.org/resources를 검색하라.

실제 자신에게 친절하기

의식적으로 자기 관찰을 하면 자신의 가치와 강점을 더 잘 알아차릴 수 있다. 또한 자신에 대해 다소 불편하게 여겼던 부분들에 대해서는 긍정적으로 바라보는 기회를 얻을 수도 있다. 자신의 행동과 관점을 면밀하게 살피다가 발견하는 모든 것을 좋아할 수 있는 것은 아니다. 그렇기 때문에 자기 관찰자가 되는 데 가장 중요한 유의사항은 자신에게 친절하라는 것이다. 우리가 원하지 않는 습관이나 편견 또는 신념을 자신 안에서 발견할 때 자신을 가혹하게 대하고 비판한다면 더 이상 자기발견을 하려고 하지 않을 것이다. 우리가 계속해서 자신을 향상시키려는 의지를 가지고 있으면서도 자신에게 친절한 태도를 취하면 자신의 강점과 문제점을 모두 인정할 수 있고, 개인적 능력과 전문적 능력을 발전시켜 나아갈 수 있을 것이다. 다음은 자신에게 친절하게 대하는 활동을 예시한다.

자신에게 친절 베풀기 활동

- 귀갓길에 몇 분을 할애하여 오늘 하루 동안 잘 풀렸던 일을 축하하고 자신의 강점을 인정한다.
- 자신에게 친절하게 대하고 연민을 가지기 어렵다면, 친한 친구에게 격려의 편지를 쓴다고 상상한다. 이 친구에게 무슨 말을 해 주고 싶은가?
- 자신에게 친절하기보다는 다른 사람들에게 친절을 베풀기가 좀 더 쉽기 때문에 자신에게 상처를 주었던 가족이나 친구 또는 동료를 공감하는 활동부터 시작할 수 있다. 그런 다음에는 자신과 자신이 겪은 어려움에까지 공감하는 마음을 확대할 수 있다. 매일 몇 분이라도 시간을 내서 자신과 타인에게 친절을 베푸는 연습을 한다.

실제 행위와 행위자에 대해 성찰하기

보통 어떤 행동을 하고 나면, 우리는 그 행동의 결과에 대해 숙고하게 되고 무엇이 제대로 되었고 무엇이 제대로 되지 않았는지를 알아차리게 된다. 만일 목표달성에 실패했다면 새로운 행동을 시도한다. **단일 회로 학습**(single-loop learning)으로 불리는 이 과정은 단순한 문제의 해결에는 효과적일 수 있다. 그러나 우리가 시도한 새로운 행동이 여전히 목표달성에 도움이 되지 않으면 우리는 좌절과 절망감에 휩싸인다. 새로운 행동이 묘책이기를 기대하면서 그 행동을 계속 시도할 수도 있고, 전체 과정에 대해 의문을 제기하면서 완전히 다른 관찰과 방법을 도입하여 행위와 행위자(자신)에 대해 심사숙고할 수도 있다(Senge et al., 2000). 이러한 과정을 **이중 회로 학습**(double-loop learning)이라고 한다.[1)]

1) 역자 주. 단일 회로 학습은 문제 해결을 위해 이미 알고 있거나 프로그램화되어 있는 절차와 전략을 사용하는 학습의 과정이다. 단일 회로 학습에서는 지금까지 수용해 온 가정에 대해 의문을 제기하지 않은 채 기존의 체계 안에서 개선을 추구한다. 이와 달리, 이중 회로 학습은 문제 해결을 위해 새로운 시각을 가지고 기존의 가정에 대해 의문을 제기하며 심사숙고하는 학습의 과정이다. 이중 회로 학습에서는 단순히 행동이나 전략의 변화만을 꾀하는 데 그치지 않는다. 방어적 자세를 버리고, 문제 해결을 위해 실행했던 것과 기존의 가정과 신념을 검토하면서 개선하고 새로운 인식의 틀을 만든다.

다음의 이야기는 자기 관찰과 이중 회로 학습이 고등학교 신입생 프로그램에서 어떻게 효과적으로 활용되었는지를 보여 준다.

어느 대도시에 위치한 고등학교에서 교사들이 신입생들을 위한 세미나를 진행하기로 결정하였다. 관계 형성과 리더십을 위한 수업지도안을 만들기 위해 교사들에게 몇 권의 추천 도서가 주어졌다. 세미나가 시작된 지 한 달도 안 되어 대부분의 교사는 이 수업을 두려워했고 수업 시간을 생산적이고 즐겁게 만들기가 매우 어렵다는 것을 느꼈다. 모든 교사가 이 프로그램을 성공적으로 해낼 수 있는 방법이 도대체 무엇인지 반드시 알아내야 하겠다고 다짐했다. 수업은 결국 아이들과 연결을 이루고 관계를 형성하며 멘토십을 제공하는 데 있지 않은가? 교사들은 지금까지 이 모든 것을 잘 해왔다고 생각했다. 그러나 신입생 세미나를 시행한 첫 해가 끝날 무렵에 많은 교사들은 좌절했고 사기를 잃었다. 대부분의 교사가 이제는 이 프로그램을 중단하고 다른 것을 시도해 볼 때라는 데 동의했다.

그러자 교감 선생님이 나서서 전체 상황을 새로운 시각으로 검토해 볼 것을 제안하였다. 그리고 교사들에게 비전, 목표, 성공, 난제를 재검토해 볼 것을 조언하였다. 또한 다음과 같은 질문도 제기하였다. "학생들의 학교생활지도에 대해 우리가 가졌던 가정은 무엇이었는가?" "우리는 이 세미나를 시작하기 전에 기본 개념에 대한 확신을 가지는 데 충분한 시간을 들였는가?" "우리의 목표는 분명했는가?" "우리는 분명하고 상세한 커리큘럼을 기획하는 데 충분한 시간을 들였는가?"

이러한 과정이 진행되는 도중에 한 수학 교사가 발언했다. "그런데 말이죠, 우리 교사들은 수업내용에 관한 교육은 많이 받았지만 생활지도에 필요한 훈련은 받은 적이 많지 않아요. 오늘 처음 만났을 때, 나는 이 프로그램을 그만 접어야 한다고 생각했던 사람들 중 하나였어요. 그런데 왜 우리가 이것을 해야 하는지를 곰곰이 생각해 보니 어떻게 해서라도 신입생 세미나를 계속하는 게 중요한 것 같아요." 다른 교사가 맞장구를 치면서 이렇게 말했다. "아마도 우리는 학교문화를 변화시킬 수 있는 방법을 살펴볼 필요가 있어요. 그래서 이 세미나는 매주 한 번 실시되는 45분짜리 이름뿐인 수업같이 느껴지지가 않아요." 이렇게 두 명의 교사가 발언을 끝내자, 전체 교직원들이 토론을 이어 갔다. 이 토론에서 교사들은 신입생 세미나 '문제'를 완전히 새로운 방식으로 바라보았다. 만일 교사가 이런 식으로 열렬히 학생들에게 전념하는 시간을 제대로 가지려면 훈련과 자원이 필요하다는 점을 깨달았다.

돌연 문제를 완전히 다른 관점에서 보면 우리 모두는 자연스럽게 "아하!" 하고 외치게 되고 해결책이 분명해진다. 이러한 현상이 우리 삶에서 가끔 자연스럽게 일어나기도 한다. 자기 관찰을 하면 통찰의 순간들을 더욱 자주 경험할 수 있다. 자기 관찰과 이중 회로 학습은 단순히 '무엇이 제대로 되었고 무엇이 제대로 되지 않았는지'를 생각하는 것을 넘어서 그 상황에 대한 우리의 인식이 결과에 어떻게 영향을 미치는지를 더 깊게 탐구하고 이해할 수 있게 한다. 이중 회로 학습은 우리가 가정하고 있는 것들(assumptions)을 분명하게 드러내고 우리가 자신만의 방식대로 상황을 보고 있지는 않은지 그리고 그 이유는 무엇인지를 깨닫게 해 준다. 그래서 이중 회로 학습은 좀처럼 해결하기 어려운 문제에 대한 새로운 해결책과 창의적 접근법을 발견하는 데 유용하다.

원리 습관적 반응에서 차분한 대응으로 변화하기

우리 모두는 교실에서 도전적인 상황에 자주 처한다. 학생들은 교사들이 세상을 보는 것과는 완전히 다른 관점에서 세상을 보는 것 같다는 생각이 들 정도의 갈등이 일어나기도 한다. 학생들이 말할 때 교사는 대부분의 경우에 잘 경청하지만, 경청하지 못하는 경우도 발생한다. 뿐만 아니라 계속해서 수업을 방해하는 학생에게는 교사도 어쩔 수 없이 분개하게 된다. 교직원 회의에서는 어떤 동료 교사가 발언할 때마다 화가 나고 짜증이 나기도 한다. 우리가 좋은 관계를 유지하려고 무척 애를 쓰지만 이상하게도 관계가 삐걱거리는 우리 삶 속의 누군가가 그 동료 교사로 인해 떠오르기 때문이다. 드물게는 교장과 일촉즉발의 순간을 겪는 경우도 있고, 왜 이렇게 내가 주변 사람들과 잘 어울리지 못하고 불편한 것인지 그 이유를 모르는 경우도 있다.

우리가 그런 도전적인 상황에 대해 습관적이고 반발적이며 즉각적인 반응을 하면 그런 상황을 반복적으로 겪게 될 뿐이다. 그러나 자기 관찰을 하면 우리는 그런 도전적인 상황이 있다는 것과 자신이 그런 상황에 반복적으로 빠졌었다는 것을 깨닫게 되고, 그런 상황에서 자신이 경험하는 생각, 감정, 감각을 알아차릴 수 있다. 그렇게 되면 우리는 **습관적 반응**(reacting) 대신에 의식적으로 다른 행동을 선택하고 **차분한 대응**(responding)[2)]으로 변화할 수 있다.

실제 탐문을 통해 촉발요인 다루기

습관적 반응이 차분한 대응으로 전환하는 첫 단계에서는 **촉발요인**(a trigger)이 존재함을 인정하고 촉발요인을 다룬다. 촉발요인은 어떤 상황이나 행동에 대해 강력하고 반사적이며 때로는 즉각적인 반응을 일으키는 요인이다. 경계가 침범당하거나 학생이나 동료 교사 중 누군가가 우리를 위협할 때 **촉발**(triggering)이 일어난다. 또한 우리의 힘, 진심, 위상 또는 권위가 훼손당하고 있다고 느낄 때도 촉발이 일어난다. 때로는 촉발이 우리의 경계가 정말로 심각하게 침범당하고 있으니 주의를 기울이라는 신호일 수도 있다. 우리가 이러한 상태에 있다는 것을 알게 되었을 때 행동하기 전에 기다리고 심사숙고함으로써 차분한 대응을 할 수 있게 한다.

우리가 습관적으로 반응함으로써 영향력을 상실하고 기진맥진해지는 촉발 사이클을 끊는 데는 **탐문**(inquiry)이 도움이 된다. 로버트 마르자노(Robert Marzano, 2011, p. 90)의 제안을 들어보자.

---

2) 역자 주. 일반적으로, 심리학 분야에서는 'respond'를 자극(stimulus)에 대해 '반응하다'로 풀이한다. 즉, 행동주의는 환경자극과 행동반응 사이의 관계를 밝히는 자극-반응 심리학(stimulus-response psychology)이다. 마음챙김 명상에서 'responding'이란 자신에게 어려움이 닥쳤을 때 그것을 알아차리고 습관적, 반발적, 즉각적 행동이 아닌 다른 행동을 선택하는 차분한 대응을 말한다. 이 책에서는 마음챙김 명상에서 사용하는 용어의 정의를 참고하여 '습관적, 즉각적 반응'을 뜻하는 'reacting'과 함께 'responding'을 쓸 때는 '차분한 대응'으로 번역하였고, 그렇지 않은 경우에는 'response', 'respond'를 일반적인 '반응'의 의미로 번역하였다.

자신의 해석을 알아차리고 통제하기 위해 교사는 자신에게 세 가지 질문을 해야 한다. 나는 이 사건을 어떻게 해석하고 있는가? 이러한 해석이 긍정적인 결과를 가져올 것인가? 그렇지 않다면 좀 더 유용한 해석은 무엇인가?

이와 같은 질문들을 던져서 생산적인 대안을 택할 수 있다. 다음 이야기는 긴장이 되고 불편한 상황에서 어떻게 자기 관찰을 하는지를 예시한다.

어느 초등학교에서 특별히 힘든 오후가 끝날 무렵에 5학년 남학생 두 명이 교사로부터 심하게 꾸중을 들었다. 두 학생은 자기주장이 강하고 지배적이어서 다른 학생들에 비해 훈육을 더 자주 받는 경향이 있었다. 그런데 이렇게 꾸중을 듣는 상황이 매우 독특한 패턴으로 발생한다는 점이 발견되었다. 두 학생이 교사에게 농담을 하고, 교사는 날카롭게 소리를 지르며 과제를 더 내 주는데, 시간이 좀 지난 뒤에 교사는 학생들에게 이런 식으로 반응했다는 데 죄책감을 가지면서 가능하면 두 학생을 피하려고 한다. 교사는 이러한 상황을 효과적으로 관리할 방법을 찾아야 하겠다고 다짐하며 심사숙고 한 끝에, 교사가 어렸을 때 자신을 괴롭히고 놀렸던 오빠의 성격과 두 학생의 성격이 비슷하기 때문에 이런 일이 벌어졌다는 것을 알아차렸다. 오빠 친구들 앞에서 오빠에게 소리를 지르는 대신에 주변에 아무도 없을 때 오빠에게 괴롭힘에 대해 직접 거론하면 문제가 해결되었다는 것이 떠올랐다. 교사는 이러한 자신의 과거 경험을 현재 교실에서 벌어지는 문제에 연결지어 학생들의 행동을 개인적으로 받아들이지 않고 과잉반응하지 않으면 학생들을 존중하고 효과적으로 지도할 수 있을 것이라고 생각했다. 교사는 이러한 사건이 자신에게 촉발요인임을 기억하고, 의식적으로라도 이러한 학생들을 측은히 여기는 방식으로 관계를 이루는 것이 교사의 할 일이라는 결론을 내렸다.

또한 교사는 두 학생이 이런 식으로 행동하는 이유가 궁금해졌고, 그래서 학생들과 개별 면담을 해야겠다고 마음먹었다. 두 학생은 자신의 행동이 수업을 방해한다는 생각을 하지 못했고 단지 수업 분위기를 재미있게 만들려 했을 뿐이라고 말했다. 따라서 교사는 교실 안에서 이루어지는 역동과 기대 그리고 유머를 사용하는 적절한 방식에 대해 학생들과 토론하기로 마음먹었다. 이제 교사는 학생들이 수업시간에 보여 주는 특별한 자질을 긍정적으로 여길 수 있게 되었고 적절한 경계를 설정할 수도 있게 되었다. 면담이 끝난 이후에 교사는 학생들과 긍정적 관계를 지속할 수 있었다.

다음은 촉발요인들이 만들어 내는 악순환을 끊는 데 도움이 되는 활동이다.

촉발요인 중단 활동

만일 우리가 촉발되었다고 느껴질 때 자기 관찰은 잠시 멈춰 자신에게 다음의 질문을 하는 데 도움이 된다.

1. 지금 이 상황에서 실제로 일어나고 있는 일은 무엇인가?
2. 나는 어떤 감정을 느끼고 있는가? 내 몸은 무엇을 경험하고 있는가?
3. 이 상황이 또 다른 상황들을 상기시키는가?
4. 나는 무엇에 반응하고 있는가? 나는 지금 벌어지고 있는 일을 어떻게 해석하고 있는가? 나의 해석을 형성한 가치, 신념, 가정은 무엇인가?
5. 나는 지금 이 순간에 집중하고 있는가? 아니면 과거의 기억에 사로잡혀 있는가?
6. 이 학생이 (또는 동료 교사가) 진정으로 원하는 것 또는 필요로 하는 것은 무엇인가? 그들의 행동의 이면에는 무엇이 있는가?
7. 내가 더 많은 대안들을 가지려면 나는 이 상황을 어떻게 재구성해야 하는가?
8. 나는 어떻게 반응하기를 원하는가? 나는 언제 반응하기를 원하는가? 지금? 나중에?

실제 일시 중지 연습하기

교직원 회의에서 부정적인 코멘트를 듣거나 수업 시간에 낄낄대며 떠드는 학생을 보며 화가 치솟는다면, **정서적 하이재킹**(emotional hijacking) 또는 **편도체 하이재킹**(amygdala hijacking)을 경험하고 있을 가능성이 높다. 이는 편도체의 반응을 기술하기 위해 다니엘 골먼(Daniel Goleman, 1995)이 만든 용어이다. 편도체는 변연계의 측두엽에 있는 아몬드 정도 크기의 조직으로, 뇌가 안전에 위협을 받을 때 작동하는 경고 시스템이다. 잠재적 위험을 알리는 강렬한 감각 자극이 편도체에 등록되면, 상황에 대해 이성적으로 사고할 기회를 얻기도 전에 편도체가 몸 안에서 신체적 반응을 촉발한다. 그다음, 편도체는 다른 뇌 부위로 긴급 메시지를 전달하는데, 긴급 메시지를 전달받은 뇌 부위는 '투쟁-도피 반응(fight-or-flight response)' 호르몬을 분비시키고 뇌의 운동 중추를 가동시키며 심혈관계를 활성화한다. 우리가 이런 방식으로 하이재킹을 당하면, 우리는 이성적으로 사고할 수도 없고 의식적으로 어떤 반응을 선택할 수도 없다. 그러나 우리 몸이 투쟁-도피 반응의 방식으로 움직이고 있다는 신호를 우리가 알아차릴 수만 있다면, 하이재킹 사이클의 지배를 당하기 전에 이를 중단시키는 '**일시 중지**(pause)' 기능을 발휘하는 신피질과 집행기능을 작동시킬 수 있다.

다음은 일시 중지와 탐문이 어떻게 우리를 습관적이고 **반발적이며 즉각적인 반응**(reacting) 모드에서 **차분한 대응**(responding) 모드로 바꾸는지, 도전적인 상황에서 새로운 가능성을 여는지를 예시하는 이야기이다.

어느 고등학교에서 교사 50명을 대상으로 사회정서학습(social and emotional learning: SEL) 워크숍이 진행되고 있었다. 뇌의 작용에 관한 연구와 정서지능에 관한 토론이 진행되는 중에 베테랑 교사 한 분이 일어나서 다음과 같이 항의했다. "이것들 모두 잘 모르겠어요. 난 교사 경력이 20년인데 지금껏 잘 가르치고 있어요. 이 워크숍은 그저 시간 낭비일 뿐이라고요." 워크숍 진행자의 심장이 쿵쾅거리기 시작했다. 진행자는 발표 내용을 방어하고 싶어서 왜 사회정서학습이 학업에 중요한지를 증명하는 연구 결과를 제시하려고 했다. 그러나 깊은 숨을 훅 내쉰 후에 스스로 '일시 중지'를 실천하여 즉각적 반응 충동을 가라앉혔다. "이 워크숍이 선생님에게 시간 낭비처럼 느껴지는 이유를 좀 더 말씀해 주실 수 있으십니까?"

항의를 하던 교사는 진행자를 쳐다보고 흠칫 놀란 듯이 말했다. "그러죠. 진행자분은 나를 내가 아닌 다른 사람으로 만들려 하고 있다는 느낌이 드는데요. 미안하지만, 학생들이 복도에서 서로 껴안고 있는데, 나는 절대로 그걸 피해 멀리 돌아가는 교사가 되지는 않을 겁니다."

그 순간, 진행자는 교사가 완전히 다른 면을 염려하고 있다는 걸 알아차렸다. "그렇게 말씀해 주셔서 대단히 감사합니다. 이 워크숍은 서로 껴안고 있는 학생들에 관한 것이 아니라는 점을 분명히 말씀드리고 싶습니다. 선생님께 진정성이 없는 것처럼 느껴지는 그 어떤 것을 하려는 것도 아닙니다. 어떻게 하면 학생들과 연결을 잘 이룰 수 있을까 고민하시는 선생님들, 이 교실 안에 계신 모든 선생님에 관한 것입니다. 그게 다입니다."

교사는 고개를 끄덕이며 말했다. "흠, 그거 안심이군요. 가끔 외부 전문가들이 학교에 오셔서 교사들에게 학급 관리 방식이라든지 학생들과 함께 잘 어울려 지내는 방식이라든지 뭐 그런 것에 대해 말해 주려고 하는데요, 교사들에게 그런 건 식상합니다."

워크숍 진행자는 좀 더 시간을 들여 교사의 염려와 관심에 대해 이야기를 나누었다. 교사가 자신이 지닌 전문성과 지혜를 인정받지 못하거나 존중받지 못할 때 느끼는 무력감에 대한 토론이 끝없이 이어졌다. 워크숍 한 차시가 끝난 뒤, 진행자는 진행자 자신이나 항의했던 교사나 모두 자신들만의 촉발을 다룰 기회를 얻었다는 것을 알아차렸다. 워크숍에 참여했던 교사들이 예상치 않게 기꺼이 일시 중지를 연습하고 호기심을 가지고 촉발요인들을 다루려고 함으로써 중요한 주제에 대해 탐색할 수 있었다.

다음은 우리가 심각한 상황에 처해 있을 때 정서적 하이재킹에서 벗어나 일시 중지를 실천하여 심각한 상황에 대응하는 데 도움이 되는 활동이다.

일시 중지 활동

다음 5단계로 이루어진 과정은 우리가 행동에 앞서 잠시 멈출 수 있도록 알아차림(awareness)과 성찰을 더 잘하는 데 도움이 되는 방법이다.

1. 어떤 일이 발생하고 있는지 관찰하기. 자기 안에서 그리고 교실과 학교 안에서 발생하고 있는 일에 주의를 집중한다. 자신의 느낌과 상황 자체를 구분할 수 있는지 여부를 살핀다. 자극을 받을 때 우리는 종종 과거와 관련되는 감정 상태에 휩싸이게 된다. 이 단계에서 하는 경험을 예로 들면 다음과 같다. "언젠가 친한 동료들과 함께 도서관에 갔는데 말이지. 그게 누구였더라, 그중에 한 명이 나를 발끈하게 만드는 질문을 했어."
2. 자신의 반응과 대응에 주목하기. 내가 자극을 받고 있음을 알아차리면, 내가 어떻게 행동하고 있고 내 몸이 어떤 경험을 하고 있는지에 주목한다. 차분한지, 집중하고 있는지, 침착한지, 현명하게 대응하고 있는지. 아니면 이성을 잃었는지, 팽팽한 긴장을 느끼고 있는지, 습관적으로 해왔던 반응을 즉각적으로 표현하고 있는지. 습관이나 세계관 또는 편견이 다른 사람의 행동에 대해 내가 어떻게 느끼고 어떤 생각을 하며 어떤 해석을 하는지에 영향을 미칠 수도 있다. 예를 들면, "그 순간 내 심장은 쿵쾅거리고 숨이 찼어." "나는 행동은 차분하게 했지만 속으로는 화가 났어." "나는 외면당하고 무시당하고 있다는 느낌이 들었어."
3. 자신의 반응 또는 대응은 자신이 선택한 것임을 인정하기. 내가 그 상황에 어떻게 대응하느냐는 항상 내 선택사항이라는 점을 명심한다. 예를 들면, "나는 지금 당장 큰 소리를 칠 수도 있고, 나중에 그 친구와 개별적으로 대화할 때까지 기다릴 수도 있어. 나는 보통 이런 감정들을 감추고 말 한마디도 하지 않지만, 어느 시점에서는 이 문제를 다룰 필요가 있지."
4. 자신의 통제 밖에 있는 것을 인정하기. 학생의 행동에 영향을 미치는 요인들 중에서 학교정책이나 가정환경처럼 상황의 어떤 측면들은 교사 개인이 변화시킬 수 없는 것이다. 이런 상황에 대해 내가 통제력을 행사할 수 있는 것은 무엇이고 내 통제 범위 밖에 있는 것은 무엇인가를 식별해야 한다. 예를 들면, "그 친구는 나와 의견을 나누는 걸 좋아하지 않을 수도 있어. 그 친구는 학교정책에 대한 감정이나 입장을 바꾸지 않을 것 같아."

5. 선택하기. 상황에 대응하는 방식을 의식적으로 선택한다. 또는 강렬한 감정이 가라앉아 분명한 사고를 할 수 있을 때까지 의사결정을 늦춘다. 예를 들면, "지금은 너무나 당황스러워서 그 친구와는 대화할 수 없을 것 같아. 이 문제에 대해서 내일 방과 후에 그 친구와 이야기 나눠 보는 게 좋겠어."

학생들이 자기 관찰하도록 가르치기

학생들에게 자기 관찰을 가르치면 자신의 학습과정을 이해하고, 자신의 사회정서적 및 인지적 강점과 약점을 파악하는 데 도움이 된다. 이를 통해 교사는 학생들이 호기심과 탐구심을 가지고 깊이 생각하도록 도울 수 있고, 학생들은 학업과 학습공동체 활동에 의미 있게 참여할 수 있다.

원리 학생들이 자기-과학자가 되도록 지원하기

교사의 자기 관찰 능력은 학생들을 잘 가르치고 학생들의 학습을 지원하는 데 이로운 영향을 미친다. 또한 교사는 학생들이 '자기-과학자(self-scientist)'가 되도록 자기 관찰에 대해 학생들에게 설명한다. 자기-과학자가 된다는 것은 과학자의 호기심을 가지고 자신을 관찰하고 이해하며 자신의 행동, 정서, 학습양식, 강점과 약점에 대해 배우는 것을 뜻한다. 자기에 대한 이해와 배움을 통해 학생들은 더욱 능동적인 학습자, 더욱 적극적으로 참여하는 학습자, 더 깊게 생각하는 학습자가 된다. 자기-과학자로서 학생들은 더욱 효과적으로 집중하고 자신의 적응유연성을 달성하며 도전적인 상황을 잘 헤쳐 나아가려면 어떤 도구와 방법이 필요할지를 밝혀낸다. 이러한 과정을 돕기 위해 교사는 학생들에게 자기 관찰을 연습하는 과제를 제시한다. 이때, 학생들이 연습의 결과에 주목하게 해야 한다. 예를 들면, 간혹 침묵이나 성찰 활동을 제시하고, 학생들에게 이 활동 전과 후에 어떤 느낌이 들었는지를 스스로 관찰해 보라고 한다. 또는 제시된 프로젝트를 수행하는 과정에 대해 깊이 있게 생각해 보고, 이 과정 중에 겪은 문제, 도전, 장애, 성공에 대해 직접 글로 적어 보게 한다. 또한 앞으로도 계속해서 이러한 학습을 응용할 수 있게 격려한다.

실제 침묵과 성찰

침묵(silence)과 **성찰**(reflection)은 학생들이 자신에 대해 새롭게 생각해 보게 만들고 학교에 주의를 다시 집중시킨다. 수업 도입 단계에서 30초 정도 짧게 침묵 활동을 하면, 학생들이 제자리에 앉아 조용히 안정을 되찾을 수 있다. 학생들이 조용히 자신에 대해 반성적으로 생각하고 자신을 관찰하는 데 익숙해지면 **침묵의 시간**('골든 모멘트')을 좀 더 연장해도 좋다. 처음 침묵을 할 때는 학생들이 다소 불편하고 어색해할 수도 있지만, 시간이 지나면서 침묵과 성찰의 이점을 경험하면 침묵 시간을 연장해 달라고 자발적으로 요청하기도 한다. 침묵과 성찰을 할 때, 차임벨 소리를 이용해 시작 시간과 끝 시간을 알려 준다. 시작 벨이 울리면, 학생들에게 제자리에 조용히 앉으라고 한다. 또는 조용한 음악을 틀거나 그림을 그리게 할 수도 있다.

다음 이야기는 교실에서 학생들의 집중을 돕기 위해 침묵의 시간을 도입한 것이 얼마나 큰 도움이 되었는지를 여실히 보여 주는 사례이다.

어느 초등학교 2학년 교사가 담임학급에서 매일 '골든 모멘트' 활동을 진행하기로 결심하였다. 이 학급에서 골든 모멘트란 교사와 학생들이 모두 제자리에 앉아 침묵하는 짧은 시간을 의미한다. 교사는 골든 모멘트의 시작과 끝을 알리기 위해 차임벨을 울렸다. 이 활동을 할 때 학생들은 자기-과학자가 되어 조용한 순간 이전에, 도중에, 이후에 든 느낌에 집중한다. 학년 초에는 1분 정도 침묵하는 것에서부터 시작했다. 처음 이 활동을 시도했을 때는 많은 학생이 1분의 침묵 시간을 견디기 어려워했다. 안절부절못하며 몸을 움직이거나 교실을 두리

번거리거나 손가락으로 책상 위를 두드리거나 소음을 내기도 했다. 그러나 2주 정도 연습하고 난 이후부터 변화가 나타나기 시작했다. 이제 학생들은 침묵하는 1분 동안 완전히 이완할 수 있게 되었다. 2학기의 어느 날 교사가 조례시간에 골든 모멘트 활동하는 것을 깜빡 잊었는데, 학생들이 이 활동을 하자고 교사를 상기시켰다. 시간이 지나면서 학생들은 침묵하는 것에 점점 더 익숙해지고 편안해졌다. 2학년이 끝날 무렵 학급은 침묵의 시간을 5분으로 연장했다. 혼란스럽고 무분별한 일이 교실 안에서 일어나면, 학생들은 골든 모멘트 활동을 하자고 요청하기도 한다. 이제, 학생들은 자기-과학자로서 언제 자신의 주의가 산만해지는지를 알아차릴 수 있고, 잠시 산만해질지라도 다시 주의를 집중시켜 자신을 차분하게 만들기 위해 필요한 것을 발견할 수도 있게 되었다.

다음은 교실에서 수업 시간 초반에 침묵과 성찰을 하는 몇 가지 활동을 예시한다.

침묵과 성찰을 도입하는 활동

- 저학년 학생들에게 골든 모멘트 활동을 처음 시도할 때는 짧은 시간 동안 눈을 감고 있을 수도 있고 눈을 뜨고 있을 수도 있으며, 또한 교실 바닥에 조용히 앉을 수도 있고 각자 의자에 앉을 수도 있다고 안내한다(부록 pp. 265-266 참고).
- 수업의 도입 단계에서 또는 교실에 특별히 혼란스러운 일이 발생했을 때는 학생들에게 잠깐 침묵의 시간을 가져 보자고 제안한다. 교사가 차임벨을 울리면, 학생들은 차임벨 잔음이 더 이상 들리지 않을 때까지 귀 기울여 듣는다. 단순히 차임벨 소리를 듣는 것만으로도 흐트러진 주의를 다시 집중시키는 데 효과적이다.
- 성찰 일지 쓰기로 하루를 시작한다. 학생들은 조용히 앉아 2분 내지 5분 동안 자유 주제로 글을 쓴다.
- 호흡 연습을 한다. 학생들은 부드럽게 배꼽 주변의 복부까지 호흡을 들이마시고 내쉬는 복부 호흡에 집중한다. 호흡을 들이마셔 보유하고 내쉬는 시간을 점차 증가시킨다.

실제 학생들의 학습 위기 탐색하기

오늘날 학생들은 독특한 도전과 어려움을 겪고 있는데, 이를 '학습 위기(learning edges)'라고 부른다. 학생들이 학습 위기를 극복하고 기술과 능력을 개발하려면 자신의 학습 위기를 기꺼이 인정하고 자신의 안전지대 안에서 나와야 한다. 목소리가 크고 잘 떠들며 활기차게 행동하는 학생은 상대방의 이야기를 경청하거나 자기의 내면을 살피는 것조차 불편하게 여길 수도 있다. 이러한 학생은 자신의 힘, 인격 또는 교실 안에서 자신이 맡은 역할이 위태롭다고 느낄지도 모른다. 이와 반대로, 수줍어하는 학생은 집단 앞에서 하는 말이나 신체 운동을 불편하게 여길 수 있다. 또한 어떤 학생은 수학 시간에 어려움을 느낄 수 있고, 다른 학생은 영어나 국어 시간에 어려움을 느낄 수도 있다. 교사가 학생들에게 자기-과학자가 되어 스스로 자신의 특별한 학습 위기를 찾아보고 이러한 도전을 의도적으로 겪어 보라고 요청한다. 그러면 학생들은 새로운 학습 영역으로 발전해 나가는 데 필요한 자신감과 도구를 발견하게 된다.

[그림 3-1]은 비고츠키와 콜(Vygotsky & Cole, 1978)의 그림을 수정한 것으로서 **학습지대**(learning zone)를 묘사한다. 학습지대는 학습이론과 인간발달이론을 연결 짓는다. 이 그림은 학생들이 사회정서학습과 학업의 영역에서 자신이 겪는 위기를 탐색하고 미래의 목표를 설정하는 활동을 할 때 유용하다. 학생들은 이 그림을 보면서 어떤 활동과 주제가 현재 자신의 **안전지대**(comfort zone)에 있는지, **학습지대**(learning zone 또는 challenge zone, 도전지대)에 있는지, 과도한 **위험지대**(excessive risk zone)에 있는지를 확인할 수 있다. 이에 맞춰 학생들은 학습목표를 설정하고, 목표를 향한 발전 과정에 대해 숙고한다. 학기 중간이나 학년 중간 즈음에 이 그림을 다시 학생들에게 보여 주면 학생들은 자신의 안전지대, 학습지대, 위험지대가 어떻게 변했는지 그리고 학습 위기가 어떻게 변했는지를 검토할 수도 있다.

학습지대는 교사가 수업지도안을 계획할 때 유용한 틀이 된다. 교사가 **교수발판**(**스캐폴딩**, scaffolding)을 세워 학생에게 필요한 신뢰와 지원을 바로 그 학생의 학습지대 안에서 제공할 수 있다. 또한 이 그림은 새로운 학습을 할 때 교사 자

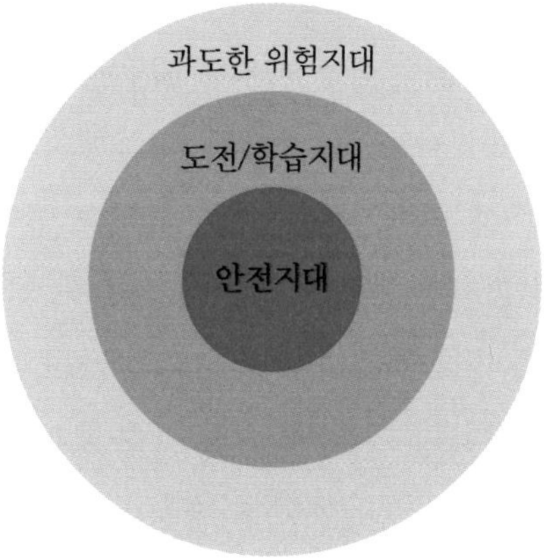

[그림 3-1] 학습지대

비고츠키와 콜(Vygotsky & Cole, 1978, pp. 79-91)의 그림을 수정한 것임.

신이 편안함을 느끼는 안전 수준(comfort level)에 대해 생각해 보는 틀이 된다.

유의사항: 목표는 구체적인 학업 과제(예: 구구단 외우기) 또는 사회정서학습 과제(예: 또래들과 효과적으로 의사소통하기)와 관련될 수 있다.

캐롤 드웩(Carol Dweck, 2006)은 자신의 저서 『마인드세트(Mindset)』에서 학습 위기를 다루는 것이 중요한 또 다른 측면에 대해 논하였다. 드웩에 의하면, 자신이 누구이고 어떤 잠재력을 가졌는지에 대해 '**고정 마인드세트**(a fixed mindset)'를 가진 학생들은 위험을 무릅쓰고 모험에 도전하기를 꺼려하고, 어려운 과제를 쉽게 포기하며, 과제를 시작한지 얼마 지나지 않아 중도에 그만두는 경향이 있다. 교사는 이러한 학생들에게 다른 종류의 마인드세트를 가지도록 격려하고 도울 수 있다. 그것은 바로 '**성장 마인드세트**(a growth mindset)'로, "나의 기본적 자질은 내 노력에 의해 개발될 수 있다는 믿음"을 말한다(p. 7). "사람들은 인생 초기의 재능, 적성, 흥미, 기질 등에서 서로 다르지만 그것을 어떻게 응용하고 어떤 경험을 하는지에 따라 변하고 성장할 수 있다(p. 7)."

학생이 자신의 학습 위기를 스스로 확인하고 다루어 보도록 교사가 격려하면, 학생은 자신의 내적 자원과 외적 자원을 활용하고 적응유연성을 발달시키며 지각된 한계(예: "나는 이 과목에서 기껏해야 C학점을 받을 것 같아." "나는 절대로 수학을 잘할 수 없어.")를 넘어서는 능력에 초점을 맞추게 된다. 신경가소성(neuroplasticity) 연구에 의하면, 우리의 뇌는 가소성이 있고 환경, 자신의 생각, 문화적 조건화의 영향을 많이 받는다(Kitayama & Uskul, 2011). 지능이 고정되어 있지 않다고 생각하는 학생들은 자신의 뇌와 학습 패턴을 발달시키고 변화시킬 수 있는 능력을 가지고 있다고 생각한다. 학생들이 자신의 마음 상태, 부정적 독백, 축소된 기대에 대해 더 많이 알고 있을수록 긍정적 독백과 목표 설정 능력을 발달시킬 수 있다. 성장 마인드세트를 가진 학생들은 도전적인 상황을 더 잘 헤쳐 나아갈 수 있고, 위기를 더 잘 이겨 낼 수 있으며, 학습하고 발달할 수 있는 자신의 능력에 대해 더 큰 자신감을 가진다. 다음은 학생들이 학습 위기를 탐색하고 자기-과학자 또는 자기 관찰자로 발달하는 데 도움이 되는 활동들 중 몇 가지를 예시한 것이다.

학생들의 학습 위기 탐색 활동

- 학생들이 자신의 학습 위기를 지도나 도표로 그려 보게 한다. 지도나 도표를 그릴 때, 사회정서학습과 학업을 포함한 모든 내용과 범위에 직접 관련되도록 그린다.
- 어떤 활동이 위험지대에 해당된다면, 위험지대를 변화시키기 위해 가족, 상담교사, 멘토 또는 선생님 중에서 누구의 지원을 받을 필요가 있는지를 학생에게 묻는다. 예를 들면, 학생이 집단 앞에서 말하기를 두려워하고 당황스러워한다면 이러한 어려움을 극복하기 위해 어떤 조치를 취해야 하는가?
- 학생들에게 성장 마인드세트 활동을 소개한다. 먼저, 학생들에게 특정 교과목이나 수업에서 어떤 능력과 기술을 얼마나 가지고 있다고 생각하는지를 묻는다. 제한된 신념과 기대는 무엇인지 찾아내도록 돕는다. 다음, 학생들에게 성장 가능한 영역은 무엇인지 찾아보게 한다. 말하자면, 판단하지 않으면서 그리고 자신에게 제약을 거는 신념 없이 배우고 성장하며 새로운 방식으로 열심히 노력할 수 있는

영역을 찾게 한다. 성장 마인드세트는 학생들이 실수에 주눅 들지 않게 하고, 실수를 학습과정의 한 부분으로 간주하게 한다. 이러한 마인드세트를 가진 학생들은 노력, 연습, 도전을 통해 수월성에 도달하고 학습할 수 있다고 믿는다.

실제 자기성찰과 목표 설정

학생들이 능동적인 **자기-과학자**로 성장하도록 돕기 위해 학생들에게 한 학기나 한 학년 동안 추구할 사회정서학습의 목표와 교과학습의 목표를 설정하는 과제를 내 준다. 학생은 몇 회에 걸친 자신의 발전과정과 그 정도를 목표와 비교하여 평가한다. 자신이 학습목표를 얼마나 달성하고 있는지를 한 학년 동안에 3~4회 정도 평가한 결과를 교사에게 제출하는데, 이러한 평가는 학생과 교사 모두에게 일종의 기준이 된다는 점에서 유용하다. 뿐만 아니라 학생이 목표달성을 향한 발전과정을 스스로 모니터링한 결과와 학업성적을 비교 검토하면서 자신의 발전과정을 스스로 가늠해 볼 수 있다. 또한 학생이 스스로 모니터링한 결과에 비추어 자신의 강점과 약점을 살펴보고, 학생 면담에서 교사와 논의할 수도 있다.

어느 초등학교 1학년 교실에서 학생들은 1년에 두 번씩 자신의 강점과 약점에 대해 생각해 보고 목표 설정 활동을 한다. 1학기 초에는 사회성, 정서, 학업의 범주 각각에서 자신의 강점에 대해 글로 쓰거나 그림으로 그려 본다. 예를 들면, "나는 다른 사람의 말을 귀 기울여 듣는다." "나는 친구를 잘 사귄다." "나는 책을 잘 읽는다." 등 자신이 잘하는 점을 생각해 보고 글이나 그림으로 표현한다. 그다음, 각 범주에서 좀 더 향상시키기를 원하는 것에 대해 글로 쓰거나 그림을 그린다. 2학기 초에는 1학기에 설정했던 목표를 다시 꺼내 목표 달성 정도에 대해 생각해 본다. [그림 3-2]는 **자기성찰**(self-reflection)[3]을 위한 활동지로 활용될 수 있다.

---

3) 역자 주. '자기성찰'이라는 용어가 저학년 학생들에게 어려울 수 있고, 반성한다는 표현은 자신의 말이나 행동에 잘못이나 부족한 점이 있는지를 돌이켜 본다는 의미를 가지고 있어 잘못이나 실수에 초점을 두게 할 수 있다. 이 책에서는 성찰, 반성, 숙고를 혼용하였으나, 학생들에게는 '~에 대해 돌이켜 생각하기'로 소개하거나 다른 적절한 용어로 대체할 것을 권장한다.

1 = 그렇지 않다. 2 = 가끔 그렇다. 3 = 그렇다.

(1) 나는 좋은 친구이다.	1 2 3
(2) 나는 새 친구를 쉽게 사귄다.	1 2 3
(3) 나는 사람들에게 친절하게 대한다.	1 2 3
(4) 나는 행동보다 말로 문제를 해결한다.	1 2 3
(5) 나는 화가 나거나 기분이 나쁠 때 그 상황에 적절한 행동을 한다.	1 2 3

[그림 3-2] 자기성찰 활동지

학생들의 자기성찰 활동을 촉진시키는 또 다른 방법은 학생들에게 과제를 내주면 학생들이 시간 경과에 따라 각자 자신의 과제 진행 과정을 규칙적으로 살펴보고 평가하는 방법이다. 어느 고등학교의 영어 교사는 학생들이 제출한 영어 에세이를 채점하고 피드백을 써서 학생들에게 나누어 준다. 학생들은 각자 자신이 받은 피드백을 읽고 난 다음, 자신의 피드백 일지에 포함시킬 구체적인 건설적 피드백 3개를 선택해 쓴다. 다음, 이전에 받은 피드백과 이전에 설정한 목표에 비추어 향상된 영역 세 가지를 열거한다. 마지막으로, 다음 번 영어 에세이에서 달성하고자 하는 목표를 설정한다. 이러한 과정을 통해 학생들은 점수에 얽매이지 않으면서 자기인식을 향상시키고 긍정적인 방향으로 공부습관을 기를 수 있다.

학생들에게 자신의 학습목표와 마인드세트에 대해 숙고해 볼 기회와 도구를 주면, 학생들은 학습과정에 더욱 적극적으로 참여하고 자신이 어느 부분에서 어떻게 성장할 필요가 있는지를 더 잘 평가할 수 있게 된다. 또한 또래들과 함께 이루는 공동체 안에서 자기성찰과 목표 설정을 연습하면, 누구나 강점과 약점을 가지고 있음을 깨닫게 된다. 그러면서 자신과 타인에 대한 연민이 발달하는 것이다. 학생이 상급 학교로 진학하여 자신의 삶과 미래에 대해 중대한 결정을 내리면서 이러한 도구를 사용하는 경험은 평생의 기술로 확립된다(Porter, Gamoran, & Board on International Comparative Studies in Education, 2002). 다음은 자기성찰, 자기평가, 목표 설정의 발달을 돕는 다양한 활동 목록이다.

자기성찰과 목표 설정 활동

다음은 학생들의 자기성찰과 목표 설정을 격려하는 활동의 몇 가지 예시이다.

- 자신의 학습과정을 검토하고, 자신이 어떤 방식으로 학습하고 있고, 어떤 강점과 약점을 가지고 있는지 살펴본다. (이때, 학습양식 인벤토리를 실시할 수도 있다.)
- 학습 위기를 확인하고 위험 감수를 축하한다.
- 구체적인 학습전략을 결정한다.
- 자신이 주의집중을 할 수 있는 때와 산만해지는 때를 알아차리고, 주의력 관리 전략을 결정한다.
- 미래 목표를 설정한다.
- 시간 경과에 따른 변화와 발달을 관찰하고, 자신의 발달을 인정하는 글을 쓴다.

주. 이러한 활동은 학생들이 확인하고 발견한 것을 교사나 또래들과 공유할 때 가장 강력한 영향력을 발휘한다. 교사는 학생들에게 이러한 주제들에 대해 글로 쓰거나 그림으로 나타내 보라고 할 수도 있다.

동료 교사들과 함께 자기 관찰하기

교사가 자신과 자신의 교직 업무를 관찰하고 반성적으로 숙고하는 성찰의 능력은 동료 교사들과 함께하는 작업에까지 확장될 수 있다. 성인 학습공동체에서 탐구와 성찰을 병행할 때 학습자들은 상당히 많은 것을 배울 수 있다. 이렇게 교사가 동료들과 함께 자신의 교직 업무를 자기 관찰하면 동료들과의 관계가 더욱 굳건해질 뿐만 아니라 (자기 관찰을 하지 않으면 볼 수 없을지도 모르는) 실무 영역을 규명하는 데 도움이 된다.

원리 또래학습 하기

정기적으로 자신의 어려움과 성공 경험에 대해 동료들과 함께 관찰하고 반성적으로 생각해 봄으로써 우리의 사고는 확장되고, 새로운 가능성과 해결방안을 볼 수 있게 되며, 강점이 증가한다. 우리는 서로에게 좋은 질문을 던지고, 자신이 보고 들은 것에 대해 반성적으로 생각하며, 동료들이 말하는 것을 깊이 있게 경청하고 개별학습과 집단학습에 참여함으로써 서로를 지원할 수 있다.

실제 동료들과 함께 탐문하기

앞에서 **자기 탐문**(self-inquiry)에 대해 설명할 때, 촉발요인들을 다루는 과정을 제시하였다. 동료들과 함께 탐문하는 중에도 똑같은 과정을 활용할 수 있다. 이를 위해 두 명씩 짝을 지어 연습하는데, 한 명은 연습하고자 하는 어려운 문제 또는 도전적 상황을 선택하고, 다른 한 명은 코치로 활동한다. 여기에서는 동료가 누구든지 상대 동료를 대신해 그의 문제를 해결하려고 시도하지 않는 것이 중요하다. 그 대신, 다음의 질문을 자신의 의사소통 양식에 맞게 고쳐 제기하고, 상대 동료의 대답을 진심을 다해 경청하여 동료의 자기발견, 학습, 성장을 지지한다.

- 이 상황에서 실제로 어떤 일이 일어나고 있는가?
- 당신은 어떤 일이 일어났으면 좋겠는가?
- 어떤 감정이 들었는가?
- 이 상황이 어떤 다른 상황을 생각나게 하는가?
- 당신을 자극하는 것은 무엇인가?
- 이 상황과 관련된 당신의 이야기를 한다면 무엇인가?
- 지금 일어나고 있는 일을 어떻게 해석하겠는가?
- 당신은 어떤 해석 틀에 비추어 가치, 신념, 가정(assumptions)을 만들어 내는가?

- 이 상황을 다른 방식으로 보기 위해 어떤 관점을 취하겠는가? 예를 들면, 이 상황에 관련된 학생들이나 동료들은 무엇을 원하는가?
- 드러나 보이는 행동의 기저에는 무엇이 있는가?
- 당신이라면 지금 이 상황을 어떻게 재구성해 보겠는가?
- 당신이라면 지금 이 상황에 어떻게 반응하길 원하는가?
- 이 상황을 어떻게 변화시키길 원하는가?

동료가 각각의 질문에 대답을 하면, 듣는 사람은 상대방의 말을 해석하지 않은 채 들리는 그대로 반영하거나 거울에 비추듯 충실히 묘사한다.

질문을 통한 탐구 과정에 추가하여, 자기 관찰을 위해 시도해 볼 수 있는 활동은 다음과 같다.

동료들과 함께하는 탐문 활동

- 교내에서 믿을 만한 동료 교사를 선정하고, 교사 자신의 교육방식에 관련된 문제, 특히 까다로운 문제를 주제로 이중 회로 학습(a double-loop learning)을 해 보자고 제안한다. 동료 교사와 교대로 문제에 관련된 사례와 의견을 나눈다. 동료 교사를 지지하는 질문을 함으로써 동료 교사가 자신이 안경을 끼고 있다는 사실을 알아차리고 어떤 안경을 끼고 있고 자신의 단점이 무엇인지를 파악하게 한다.
- 자신의 강점을 증진시키는 방법을 찾으려면 동료 교사와 함께 성공 분석 프로토콜(success analysis protocol)을 시작한다(전국학교혁신교사회, 날짜 미상; 부록 p. 280 참고). 성공적으로 수업을 했다고 느꼈던 때, 특별히 효과적인 접근을 사용했던 때, 어려운 시기에 학생과 연결감을 경험했던 때를 돌이켜 생각해 본다. 그때 자신이 제대로 행한 것이 무엇인지, 어떤 감정을 느꼈는지, 어떤 생각과 가정에 비추어 선택한 것인지, 학생이나 교실에 어떤 결과가 발생했는지 또는 어떤 영향을 미쳤는지를 구체적으로 탐구한다. 추가로, 다른 상황과 도전에 적용될 수 있는 성공의 측면들을 동료 교사와 함께 찾아본다.

• 동료 교사와 함께 자신의 교수에 관련된 학습 위기를 도표로 그린다. 어떤 면에서 서로 비슷하고 어떤 면에서 서로 다른가? 도전적인 영역에서 점진적인 조치를 취하려면 어떻게 서로를 지원하겠는가? 영감을 받았다면, 도전적인 조치를 실행하기 위해 서로에게 과제를 내 주고, 과제를 얼마나 제대로 했는지 조사한 다음 일주일 이내에 서로에게 알려 준다.

결론

이 장에서는 자신의 성공과 고난으로부터 배울 수 있도록 자기 관찰을 하는 방법, 습관적으로 반응하기보다는 차분하게 대응하는 방법, 촉발 사이클을 중단시키는 방법, 동료나 학생들과 더욱 선택적이고 의식적으로 연결을 이룰 수 있는 방법을 탐색하였다. 또한 학생들이 자신의 학습과정을 들여다보고 더욱 정확히 파악하는 능력을 키울 수 있도록 학생들을 자기 관찰자로 발전시키는 방법도 탐색하였다. 마지막으로, 깊은 자기성찰을 위해 동료와 파트너가 되어 작업하는 방법을 살펴보았다. 다음 장에서는 지금 이 순간에 주의를 기울여 순간순간을 알아차리며, 차분하고도 민감하게 대응하는 능력을 개발하는 방법에 대해 알아볼 것이다.

4 지금 이 순간에 집중하기

학교에서 학생들이 스트레스를 덜 받기를 원하는가? 교사가 학생들을 위해 책임 있고 배려하는 행동을 모델링해 주기를 원하는가? 그렇다면 우리는 반드시 교사가 겪는 스트레스 문제를 다루어야 하고 교사의 스트레스 수준을 낮추어야 한다. 스트레스 받을 때 우리의 사고와 뇌는 고통받는다. ……교실 안에서 겪는 스트레스를 줄이는 일은 교사의 소진을 낮추고 교실풍토를 향상시키며 더 나은 학업 성과를 이루어 낸다.

- 아델 다이아몬드(Adele Diamond)

생각해 보기

교실에서나 교직원 회의에서 또는 동료들과 있을 때 당신이 지금 이 순간에 집중하지 못하도록 방해하는 것은 무엇입니까? 지금 이 순간에 집중하는 데 도움이 되는 것은 무엇입니까?

> 교사가 스트레스를 감소시키고 긍정적인 정서적 환경을 조성할 수 있는 전략들을 사용하면, 학생들은 정서적 어려움을 극복하는 회복탄력성을 얻게 되고 더욱 높은 인지수준에서 더욱 효과적으로 학습할 수 있게 된다. 뇌 영상 연구는 이와 같이 정서와 인지 간의 의미 있는 관계를 지지한다.
>
> - 주디 윌리스(Judy Willis)

지금 이 순간에 집중하기(being present)란 이 순간에 깨어 있는 의식을 가지고 편안한 상태에서 현재에 존재하며 주의를 기울이는 능력을 말한다. 이처럼 현존하며 주의를 기울이는 능력은 교사가 학생들이나 동료 교사들과 효과적으로 관계를 맺는 데 도움이 된다. 또한 그날의 학습목표를 달성하면서도 학급의 요구에 유연하고 민감하게 반응하고 대처하는 능력과 관련된다. 가르치기 쉬운 순간 또는 가르칠 수 있는 순간(teachable moments)이 처음에는 불편하거나 실용적이지 않을 수 있는데, 지금

이 순간에 집중하기는 그런 때조차 그 순간을 알아차리고 최대한 이용할 수 있게 한다.

교사는 상당히 혼란스럽고 산만하거나 스트레스가 심한 때조차 바로 이 순간으로 되돌아가게 하는 구체적인 방법을 적용하여 지금 이 순간에 집중하는 능력을 발전시킬 수 있어야 한다. 학생들이 주의 산만을 관리하고 주의와 초점을 유지하며 그날의 수업에 집중하도록 돕는 집중 활동과 방법을 사용하면, 현재에 집중하는 능력을 양성시킬 수 있다.

교사로서 지금 이 순간에 집중하기

학교는 표준화 검사와 벤치마크 기준을 지나치게 강조하고 있고, 이런 학교에서 교사는 가급적 빠른 시일 안에 학습 성과를 달성해야 한다는 압박감과 긴장에 시달리고 있다. 고부담 검사(high-stakes tests)가 시행되고 있고 업적을 이루어 내야 한다는 압박으로 가득 차 있으며 잠시 멈춰 쉴 틈조차 거의 없는 교육 시스템 안에서 교사가 많은 어려움을 겪는다는 것은 충분히 이해가 된다. 그러나 교사가 혼란스럽거나 자극을 받았을 때 지금 이 순간으로 주의를 되돌려 집중하기를 의도적으로 연습하면, 교사는 가르치는 일을 활기차게 할 수 있고 학생들을 수업활동에 완전하게 참여시킬 수 있다. 이렇게 해서 우리가 세운 학업 목표를 더욱 효과적으로 달성할 수 있고, 교실에 더 많은 기쁨과 창의력 그리고 활력을 불어넣을 수 있다.

원리 현재에 대한 집중과 알아차림을 개발하기

많은 교사가 마치 로봇처럼 기계적으로 수업을 하고 있다고 느끼기도 했고, 너무나 심란하거나 정서적으로 혼란스러워서 살아남기 위해 할 수 있는 것을 그저 할 뿐이라고 느끼기도 했다. 시간이 쏜살같이 지나가서 요즘 교사들은 학생들이나 동료 교사들과 상호작용하는 것에 대해 되돌아보고 반성하기는 고사하고 심지어 잠시 쉴 틈도 없이 이 교실에서 저 교실로, 방과 후 활동으로, 교직원 회의로 뛰어다니다가 지쳐 버린다. 이런 상황에서 교사가 어떻게 즐겁게 가르칠 수 있을 것이며 학생들에게 온전히 집중할 수 있을 것인가?

저글링 하듯이 여러 가지 일을 동시에 처리하는 것이 교직 요건 중 하나로 간주되고 있는 실정이다. 교사는 한 번에 20명 내지 40명가량의 학생들을 가르치는데, 이들은 모두 학습양식과 요구에서 다양하다. 어떤 학생은 교사의 관심을 절실히 필요로 하고, 또 다른 학생은 뒤에 숨어 자기 존재를 드러내지 않으려고 한다. 혼란에 휩싸인 채 교실에 들어가는 교사는 교실에서 일어나고 있는 것에 주의를 집중하기가 매우 어렵다. 그렇게 되면 교사는 기계적으로 수업내용을 전달하고 혼란이나 도전에 습관적인 방식으로 대응할 수밖에 없다. 다행히, 우리가 지금 이 순간으로 되돌아와 자신의 스트레스를 관리하고 교실 안에 존재하는 수많은 요구와 우선사항들을 더욱 효과적으로 다루는 데 도움이 되는 실제적인 방법들이 있다.

실제 마음챙김을 통해 지금 이 순간에 집중하는 법 배우기

교사가 자신의 혼란스러운 마음을 다스릴 수 있는 한 가지 방식은 3장에서도 소개한 적이 있는 호흡 알아차림 활동 같은 마음챙김을 규칙적으로 실행하는 것이다. 존 밀러(John Miller, 2007, p. 9)는 다음과 같이 말하였다. "마음챙김은 지금 이 순간 일어나는 것에 마음을 온전히 집중하는 것이다. 교사들은 이러한 마음챙김 활동이 자신을 돌보고 지금 이 순간에 집중하는 강력한 방법이라고 알고 있다. 교사가 현재에 집중하고 관심을 둘 때 학생들도 이에 반응하므로 교사-학생 관계가 좋아진다."

어느 교사는 마음챙김을 규칙적으로 실행한 결과, 교직 업무와 개인생활에 중요한 변화가 생겼음을 보고하였다.

> 나는 훨씬 더 차분해졌다. 집에서 커피를 마실 때도 내 마음은 여러 갈래로

흐트러져 질주하지 않는다. 나는 그저 커피를 즐기고 있을 뿐이다. 그저 사물들을 있는 그대로 받아들이고 모든 것을 언제나 내 어깨에 짊어지지 않는 법을 배웠다. 그렇기 때문에 이제 나는 아이들을 더 잘 대할 수 있게 되었고, 내 자신의 요구도 더 잘 다룰 수 있게 되었으며, 아이들도 나처럼 마음을 챙기도록 가르칠 수 있게 되었다(Jennings, 2011).

패트리샤 제닝스(Patricia Jennings, 2011)는 게리스 연구소 내 명상교수학습센터의 선임연구원이자 펜실베이니아 주립대학교 인간발달과 가족연구 및 예방연구 센터의 연구조교수인데, 마음챙김에 대해 다음과 같이 보고하였다.

마음챙김은 교사가 학생들을 정서적으로 지지하는 데 도움이 된다. 마음챙김은 조망 수용(perspective taking)과 공감적 반응(empathetic responding), 관계성과 대인 친밀성, 정서교류, 분노조절과 관련된다. 그러므로 마음챙김을 하는 교사는 학생들 개개인에게 반응할 수 있고, 가르치기 쉬운 순간(가르칠 수 있는 순간)을 더 잘 알아차린다.

가르치는 일은 전문적 업무이지만 정서적으로 고된 일이다. 연구에 의하면, 다행스럽게도 마음챙김 기반의 개입은 적응유연성을 촉진시키고, 교사 소진을 초래하는 정서적 고갈을 감소시킨다. 이로써 교사는 가르침의 즐거움을 더 많이 느낄 수 있고, 자신의 전문적 업무에 책임감을 가지고 전념할 수 있으며, 학생들에게 더 큰 배려와 연민의 마음을 가지게 된다.

다음 활동은 마음챙김을 통해 지금 이 순간을 알아차리는 능력을 향상시키는 방법이다.

지금 이 순간에 집중하기 위한 마음챙김 활동

수업이 없는 시간에는 전화나 이메일을 멀리 하고, 다음의 전략들 중 한두 가지를 활용해 마음챙김 휴식을 취한다.

- 창밖을 바라보며 다섯 가지(예: 구름, 학생들, 새, 자동차, 자전거)에 주목한다. 그것들을 새로운 시선으로 바라보려고 노력한다.
- 길고 깊게 숨을 들이쉬고 내쉬면서 스트레스나 몸의 긴장이 해소됨을 느낀다. 이렇게 세 번 반복한다.
- 천천히 간식을 먹는다. 오로지 먹는 것에만 모든 관심을 집중한다.
- 좋아하는 글귀나 시가 있다면, 그것이 지금 중요한 것과 연결되어 있다고 느끼면서 읽고 새로운 영감을 가져 본다.
- 학교 운동장에서 '오감 걷기(five-senses walk)'를 한다. 걸으면서 자신이 보는 광경, 듣는 소리, 맡는 냄새, 느끼는 맛, 감정에 주목한다. 호흡 알아차림(breath awareness) 활동을 하면 호흡이 우리를 지금 이 순간으로 돌아오게 하듯이, 감각 알아차림(sensory awareness) 활동을 하면 산만한 마음을 지금 이 순간으로 돌아오게 만들 수 있다.

실제 지금 이 순간에 집중하지 못하게 하는 방해물 해소하기

지금 이 순간에 집중하지 못하게 만드는 방해물을 해소해야 한다. 우리가 지금 이 순간에 존재하지 못하도록 주의를 산만하게 하고 혼란스럽게 만드는 경험, 감정, 사건, 염려, 행동을 확인하고 처리해야 한다는 말이다. 동료 교사나 학생이 나에게 던진 자극적인 말이 내 심장을 쿵쾅거리게 하고 지금 이 순간에 집중하기 어렵게 만들 수 있다. 또는 병원 진료 예정일이 다가와서 걱정이 되거나 사랑하는 사람을 염려하는 마음도 지금 이 순간에 집중하지 못하도록 방해한다. 자신이 이런 것에 주의를 빼앗기고 있고 심란하다는 것을 깨닫는 것만으로도 우리는 현재 상황, 지금 이 순간으로 돌아올 수 있다. 다음은 지금 이 순간에 집중하는 데 방해가 되는 생각이나 행동을 감소시키는 활동이다.

지금 이 순간에 집중하지 못하게 만드는 방해물 해소 활동

- 지금 이 순간에 집중하지 못하게 방해하는 것이 무엇인지를 찾아내 내적 요인과 외적 요인으로 나눠 목록을 작성한다. 시간 경과에 따라 어떤 패턴이 나타나는지에 주목한다. 예를 들면, 특별히 어떤 학생에 대해 항상 걱정하고 있는가? 자녀 중 특히 한 아이에 대해 걱정하고 있는가? 건강 문제에 대해 염려하고 있는가? 이런 걱정이나 염려에 집중했더라도 오늘 하루는 그만 잊을 수 있는 방법이 있는가?
- 하루 일과를 시작할 때, 심란하게 만드는 것 세 가지를 종이에 써서 빈 봉투나 통 안에 넣는다. 이것들에 대한 생각을 당분간 의식적으로 중단하여 수업과 학생들에게 온전히 집중한다. 하루 일과를 마칠 때, 아침에 종이에 썼던 세 가지를 꺼내 다시 생각해 보고, 하루 중에 어떤 변화가 있었는지 살펴본다. 이런 방해물을 제쳐 놓으면 별다른 손해나 문제가 발생하는지에 대해서도 스스로 질문해 본다.

원리 가르치기 쉬운 순간을 알아차리고 활용하기

때로 우리는 학습 성과와 미리 설정한 수업목표에 너무나 집중하는 바람에 교실 안에서 나타나는 독특하고도 강력한 교육의 기회를 놓치는 경우가 있다. 그러나 학생들에게 질문을 던져 수업을 새로운 방향으로 이끌어 갈 수도 있는 것처럼 계획하지 않았던 기회는 종종 찾아온다. 어려움에 정면으로 맞닥뜨릴 때 가르치기 쉬운 순간(가르칠 수 있는 순간)이 온다. 예를 들면, 학급에 사이가 좋지 않은 학생들이 있을 때, 수업 중에 또래관계에 대한 토론을 이끌어 볼 수 있다. 또한 국제적 사건이나 학교에서 일어난 사건이 학생들의 정서와 학습능력에 영향을 준다고 여겨지면, 수업 시간의 일부를 할애하여 학생들에게 이러한 사건에 대한 생각과 느낌을 묻고 대답하게 할 수 있다. 또는 한 학생에게 개인적으로 중요한 일, 신나는 학교 행사, 획기적인 사건을 축하하는 시간을 가질 수도 있다. 우리가 이런 순간들을 기꺼이 수용할 수 있을 때, 예상치 못했지만 학생들의 참여와 동기를 높이고 창의적이고 비판적인 사고를 길러서 수업목표를 달성할 수 있다.

우리가 이 순간의 현실과 요구를 인식할 때, 학생들의 학습을 방해하는 '방 안에 있는 코끼리[1]'를 놓칠 가능성은 줄어든다. 이 코끼리는 대인관계 갈등부터 학급 안에서 발생하는 더 큰 문제(인종, 사회계층, 성별, 문화, 권력 역동이 연루된 문제)에 이르기까지 다양하다. 이에 대한 인식이 발달하면, 학습공동체에 조성된 신뢰의 기반을 무너뜨리거나 학생들을 산만하게 만드는 문제의 해결에 더욱 적절한 방법을 찾을 수 있다. 가르치기 쉬운 순간(가르칠 수 있는 순간)을 잘 활용하면, 학생들이 학교생활과 개인생활의 연결고리를 이해하도록 도울 수 있다. 다음의 예를 살펴보자.

어느 고등학교의 식당 벽에 특정 인종을 모욕하는 낙서가 발견되었는데, 그 내용이 상당한 두려움과 분노를 일으키는 것이었다. 아침 수업 종이 울려 학생들이 교실에 들어오면서 대화하는 내용을 담임교사가 듣게 되었다. 낙서가 단지 어리석은 장난일 뿐이지 문제될 게 없다고 말하는 학생들도 있고, 등교하기가 무서울 정도라고 말하는 학생들도 있었으며, 안전해야 할 학교 안에서 그런 섬뜩한 감정이 표현되었다는 데 대해 소름이 끼칠 정도로 무섭다고 말하는 학생들도 있었다. 역사 수업 시간에 학생들이 집중을 못하고 있고 심란해 있음을 발견한 교사는 수업을 멈추고, 학교에서 일어난 최근의 사건에 대한 감정과 생각을 나눌 기회를 학생들에게 제공하였다. 이번 사건을 시민권 운동 같은 역사적 사건과 연결 지어 다루어 볼 수도 있었고, 인종차별주의자들의 행위가 미치는 영향에 대한 중요한 정보를 학생들에게 제공할 수도 있었다. 다음으로 학교에서 학생들이 취할 수 있는 조치가 무엇인지 찾아보고 실천해 보라는 당부의 말도 전해졌다. 학생들은 학교공동체 안에 신뢰를 쌓자며 화합의 날을 만들었다.

1) 역자 주. '방 안에 있는 코끼리(elephant in the room)'란 모두가 문제가 있다는 것을 알고 있지만 회피하고 있거나 말하기를 꺼려하는 심각한 문제를 의미한다.

원리 자기 돌봄

비행기에 탑승하고 이륙을 기다릴 때 승무원들은 탑승객들에게 비상시에 다른 사람을 도와주기 전에 자신이 먼저 산소마스크를 쓰는 것이 중요하다는 점을 상기시킨다. 이 점은 교육에서도 마찬가지로 적용된다. 교사가 자신을 적절하게 돌보지 않으면 학생들의 요구에 관심을 기울일 수가 없다.

자기 돌봄(self-care)은 우리가 열심히 오래 일할 필요가 없다는 의미는 아니다. 일의 속도를 잘 조절하고 업무 스트레스를 상쇄하기 위하여 온종일 그리고 일 년 내내 자신을 새롭게 회복시키고 활력을 되찾을 수 있는 방법을 만들어 내야 한다는 의미이다. 신체 운동이나 표현예술 같은 방법은 켜켜이 쌓인 심각한 정서를 해소하는 데 도움이 되고, 자기 돌봄의 또 다른 방법들은 우리를 평온하고 차분하게 만들어 지금 이 순간에 더욱 집중하는 데 도움이 된다. 점심 식사를 마치고 휴식을 취하거나 홀로 조용히 앉아 있거나 감명 깊은 글귀를 읽는 것도 자기 돌봄에 좋은 방법이다.

좀 더 길게 하는 방법으로 연간 휴가 계획을 세우는 것도 중요하다. 재생, 갱신, 회복을 뜻하는 낱말, 리뉴얼(renewal)은 원래 물이 고갈된 '우물을 채우는' 방법을 말한다. 이런 방법처럼 미국에는 여러 교사가 모여서 함께 내면의 삶을 탐색하는 프로그램들이 많이 운영되고 있다.[2] 자신을 재생하고 회복하는 방법으로는 틀에 박힌 프로그램에 참여하는 것 말고도 많이 있다. 자연 속 아름다운 장소를 찾아가, 그곳에서 심호흡을 하는 것만으로도 우리의 마음이 맑아지고 회복되는 느낌을 경험할 수 있다.

학생들을 지도하고 교직원회의나 위원회에 참석하며, 교사로서의 삶과 개인적 삶을 함께 이루어 가느라 수고하면서 자신을 방치하면 고갈, 좌절, 소진의 악순환에 빠지게 된다. 그러면 학년말 즈음에는 기진맥진이 되어 결승선을 앞두

2) Courage to Teach (www.couragerenewal.org), Cultivating Awareness and Resilience in Education (CARE for teachers; www.care4teachers.org), Stress Management and Relaxation Techniques in Education (SMART in Education; www.smart-in-education.org)

고 절뚝거리는 자신을 발견할 것이다. 일상적인 일과에서 벗어나려면 상당한 훈련과 의지가 필요하다. 일 년에 적어도 서너 번은 자신을 재생하고 회복하는 데 좀 더 시간을 할애해야 한다. 그렇게 하면 지금 이 순간에 좀 더 집중할 수 있고, 지금 이 순간을 알아차릴 수 있으며, 교사로서의 삶에 만족할 수 있다. 다음은 리사 샌코우스키(Lisa Sankowski, 날짜 미상)가 초등학교 1학년 교사 모라 맥니프(Maura McNiff)를 인터뷰한 내용이다.

교장 선생님은 내가 '가르칠 용기(Courage to Teach)' 프로그램에 참석한 이후에 많이 바뀌었다고 말씀하셨다. 나는 좀 더 행복하고 좀 더 안정을 이룬 것 같았다. 교장 선생님은 심지어 내가 좀 더 차분해졌다고도 말씀하셨다. 이런 변화가 나에게는 분명했지만, 다른 사람들도 알아차릴 것이라고는 생각하지 못했다. 이전에 나는 남에 대해서 단정적으로 판단하고 참을성 없이 많은 것을 겉으로 드러냈었다. 이제 나는 다른 사람의 실적을 바라보는 데 덜 집중하고 나 자신을 들여다보는 데 더 집중하기 때문에 좀 더 관대할 수 있게 되었다. 가르치는 일은 나 자신에 관한 것이고 모든 변화와 효과가 나로부터 나온다는 것을 이해하게 되었다. 이것은 내가 터득한 매우 큰 교훈이었다. 처음 교단에 섰을 때 나는 모든 것을 지금과는 매우 다른 시각에서 바라보았다. 힘들게 애쓰고 어려움을 겪고 있는 동료 교사들을 보면서 나는 이렇게 생각했다. '○○ 선생님은 정시에 칼퇴근을 하는 대신에 일주일에 5시간만 더 투자한다면, △△ 선생님은 이런 저런 것을 좀 더 잘 알아보고 분간할 수 있다면, □□ 선생님은 좀 더 짜임새 있게 조직적이라면 회의가 더 잘 진행될 텐데…….' 그러나 사실 내가 생각했던 대로 일이 돌아가는 것은 아니었다. 현실은 쉽게 바뀌지 않았고, 심지어 최근 몇 년 동안 교육에서 일어난 일들은 실망스럽기 조차하다. 그러나 좋은 변화도 있었다. 그것은 바로 교직 업무에서 내가 가진 영향력의 범위를 파악할 수 있게 된 점이고, 지금 이 순간에 내 앞에 있는 아이들에게 집중하는 것이 얼마나 중요한지를 내가 깨닫고 인정했다는 점이다.

모라 맥니프(Maura McNiff), 초등 1학년 교사

실제 자기 돌봄과 재생을 실행하기

학생들은 교사가 하는 말, 교사가 하는 행동, 교사의 행동방식을 통해 많은 것을 배운다. 교사가 지치고 스트레스를 느끼며 과로하거나 소진에 이를 지경이 되면 학생들의 성장과 학습을 지원할 수 없게 된다. 사실, 교사가 자신의 몸과 마음을 보살피는 건강한 습관을 가지고 있을 때 비로소 교사를 가장 필요로 하는 학생들에게 가장 큰 선물을 줄 수 있다. 다음은 우리가 자신을 돌보고 새롭게 변화시키는 데 도움이 되는 활동을 예시한다.

자기 돌봄과 재생(리뉴얼)의 활동

- 성공한 일이나 주요 기념일은 시간을 내서 축하한다.
- 자연 속에서 시간을 보낸다.
- 산책을 한다. 산책을 할 때 머릿속으로 일에 대해 생각하는 멀티태스킹을 하지 않는다.
- 마음을 편히 쉬게 할 의도를 가지고 달리거나 화초를 가꾼다.
- 물리적 작업 환경을 정돈하고 꾸며서 기분 좋게 만든다.
- 다른 사람들에게 규칙적으로 감사를 표현한다.
- 아무것도 하지 않는다. 침묵하며 앉아 있는다.
- 일지를 쓰거나 그림을 그리거나 시각예술품을 창작한다.
- 혼자서 또는 다른 사람과 함께 연주하거나 음악을 만든다.
- 명상한다. (www.contemplativemind.org/practices/tree에 수록된 예를 참고하라.)
- 감명 깊은 책을 읽거나 공부한다.
- 규칙적으로 시간 간격을 두고 일을 멈춰 짧게라도 휴식을 취한다.
- 혼자서 또는 동료 교사와 함께 안식 프로그램에 참가한다.
- 아침에 하루를 시작할 때 자신의 목표와 의도에 대해 생각해 본다.
- 저녁에 하루 일과를 마치면서 오늘 일이 잘 풀렸던 순간이나 감사한 일을 적어도 한 가지는 생각한다.
- 교직 업무와 개인생활에서 잘되고 있는 일을 인정하고 감사히 여긴다.

학생들이 지금 이 순간에 집중하도록 가르치기

학생들의 동기 수준이 낮고 공부하려는 마음이 없고 공부할 준비가 되어 있지 않을 때는 교사가 최선을 다해 잘 가르치려고 아무리 노력을 해도 원하는 학습 성과를 이루기 어렵다. 존 메디나(John Medina, 2008, p. 82)가 지적했듯이 "주의 집중이 학습에 중요한가? 확실히 그렇다. 뇌가 어떤 자극에 주의를 기울일수록 더욱 정교하게 정보를 부호화하고 유지할 수 있다. 매우 열심히 이야기를 듣고 있는 유치원 아동에게나 매우 지겨워하며 강의를 듣고 있는 대학생에게나 주의 집중을 잘하는 것은 학습을 잘하는 것과 동격이다."

원리 학생들의 학습준비도와 집중을 향상시키기

교사는 학생들이 집중하고 참여할 준비가 되어 있다고 가정하고 수업을 시작한다. 그러나 실제로 수업을 해 보면 학생들은 산만하고 가만히 있지 못하며, 교사 역시 원하는 만큼 자신도 수업에 집중하지 못하고 있다는 것을 발견한다. 교사는 귀중한 학습 시간을 잃고 있는 것 같은 좌절감도 경험한다. "학생들이 수업에 집중하지 못하는 이유는 도대체 무엇일까?" 교사는 궁금해진다.

학교에 있는 내내 학생들은 "집중해."라는 말을 많이 듣지만, 그 말이 무엇을 의미하는지, 어떻게 집중해야 하는지를 잘 모른다. 그렇기 때문에 교실에서 주의를 집중할 때 보이는 행동을 탐색하여 학생들에게 주의를 집중하는 방법과 기술을 가르칠 필요가 있다. 또한 교사가 학생들의 주의 집중을 기대하고 있음을 반드시 알려 줘야 한다. 예를 들면, 우리 교실에서 주의 집중이란 학생이 휴대전화를 꺼내지 않고 문자 메시지를 쓰지 않으며 친구에게 쪽지를 보내지 않는 행동을 의미할 수 있는데, 이러한 의미를 학생들에게 분명히 알려 줘야 한다.

다음은 주의 집중을 높이는 활동이다.

주의 집중 증진 활동

학급을 조용히 만든 다음, 오감 중 하나를 활용하는 경험을 안내한다.

- 차임벨 소리나 악기 소리를 낸다. 학생들에게 그 소리가 사라질 때까지 주의 깊게 들어보라고 한다.
- 학생들에게 피부 위에 있는 무엇인가를 느끼는 데 주의를 집중하라고 한다. 공기 바람, 물, 자신이 입은 의복의 옷감 등이다.
- 초콜릿이나 건포도처럼 단맛이 나는 작은 조각 하나를 학생들에게 나누어 준다. 사탕 조각이 입 안에서 다 녹을 때까지 사탕의 식감과 맛의 변화에 주의를 집중한다.
- 어떤 냄새가 나는지를 알아차리고, 평소보다 좀 더 오랫동안 그 냄새에 주의를 집중하라고 한다.

이러한 활동은 단시간 동안 일어나지만 그 효과는 강력하다. 이런 활동을 반복해서 연습하면 마음의 작용에 대해 더 많이 알 수 있다. 도중에 집중을 잃을 수도 있지만, 이는 매우 정상적이라는 것을 학생들에게 알려 준다. 이런 경우에는 학생들이 집중을 잃었음을 알아차리고 주의 집중의 대상으로 다시 돌아오도록 격려한다. 학생들이 이를 알아차리는 순간에 자기-과학자(self-scientist)로 성장하고 있는 것이라고 칭찬한다.

학생들이 몸과 마음을 일깨워 학습할 준비를 갖추도록 돕는 데 시간을 들이면, 수업내용과 자신의 삶을 연결 지을 수 있고 창의적 사고를 할 수도 있으며 새로운 학습을 이룰 가능성도 놀랄 만큼 커진다. 다음 이야기는 쉬는 시간이라는 중요한 전환기를 어떻게 다루어야 하는지를 보여 주는 사례이다.

어느 초등학교 3학년 교실에서 교사가 학생들의 학습준비도를 높이기 위한 한 가지 방법으로 학급회의를 하는데, 이를 위해 쉬는 시간 직후 시간을 활용하고 있다. 이때는 학생들의 정서가 고조되므로 학습모드로 돌아와 안정을 취하기 어려운 시점이다. 학급회의에서 학생들은 쉬는 시간에 일어난 일을 한 가지씩 말한다. 이와 같은 서클 시간 중에는 상대방에게 직접 대고 말하지 않게 하였다. 어떤 사건에 대해서 말하든지 학생들은 직접 서로의 이름을 부르지 않은 채 그냥 그 사건에 대해 어떤 느낌이 들었는지 말하였다. 단지 몇 분 동안이나마 학생들은 쉬는 시간에 있었던 일에 대해 이야기함으로써 혼란스러움을 해소하고 다음 학습과제에 더욱 집중하였다. "학생들이 자신이 경험하는 감정이나 문제를 표현하고 서로를 경청하는 데는 그리 길지 않은 시간이 필요합니다. 이런 사실이 놀랍지요. 학생들은 자신의 목소리를 들어주는 사람이 있고 자신을 봐 주는 사람이 있다는 것을 알게 되고, 그래서 지금 이 순간에 더 잘 집중할 수 있게 되며, 학습할 준비를 더 잘 갖추게 됩니다."

실제 집중 활동을 수업 시간에 통합하기

쉬는 시간에 학생들은 산만해지고 혼란스러워진다. **집중 활동**(focusing activity)[3)]은 이러한 산만함과 혼란스러움을 관리하고 수업에 다시 집중하도록 돕는 활동이다. 집중 활동을 통해 학생들은 학습할 준비를 갖추게 되고 학습을 잘할 수 있게 된다. 이때, 학생들은 자신의 경험, 감정, 사고에 대해 되돌아보고 성찰할 기회를 얻기 때문에 자기-과학자로서의 능력을 발달시킬 수 있고 공동

3) 역자 주. 이 책에서는 포커싱(focusing)을 '집중'으로 번역하였다. 포커싱은 문제와 관련되어 자신의 몸에 나타나는 신체적 반응과 몸이 느끼는 것을 있는 그대로 느끼고 알아차리는 '자기인식'의 과정을 의미하기도 한다. 젠들린(E. T. Gendlin)이 포커싱을 포커싱 체험 심리치료(focusing-oriented psychotherapy)로 발전시켰는데, 이는 정서적 치유를 위해 신체 내면에 집중하는 과정이다. 근래에 포커싱 체험 심리치료는 심리치료로뿐만 아니라 일반인들의 문제해결력 향상, 스트레스 완화, 창의력 증진, 건강 증진의 방법으로도 활용되고 있다.
출처: 주은선(2011). 포커싱 체험 심리치료. 서울: 학지사.

체를 구성하며 대인관계를 좋게 만들 수도 있다. 또한 문제행동이 발생할 때 일일이 대응하는 학급 관리와 갈등조정에 쓰는 시간을 단축하면서 과제 집중 시간(time on task)을 증가시킬 수 있게 된다.

교사는 학생들의 학습준비도를 높이기 위해 수업의 도입 단계에서 집중 활동을 실시할 수도 있고, 학생들에게 필요하다면 언제든지 수업 도중에 실시할 수도 있다. 이로써 학생들이 지금 이 순간에 집중할 수 있게 된다. 수업의 도입 단계에서 다섯 번 심호흡을 하거나 어떤 주제에 대한 글쓰기를 하거나 놀이 같은 공동체 활동을 하거나 2인 1조로 서로의 이야기에 경청하기 활동을 하면, 학생과 교사 모두 산만함과 혼란스러움에서 벗어나 바로 그 순간에 관심을 집중할 수 있다(집중 활동에 대한 설명은 부록 pp. 259-264 참고).

집중 활동은 어떤 학년에게서나 어떤 교과 시간에서나 실행 가능하다. 고등학교 국어나 영어 수업 시간에 간단한 집중 활동을 하면서 수업을 시작할 수 있다. 예를 들면, 학생들이 수업교재로 읽고 있는 소설의 한 문구를 교사가 골라 칠판에 쓰고 학생들에게 잠시 침묵할 시간을 준다. 학생들은 그 문구에 대해 깊이 생각해 본 다음, 자신이 느끼거나 통찰한 바를 짝과 이야기 나눈다. 길게 이야기하기보다는 그 문구를 읽으면서 감명받았거나 새롭게 알게 된 것을 한 문장으로 짧게 말한다. 이렇게 약 5~10분 동안 활동하면 그날 수업의 나머지 토론 시간이 더욱 활기차질 것이다.

다음은 학생들이 놀이처럼 즐거운 활동을 하면서 현재에 집중하는 방법이다.

'Just 10 Minutes'
초등학교 3학년~중학교 2학년 학생들을 위한 집중 활동

세 개의 공을 준비하고, 학급 전체 학생들이 하나의 큰 원을 만들어 서게 한다. 학생들에게 오늘 수업은 학습과 집중에 도움이 되는 활동부터 시작할 것이라고 안내한다.

1. 학생들은 각각 한 번씩만 공을 던지고 받을 수 있다. 공을 받은 학생은 오늘 어떤 감정을 느끼고 있는지를 한 문장으로 말한다. 예를 들면, "잠을 잘 못 자서 나는 피곤해!" "내일 시험이 걱정돼!" "농구 게임할 걸 생각하니 신나!" 등을 말할 수 있다. 말을 끝낸 학생이 아직 공을 받은 적이 없는 학생에게 부드럽게 살며시 공을 던진다. 이로써 학생들이 공을 던지고 받는 하나의 패턴이 만들어진다. 이 패턴은 나중에 반복될 것이므로 학생들에게 누구에게 공을 던졌고 누구로부터 공을 받았는지를 기억해 두라고 미리 안내한다.
2. 모든 학생이 한 번씩 공을 받은 다음, 처음에 했던 것과 같은 패턴으로 반복해서 공을 던지고 받는다. 처음에 했던 순서대로 공을 던졌던 사람에게 공을 던진다. 공이 집단 안에서 돌아가고 있는 동안, 교사는 또 다른 공을 원 안에 넣는다. 다음, 집단이 준비가 되면 교사는 세 번째 공을 원 안에 넣어 준다. 이렇게 함으로써 학생들은 일정한 패턴에 따라 원 안에서 세 개의 공을 던지고 받게 된다. 때때로 공을 떨어뜨릴 수도 있는데, 학생들이 공을 서로 차지하려 하면서 웃음꽃이 피기도 한다.
3. 교사가 약 10분 후에 활동을 종료하고 다음과 같은 간단한 질문을 학생들에게 던진다.
   - 지금은 기분이 어때? 기분이 좋아졌니? 졸음에서 깨어났니? 집중이 되는 것 같아?
   - 방금 우리가 한 활동이 학습에 어떻게 관련될 것 같아? (주의 집중을 유지하는 데 도움이 된다는 대답이 나올 수 있다.)
   - 언제 웃음이 나왔더라? (학생들은 공을 떨어뜨렸을 때 또는 실수를 했을 때 웃었다고 대답할 수 있다. 이런 대답이 나오면 실수도 학습의 한 부분임을 설명할 좋은 기회를 놓치지 말아야 한다. 또는 집단 안에서 웃음이 어떤 문제를 일으킬 수 있는지, 사람들이 웃음거리가 되는 것에 대해 어떻게 그리고 얼마나 민감해지는지를 주제로 학생들과 토론할 수 있다.)
4. 교사는 이 활동을 끝내면서 다음과 같이 정리한다. 학생들이 활력을 되찾아 수업에 집중하고 가능한 모든 교실과 수업에서 협력과 팀워크를 적용해 보도록 격려한다.

이렇게 약 10분 동안 공을 던지고 받으면서 학생들은 지금 이 순간에 집중하게 되고 수업에 참여할 준비를 갖추게 된다. 학생들은 수업에 더 잘 집중하고 열심히 참여하며 공동체를 이루어 학습활동을 할 수 있게 된다. 쉬는 시간이 끝나고 수업 종이 치면 집중 활동부터 시작해서 학생들이 마음을 가라앉히고 학습을 위한 준비를 갖추게 된다.

집중 활동은 집단으로 또는 개별적으로 실시할 수 있다. 집단으로 집중 활동을 실시할 때는 집단의 요구를 신속하게 평가하여 집단에 가장 적절한 활동을 결정하는 것이 중요하다. 예를 들면, 만일 학생들이 쉬는 시간 이후에 몹시 흥분되어 있고 소란스럽다면, '잠시 침묵하기' 시간을 갖거나 '성찰글 쓰기' 주제를 제시하여 학생들의 에너지를 차분하게 가라앉힐 수 있다. 이와 반대로 점심식사 이후에 학생들이 졸거나 수업에서 이탈되어 있는 듯이 보이면, 학생들을 자리에서 일으켜 세우고 몸을 움직이는 활동을 한 다음에 수업을 시작하는 것이 주의 집중에 도움이 된다.

행동적 집중 활동(active focusing activity)은 학생들을 움직이게 해서 뇌와 몸의 여러 부분을 활용하게 만들고 학습에 대한 준비를 갖추게 한다. 행동적 집중 활동의 효과에 대해 앙투아네트 얀시(Antoinette Yancey)는 다음과 같이 말했다.

> 아이들은 활동적일 때 수업에 더 잘 집중한다. 아이들이 활동적일 때 교실에서의 행동이 파괴적이고 혼란스러울 가능성은 낮다. 이때, 아이들은 자신에 대해 좋은 감정을 느끼고, 자존감이 높아지고, 우울과 불안의 수준은 낮아진다. 우울과 불안 증상이 높아지면 학업수행과 주의 집중에 해롭다(Medina, 2008, p. 18에서 인용하였음).

다음은 행동적 집중 활동의 또 다른 예를 보여 준다.

'강물이 흐릅니다!' 행동적 집중 활동

전체 학급의 학생 수보다 하나 적은 의자를 큰 원으로 배열한다. 원의 중앙에 서기를 원하는 학생을 한 명 뽑아 사회자로 임명하고, 나머지 학생들은 모두 의자에 앉게 한다. 교사가 먼저 원의 중앙에 서서 이 활동에 대해 소개하여 학생들이 이 활동을 어떻게 하는지를 이해하도록 한다. 사회자는 원 중앙에 서서, 다음 목록에 나오는 문구 중에서 하나를 선택하거나 사회자가 스스로 새로운 문구를 만들어 사용할 수 있다. 그러고는 "강물이 흐릅니다(목록에 나오는 문구나 새로운 문구를 붙여서, 예를 들면 안경 쓴 모든 사람에게 강물이 흐릅니다)."라고 말한다.

- 검정색 신발을 신은
- 흰색 셔츠를 입은
- 귀걸이를 한
- 스포츠를 즐기는
- 소설 읽기를 좋아하는
- 여름을 가장 좋아하는

원의 중앙에 서 있는 사람이 외친 문구에 들어맞는 사람들은 모두 의자에서 일어나 새 의자를 찾아야 한다. 이때, 자신이 앉아 있던 의자의 바로 옆 오른쪽이나 왼쪽에 있는 의자로는 이동할 수 없다. 새 의자를 찾지 못한 사람은(원래 원의 중앙에 있던 사람일 수도 있음.) 새로운 사회자가 된다. 원의 중앙에 서서 다른 문구를 사용해 활동을 이어 간다. 대략 5번 내지 10번 계속한 다음에 활동을 끝낸다. 학생들에게 이 활동을 하면서 집중력이 어떠했는지를 묻는다.

반성적 집중 활동(reflective focusing activity)은 움직이지 않는 상태에서 몸과 마음을 차분하게 가라앉히면서 주의를 내면으로 끌어들이는 데 목적이 있다. 교사는 학생들에게 시나 좋은 인용구절을 읽어 줄 수도 있고 예술창작을 할 수도 있으며 스트레스 관리 기법을 활용하거나 침묵을 할 수도 있다. 반성적 숙고를 통해 학생들은 마음의 안정을 찾고 혼란스러움과 산만함을 줄일 수 있다. 폴라 덴톤(Paula Denton, 2008, p. 29)이 말하기를 "침묵을 능숙하게 잘 사용하는 것은 단어를 능숙하게 잘 사용하는 것과 마찬가지로 강력하다. 교사가 침묵을 활용할 때, 학생들은 생각할 여지를 얻고 말해야 할 것을 마음속으로 연습하며 때로는 목소리를 내어 말할 용기를 얻기도 한다." (행동적 집중 활동과 반성적 집중 활동은 부록 pp. 259-266 참고) 학생들이 새로운 수업내용으로 자연스럽게 전환할 수 있도록 어떤 교사는 수업 시간에 약 2~3분 동안 침묵의 시간이나 반성적 숙고의 시간을 가진 후에 수업을 시작한다. 만일 시간 여유가 있다면, 반성적 집중 활동과 행동적 집중 활동을 병행하여 학생들이 자신뿐만 아니라 학급공동체와도 연결감을 경험할 수 있게 한다.

어떤 초등학교 1학년 교사는 담임학급에서 매일 반성적 집중 활동을 실시한다. 쉬는 시간이 끝나면, 학생들은 즉시 제자리에 앉아 각자 일지를 꺼내 교실 안에서 또래들과 부대끼지 않을 만한 장소를 찾아가 앉는다. 교사가 색연필 몇 자루를 나눠 줄 때까지 일지의 새 페이지를 열고 기다린다. 모든 학생에게 색연필을 나눠 준 다음, 불빛과 소리를 낮춰 차분하고 조용한 교실 분위기를 만든다. 이제, 학생들은 5분 동안 마음에 떠오르는 것을 글로 쓰거나 그림으로 그린다. 이처럼 짧은 시간 중에도 학생들은 자신의 몸을 차분하게 만들 수 있고 주의를 내면으로 돌릴 수 있어서 그다음 수업에 쉽게 집중할 수 있다.

동료 교사들과 함께 지금 이 순간에 집중하기

교사는 과도한 업무량 때문에 크나큰 압박을 받고 있어 수업을 준비하고 수업을 하는 것 이외에는 시간을 내기가 어렵다. 이처럼 스트레스와 분주함의 악순환이 계속되면 다른 사람에게 관심을 가지고 다가가기가 어렵고 고립감과 소외감을 느끼게 된다. 교사는 동료 교사들과 관계를 이어 갈 수 있는 방법을 적극적으로 찾기도 하지만 동료들과 진심으로 연결될 기회가 그리 많지 않다고도 느낀다. 그러나 동료 교사들과 함께 모일 수 있는 효과적이고 의미 있는 방법을 찾아 실행하고 서로 응원하고 지지하는 것은 훌륭한 일이다.

원리 지지와 응원을 주고받기

동료 교사들과 함께 일하는 것은 자기 돌봄과 자기 개선에 필수 요소이다. 지지를 많이 주고받아서 서로 연결되어 있고 혼자가 아니라고 느끼는 교사들이 교실과 일상생활에서 지금 이 순간에 더 많이 집중할 수 있다. 이것은 너무나 자연스러운 일이다. 다음 활동은 교사들이 의미 있는 방식으로 서로 지지를 주고받는 방법이다.

서로 지지하기 활동

- 스트레스를 버릴 기회도 없이 회의에 급하게 뛰어들어 가는 경우가 종종 있다. 회의 시작 전 1~2분 동안 간단하면서도 평범한 활동을 해서 동료들끼리 서로 지지를 주고받을 수 있다. 예를 들면, 동료 교사들과 함께 잠시 조용히 자신을 돌아보는 침묵과 성찰의 시간을 갖거나 좋은 의미의 글귀를 낭독하거나 각자 하루 동안 겪은 일 중에서 긍정적인 일에 대해 동료들과 이야기를 나눌 수 있다. 이러한 활동은 공동작업의 시작을 위해 사기를 높이는 방법이다.
- 동료 교사 한 사람을 '마음챙김 파트너(mindfulness partner)'로 정해 2인 1조로 마음챙김 활동을 한다. 교실 안팎에서 발생한 사건의 결과에 대해 서로 이야기를 나누는데, 규칙적으로 자기를 돌보고 '자기를 채우는' 방법에 대해 공유함으로써 자신을 고갈시키지 않는다.
- 학교에서 동료 교사 한 사람을 찾아 점심 식사를 같이 하면서 인사도 나누고 도전과 성공담도 공유한다. 서로 수업방식과 교육철학에 대해 알아볼 수 있도록 쌍방향 면담을 한다.
- 자기 돌봄과 자기 재생의 일환으로, 뜻이 맞는 동료들과 어울려 활동하는 시간을 찾는다. 가능한 학교 업무와 거의 무관한 활동, 예를 들면, 배구, 배드민턴, 소프트볼, 영화 감상, 등산 등을 정기적으로 하는 동료모임을 갖는다.

결론

이 장에서는 교사가 학급에서 학생들을 가르치거나 동료 교사들과 함께 일할 때 지금 이 순간에 드는 생각과 감정 또는 행동을 알아차리고 혼란과 스트레스를 관리할 수 있는 방법을 알아보았다. 또한 학생들이 주의를 집중하고 학습에 대한 준비 자세를 갖추도록 돕는 방법에 대해서 살펴보았다. 다음 장에서는 존중의 경계에 대해 배울 것이다. 교실과 학교 안에서 학생들이 서로를 배려하여 안전하고 배타적이지 않은 생산적인 교육 환경을 만드는 방법에 대해 살펴볼 것이다.

5 존중의 경계 설정하기

내가 학생들에게 주는 사랑과 훈육은 모든 사람이 선하다는 믿음에 기초한다. 나는 사람들이 각자 독창적인 방식으로 성장하는 선천적인 힘을 가지고 있다고 믿는다. 만일 우리가 이러한 선함과 연결될 수 있다면, 만일 우리가 자신에게도 선함이 있다는 것을 인정하고 그 선함을 증진시킬 수 있다면, 그 씨앗이 자라 고유한 잠재력으로 피어날 것이다.

- 레이첼 케슬러(Rachael Kessler)

생각해 보기

'경계(boundaries)'라는 단어를 들으면 어떤 이미지와 아이디어가 떠오릅니까? 당신의 삶과 학창 시절에 경험한 일 중에서 당신이 경계에 대해 또는 경계 설정에 대해 특정 이미지를 가지게 되는 데 기여한 일은 무엇입니까?

존중의 경계(respectful boundaries)를 설정하는 일은 교사가 해야 할 중요한 일 중에 하나이다. 교사가 존중의 경계를 설정하려면 자신의 권위를 인정하며 적절하게 표현해야 하고 자신과 학급에 대해 책임을 느끼면서도 자신의 한계(limits)를 분명하게 알고 이를 알려야 한다. 존중의 경계를 세운다는 것은 자기 내면의 한계를 아는 것, 어떤 관점이나 편견이 경계 설정에 영향을 줄 수 있다는 점을 인정하는 것, 경계 설정의 기술을 개발하고 경계 설정에 대해 편안함을 유지하는 것, 교사가 설정한 경계에 대한 학생들의 저항, 좌절, 반박을 잘 처리하는 것, 갈등이나 문제가 발생한 상황에서도 서로 배려하는 관계를 유지하는 것을 의미한다.

교사로서 존중의 경계 설정하기

가르치는 일은 남을 돕는 전문직(helping profession)이다. 이러한 전문직에서는 경계나 한계를 설정하기가 때로 어려울 수 있다. 예를 들면, 이미 어떤 위원회에 관여하고 있는데 일을 하나 더 맡아 달라는 요청을 받았을 때 대부분의 교사는 요청을 거절하기가 어렵다고 느낀다. 또는 교실에서 일촉즉발의 긴박한 상황이 벌어졌을 때 경계를 설정하면서 개입하기가 쉽지 않다고 말한다. 그래서 어떤 교사는 자기 의견을 강력하게 발언하지 않기도 하고, 어떤 교사는 너무나 엄격한 경계를 구축하고 있어서 자신을 좀 더 성장시킬 수 있는 가능성이나 경험조차 닫아 버리거나 자신을 고립시키는 경향이 있기도 하다.

자신의 습관적 패턴이 무엇인지, 자신에게 지속적으로 유지되고 있는 것이 무엇인지를 파악하여 자신에 대해 잘 아는 능력은 자신의 경계를 이해하는 것과 직접 관련된다. 어떤 사람이 자신의 경계를 이해한다고 해서 그 사람이 융통성이 없고 경직되어 있다는 것을 의미하지는 않는다. 자신의 경계를 아는 사람은 추가 업무를 맡는 것이 중요하고도 필요할 때 자신의 능력을 발휘하며 일할 수도 있고, 회의에서 자신의 주장에 부족함이나 옳지 않음이 있다는 것을 인정할 수도 있다. 요약하면, 교사 소진, 분노, 비효과적 교육을 지양하려면 교사는 자신의 경계를 분명히 인식하고 있어야 한다.

원리 자신의 경계 이해하기

우리는 언제 자신의 경계가 침범되는지를 어떻게 알 수 있는가? 종종 신체적인 반응이나 정서적인 반응을 강렬하게 경험하는 때일 것이다. 신체적인 반응의 예를 들면, 배나 가슴이 옥죄어오거나 숨이 가빠지거나 몸에 열이 나거나 눈물이 난다. 정서적인 반응의 예를 들면, 자신이 존중받지 못했거나 무시당했다는 느낌이 들거나 기분이 상하기도 하고 분노가 치밀기도 한다. 이런 일이 생겼을 때, 자신이 처한 상황의 이면에 무엇이 있는지 천천히 자신에게 묻고 그런 상황에 어떻게 반응할지를 신중하게 결정할 필요가 있다. 우리가 자신의 경계를 효과적으로 활용하고 사려 깊게 반응하려면, 다음이 필요하다.

- 자제력: 자신의 습관적이며 즉각적이고 반발적인 반응에 대해 숙고하고 이를 스스로 규제하는 능력
- 분별력: 자신의 습관적인 반응이 현재와 관련되는지 과거와 관련되는지, 이 문제를 스스로 해결해야 할지 협력해서 해결해야 할지를 식별하는 능력
- 능숙함: 경계가 침범당하는 상황에 능숙하게 대처하는 능력
- 용기: 불편한 상황을 피하지 않고 문제를 해결하려는 정신력

우리가 지니고 있는 편견과 관점이 경계가 침범당했을 때 느끼는 감정에 영향을 미칠 수 있음을 인정하는 것이 중요하다. 예를 들면, 우리는 자신의 세계관이나 문화적 이해를 기초로 학생이나 동료 교사의 행동 또는 말의 이면에 대해 가정하고 이야기를 만들어 낸다. 나와 눈을 맞추지 않고 다른 곳을 쳐다보며 이야기하는 학생이 나에게 무례했다고 느낄지도 모른다. 그러나 그 학생이 무례해서가 아니라 어른과 대화할 때 어른에게 눈 맞춤을 하지 않고 고개를 숙이는 것이 그 학생의 문화권에서는 어른을 대하는 적절한 방법일 수도 있다. 또는 동료 교사가 내 앞에 매우 가까이에 서서 자기 문제에 대해 큰 소리로 말할 때 우리는 내 개인 공간이 침범당하고 있다고 느낄지도 모른다. 이 동료 교사의 문화권에서는 매우 자연스러운 소통방식이지만, 이러한 방식이 반복되면 나는 이 동료 교사를 피하고 싶을 것이다. 이와 반대로, 내성적인 동료 교사를 보면 나는 그가 나와 관계를 맺고 싶어 하지 않는다고 가정할 수도 있다. 자신이 만들어 내는 이야기(story)와 가지고 있는 문화적 가정(cultural assumptions)을 면밀히 검토하면 자신의 경계를 이해하고 다른 사람들과 효과적으로 교류하는 데 도움이 된다.

다음은 우리가 자신의 경계를 이해하는 데 도움이 되는 활동을 예시한 것이다.

자신의 경계를 이해하는 활동

- 어떤 일을 맡아 달라거나 위원회에 참여해 달라는 요청을 받았을 때, 천천히 다음을 생각해 본다. 수락의 대답이나 거절의 대답이 자신에게 그리고 자신이 이미 관여하고 있는 위원회에 어떤 의미를 가지는가?
- 누군가가 나의 중요한 경계를 침범했다고 느껴질 때, 어떤 경계가 침범당했는지를 파악하고 습관적이고 즉각적으로 반응하기보다는 신중하게 대응한다. 어떻게 대응할지를 알아내기 위해 이 상황의 이면에 있는 '이야기'에 대해 자신에게 질문해 본다. "이 상황에 대해 내가 만든 이야기가 사실인가?" "사실인 이유는 무엇인가?" "사실이 아닌 이유는 무엇인가?" "이 이야기가 내 반응과 행동에 어떤 영향을 미치는가?"
- 한 달 동안 일지를 작성한다. 학교나 교직 관련 장면에서 당신의 경계가 침범당한다고 느낄 때마다 일지에 기록한다. 특히, 일관성 있게 나타나는 패턴이 있는지, 자신이나 다른 사람들에 대해 알려 주는 것이 무엇인지를 기록한다.

원리 반갑지 않은 것을 환영하기

반갑지 않은 것을 환영하기(welcoming the unwelcome)의 원리는 도전과 난관을 학습과 성장의 기회로 보는 능력을 말한다. 이러한 원리는 우리를 불편하게 만드는 상황을 회피하기보다는 찾아서 대응하게 만든다. 학생이 문제행동을 하는 등 매우 어렵고 힘든 상황이 벌어질 때, 교사들도 좌절하거나 두려움을 느끼고 이러한 상황에 저항하기도 한다. 또한 교사들은 교실 안에서 학생들과의 관계에서 벌어지거나 동료들과의 관계에서 생기는 갈등을 가급적 회피하길 원한다. 그러나 사안이 어떻게 되어야만 한다는 고정된 생각을 내려놓고 그 상황을 재구성하면 어려움에서 벗어나 새로운 가능성을 볼 수도 있다.

이와 같이 열린 관점을 가지면, 교사 자신이나 학생에게 어떤 교훈이나 기회가 주어질 수 있다. 만일 내가 맡은 학급에 문제행동을 하는 학생이 있다면, 그 학생은 내 수업 방식이나 학생의 요구와 내면 상태에 관한 중요한 정보를 나에게 제공하고 있는 셈이다. 제자리에 조용히 앉아 있지 못할 정도로 안절부절못하는 학생이 있다면, 잠시 수업을 멈추고 (해당 학생만 지명하지 말고) 학급 전체를 자리에서 일어나게 해서 스트레칭을 하거나 심호흡을 하게 할 수도 있다. 당돌한 질문으로 교사의 애를 먹이는 학생이 있다면, 이런 학생은 여러 번 반복해서 가르쳤던 내용을 이제는 새롭게 가르칠 방법을 고안할 때라는 것을 암시한다. 계속해서 말대꾸하는 학생이 있다면, 긍정적이든 부정적이든 관심을 받고자 하는 마음을 읽어 줄 필요가 있다. 자기 물건을 또래와 공유하기를 거부하는 학생이 있다면, 아마도 그 학생은 가족사나 개인적 어려움 등 드러내고 싶지 않은 고통을 겪고 있을 수도 있다. 회의에서 내 주장에 매우 심하게 반대하는 동료가 있다면, 내가 역설했던 주장의 의미를 명료하게 다시 전달하거나 오해를 밝힐 기회로 보고 대처하는 편이 낫다. 반갑지 않은 것을 환영하면, 불편한 상황이라는 진흙 속에 숨어 있을지도 모르는 진주에 관심을 갖게 되고 그것을 찾아낼 수 있게 된다.

특히, 학교에서 반갑지 않은 것을 환영하면 도발적인 순간에 오히려 학습의 기회를 찾을 수도 있다. 예를 들면, 중간시험에서 부정행위를 한 학생이 적발되었다면, 이를 계기로 학생들과 부정행위의 중대함에 대한 이야기를 나누고 부정행위 예방안을 함께 찾아볼 수 있으며, 필요하다면 시험 스트레스와 대처방법에 대한 대화를 나눌 수도 있을 것이다. 어느 무더운 날에 교실 에어컨이 고장 나면, 교정으로 학생들을 데리고 나가 나무 아래 모두 모여 앉아 공동체 의식을 경험하는 활동을 해 볼 수도 있다.

마지막으로, 반갑지 않은 것을 환영하기는 모든 것이 제대로 되지 않는 날 유머감각을 되찾는 기회가 되기도 한다. 이렇게 하다 보면 자신의 관점을 바꿀 수도 있고 도전과 난관을 극복할 능력을 개발할 수도 있는 것이다.

실제 방해 행위에 대한 호기심 갖기

교사는 학습 공간을 안전하고 매력적으로 만들기 위한 계획을 세우고 노력을 기울이지만, 학생들은 교사의 신중한 계획과 노력을 방해할지도 모른다. 이러한 학생들은 교사의 한계를 시험하고, 교사나 또래들을 무시하거나 무례하게 행동하며, 규칙과 약속을 위반하고, 수업 시간에 혼란을 일으킨다. 그런데 교사가 이러한 학생들을 만난다면, 이는 학생들과 좀 더 깊은 관계를 맺고 학생들의 의견을 물으며 분명한 경계를 세워야 할 필요성을 다시금 깨우치는 기회가 된다. 물론, 이것은 학생들이 수업의 흐름에서 벗어나도록 허용한다는 것을 의미하지 않는다. 교사가 학생들의 방해 행위에 대해 관심을 가짐으로써 문제 상황에 좀 더 가깝게 다가가 창의적이고 개방적인 아이디어를 궁리해 보고 그 상황을 해결할 수 있게 된다. 한편으로 학생의 방해 행위는 교사로 하여금 학생에 대해 오해하고 있는지를 반성하고 수업 방식을 변경하거나 자신의 문화적 조망을 확대하는 계기가 되고, 다른 한편으로는 교사가 학생과의 관계를 닫기보다는 새롭게 여는 방식으로 경계를 다시 설정하는 계기가 된다. 학생들은 종종 표면적으로는 방해 행위를 하지만 그 이면에는 고통, 불안, 냉소주의가 깔려 있을 수 있다. 교사가 방해 행위를 하는 학생들을 진심을 다해 만나 이러한 학생들이 긍정적 리더로서 그리고 사회의 기여자로서 잠재력을 가지고 있다는 점을 알아준다면, 학생들은 이해받고 있다고 느낄 것이다. 이것만으로도 학생들은 훼방꾼에서 기여자로 역할을 바꿀 수 있다.

어느 고등학교에서 1학년 담임교사가 학급에서 공동체 구축 활동을 소개하는 중에 이런 활동을 싫어하는 한 학생이 낄낄거리며 집단 활동을 조롱하기 시작했다. 교사는 그 학생에게 그만두라거나 교실에서 나가 있으라고 지시하지 않았다. 그 대신에 학생을 바라보면서 무슨 일인지를 말해 보라고 했다. 그 학생은 이런 식으로 질문이 온 데 대해 놀라는 눈치였고, 매우 심각한 표정을 지으면서 말했다. "이런 활동은 바보 같고 억지스럽다고요!" 순간, 교사는 이런 활동이 공동체 조성, 학교생활, 학습에 좋은 영향을 미친다는 점을 말하면서 공동체 구축 활동에 대해 방어하고 싶은 마음이 들었다. 그러나 그렇게 하는 대신에 심호흡을 크게 한 번 하고는 학생의 이야기를 끝까지 듣기로 마음먹었다. 학생의 염려와 관심사를 들은 후, 교사는 그 학생에게 이런 활동이 억지스럽고 진정성이 없다는 것을 나타내는 징후를 교사에게 알려 주는 수업 보조 역할을 할 수 있는지 물었다. 그 학생이 교사를 쳐다보더니 다시 놀란 눈치였고, 어깨를 들썩이면서 그렇게 해 보겠다고 대답했다. 그 이후에 몇 주에 걸쳐 그 학생은 긍정적인 교실 환경 조성을 위한 도우미 역할을 열심히 했고, 수업이 정상적으로 진행될 수 있었다.

이런 상황에서 교사는 위기를 기회로 전환하였고, 질문과 호기심을 통해 문제를 해결할 수 있었다. 교사는 학생의 방해 행위를 효과적으로 다룰 수 있었으며, 학생이 주변에서 야유하는 사람이 아니라 공동체 활동의 리더로서 그리고 참여자로서 기여할 수 있게 하였다.

물론, 교사의 노력만으로 학생의 방해 행위를 바꾸지 못하는 경우도 있다. 보살핌과 연민을 가장 많이 필요로 하는 학생들을 학습공동체에 참여시키지 못한 채 그들의 행동을 관리하고 있지는 않은지 주의 깊게 살펴봐야 한다. 훼방꾼처럼 보이는 학생들의 행동 뒤에 있는 고통이나 마음의 상처를 찾아낸 교사는 배려와 보살핌이 충분히 효과적인 접근법일 것을 희망하면서 또는 이런 학생들이 자력으로 변할 것이라고 희망하면서 경계를 설정하려 하지 않을지도 모른다. 교사가 어떤 학생을 계속해서 예외로 배제시키면, 결국 학생에게 도움이 되지 않는다. 전체 학급공동체의 수호자로서 교사는 학생의 행동을 직접 다루어야 한다. 만일 어떤 학생을 예외로 배제시키길 반복하면, 나머지 학생들은 방해 행위를 하는 학생에게 분개하고, 교실을 안전한 환경으로 만들지 못하며 문제행동에 적절하게 대응하지 못하는 교사의 능력을 불신하기 시작할 수 있다.

다음 이야기는 교사가 학생 개인의 요구와 전체 학급의 요구를 균형 있게 들어주기가 어렵다는 점을 묘사한 사례이다.

고등학교 1학년 영어 교실에서 어느 여학생 한 명이 잔뜩 화가 나서 심란해 있는 게 분명해 보였다. 수업 첫날부터 이 여학생의 태도와 몸짓은 "내 근처에 얼씬도 하지 마!"라고 말하는 것처럼 보였다. 영어 교사는 상담교사를 통해 이 여학생의 오빠가 지난 여름에 살해당했다는 것을 알게 되었다. 여학생이 겪은 엄청난 고통을 알게 되자, 영어 교사는 이 여학생이 문제행동을 보일 때는 눈감아 주었고, 과목 이수를 위한 합격점을 유지하기가 어려울 때는 별도의 도움을 주었다.

이런 노력에도, 시간이 흐르면서 이 여학생의 행동은 더욱 극단적이 되었고 기이해졌다. 영어 교사가 이 여학생에게 "네 마음이 아프고 힘들게 애쓰고 있다는 걸 잘 알아. 그렇지만 그걸 다른 학생들에게 꺼내서 퍼붓고 사람들을 존중하지 않는 것은 옳지 않아."라고 말했고, 여학생은 더 노력해 보자는 교사의 제안에 동의했다. 그러나 어느 날 수업 시간에 토론을 하던 중 그 여학생이 어느 급우에게 고함치듯 인종차별적인 욕을 했다. 교사가 즉시 그 여학생에게 복도에 나가 있으라고 말했다. 여학생은 사죄하면서 변명을 늘어놓기 시작했다. 교사는 여학생에게 이미 경계를 넘어섰고 교장실에 가야 한다고 말했다. 그러자 여학생은 만일 교장실에 한 번 더 가게 되면 기록이 남거나 정학을 당할지도 모른다고 말하면서 한 번만 더 기회를 달라고 애원하였다. 그렇게 애원할 때 그 여학생은 진심이었고, 견디기 어려운 감정과 충동 때문에 힘겹게 애쓰고 있다는 표현을 하였다. 이 모든 것을 이해한다고 해도, 이 여학생의 행동은 지금 학급 전체와 수업에 부정적인 영향을 주고 있는 것이어서 영어 교사는 이 여학생을 교장실에 보내기로 결심했다.

이 사건으로 인해 여학생이 정학을 당할 가능성이 있기 때문에 영어 교사는 크나큰 슬픔을 느꼈다. 영어 교사는 이 여학생에게 관심을 가지고 도와주려고 손을 뻗었던 점에 대해서는 후회하지 않았지만, 여학생을 개인적으로 알게 되고 관계를 유지해 왔기 때문에 오랫동안 너무나 많은 여지를 주었던 점에 대해서는 후회스러웠다. 앞으로는 학급의 안전을 위해서 그리고 그 여학생을 위해서라도 더 늦기 전에 경계를 세워야 하겠다고 결심했다.

교사가 학생들의 방해 행위에 진정으로 관심을 가지고 궁금해하면, 연민의 마음으로 학생들에게 다가가 손을 내밀어 방해 행위를 효과적으로 해결하고 분명한 경계를 세울 수 있다. 이로써 교사는 학급 전체의 수호자로 또는 학급관리

자로 해야 할 역할을 적절히 수행할 수 있는 것이다. 다음은 방해 행위에 진심으로 관심을 가지고 이러한 행위를 하는 학생들을 학급 활동에 의미 있게 참여시키는 방법을 예시한다.

방해 행위에 관심 두기

- 반복적으로 발생하는 문제행동의 기능을 파악해야 한다. 문제행동이 반복적으로 발생한다면 교사는 이러한 행동이 관심과 도움을 요청하는 표현일 수도 있고, 교사에게 어떤 메시지를 전하려는 간접 소통의 방식일 수도 있음을 명심해야 한다.
- 방해 행위에서 긍정적 리더십을 보려고 노력해야 한다. 교사는 방해 행위를 하는 학생의 긍정적 특징(유머, 주도성, 지적 능력)을 찾아 인정하고 지지해 준다. 방해 행위를 하는 학생이 교실에서 학습공동체 활동에 참여할 수 있도록 어떤 역할을 부여해 준다.
- 교사의 행동 중 학생들을 자극하는 행동이 무엇인지를 찾아내, 이와는 다른 방식으로 접근한다.
- 방해 행위를 하는 학생들을 개별적으로 만나 그들의 행동(행동의 본질, 행동이 미친 영향 등)에 대해 이야기를 나누고 앞으로 어떻게 할 것인지에 대한 계획을 세운다.

교실에서 존중의 경계 설정하기

학급 관리가 교사의 업무 중 가장 큰 좌절감을 주는 영역이라는 데 대해 이의를 제기하는 교사는 많지 않다. 종종 교사는 가르칠 내용만 가르치고 힘든 대인관계 문제를 다룰 필요가 없었으면 하고 바란다. 그런데 바로 이 대인관계 문제가 학습을 방해할 수 있기 때문에 충분한 시간을 들여 경계와 기대를 분명히 설정하고 서로를 존중하며 차별하지 않는 학습 환경을 조성하는 것이 매우 중요하다. 캐롤 앤 톰린슨과 동료(Carol Ann Tomlinson & Imbeau, 2010, pp. 105-106)는 다음과 같이 주장하였다. "효과적인 교수 · 학습은 인지적 과정인 만큼 사회적이고 인간적인 일이다. 인간관계의 네트워크를 만드는 데 시간을 들이면 신뢰, 이해, 감사, 공동체, 학습동기의 측면에서 의미 있는 성과를 이룰 수 있다."

원리 사전 예방의 학급 관리

교사-학생 관계에서 분명하고 일관성 있는 경계를 세우지 못하면, 교사가 하는 훈육은 계획성 없이 우발적으로 일어나는 공정하지 못한 것이라는 인식이 강해진다. 이와 반대로 **사전 예방의 학급 관리**(proactive classroom management)를 계획하고 실행하면, 교사가 학생들을 효과적으로 지도하고 가르치는 능력을 가지고 있다는 믿음이 생긴다. 교실에서 행해야 할 것으로 기대되는 적절한 행동을 명시하고, 경계에 대한 토의 과정을 거치며 학생들에게 발언할 기회를 제공하며, 교사가 학생들에게 요구하는 바를 직접 분명하게 표현하며, 행동의 결과에 대해 미리 의견을 나누며, 교사 자신의 행동, 신념, 가정(assumptions)이 문제행동에 어떤 영향을 미치는지에 대해 교사가 심사숙고해 보는 것이 바람직하다.

실제 훈육과 경계 설정에 대한 긍정적 견해 조성하기

많은 사람이 '**훈육**(discipline)'이라는 단어에 대해 부정적으로 생각한다. 훈육이라는 단어가 권위적인 교사나 군대의 훈련 교관 같은 이미지를 떠올리기 때문일 것이다. 소수이기는 하나 일부 교사는 훈육이라는 미명 아래 힘(권력)을 부적절하게 사용하기도 한다. 그러나 '훈육'이라는 단어의 근원에는 존중의 경계가 자리 잡고 있다. 훈육하다(disciplinare)는 "가르치다 또는 수업하다를 의미하고, 아동이 유능성, 자제력, 자기 지시, 타인에 대한 배려를 얻을 수 있도록 준비시키는 교육과 양육의 체계를 말한다(Committee on Psychosocial Aspects of Child and Family Health, 1998, p. 723)." 이런 점에서 보면 존중의 경계 설정은 배려하고 안전하며 생산적인 학습공동체의 조성에 필수적이다.

그러나 훈육의 긍정적 이미지나 긍정적 모델을 찾는 것이 많은 교사에게는 어려울 수 있다. 벌을 서고 굴욕을 당하면서 받는 훈육도 있고, 매우 느슨한 형태의 훈육도 있다. 무엇이든 허용하는 느슨한 형태의 훈육은 무질서와 혼란을 지속시키고, 다른 한편으로는 교사나 부모가 정상적으로 가지고 있는 자신의 당연한 권위를 포기한 채 아동과 친구가 되려는 식의 훈육을 하는 경우도 있다.

만일 교사나 부모가 훈육의 부정적 이미지나 부정적 모델만을 가지고 있다면 어떻게 아이들에게 긍정적 비전을 길러 줄 수 있겠는가? 우리가 지금까지 살아오면서 경험한 적이 있는 훈육의 모델에 대해 스스로 질문을 해 보자. 어떤 경험이나 모델이 학급 관리의 방식을 특징짓는지에 대해 생각할수록 유익하지 않은 훈육 모델을 반복하는 일도 적어지고 전체적으로 경계를 설정해야 하는 일도 줄어들 것이다. 이러한 숙고와 탐색의 과정을 시작하기 위해 다음과 같은 질문을 자신에게 던져 보자.

- 선생님이나 가족이 나를 어떻게 훈육했는가?
- 선생님이나 가족의 훈육을 경험하고 관찰한 것이 오늘날 교사로서 훈육에 대해 가지고 있는 나의 견해나 방식에 영향을 미쳤는가?
- 지금까지 살아오면서 긍정적 훈육이나 분명한 경계를 경험한 적이 있는가? 예를 들면, 내 친구나 동료 교사들의 삶에서 긍정적 훈육이나 분명하게 설정된 경계를 본 적이 있는가?

훈육의 긍정적 이미지 중 하나는 훈육이 보호자 또는 관리인의 이미지를 가지고 있다는 점이다. 교사는 보호자로서 공동체에 기여하는 긍정적 권위를 사용한다. 이러한 관점에서 보면 훈육은 강압이나 복종에 관한 것이 아니다. 첫째, 훈육은 학생들이 자신의 행동이 초래하는 결과를 이해하고 공동체에 대한 의무를 새롭게 다짐하며 실수로부터 배우고 자신이 끼친 피해나 손상 또는 불편함을 바로잡을 기회의 제공에 관한 것이다. 둘째, 훈육은 학생들이 학교생활과 일상생활을 성공적으로 헤쳐 나아가는 데 필요한 기술들을 학습하는 공동체 조성에 관한 것이다. 교사가 이러한 경계 설정을 꺼려하거나 경계를 설정하지 못할 때 마침내 소진에 이르고 교직에 대한 애정을 잃게 된다.

미국 어느 도시에 사는 중학생들이 인터뷰에서 좋은 교사란 어떤 사람이냐는 질문에 '엄격하지만 친절하고' '학생을 포기하지 않는' 선생님이라고 대답하였다. 이러한 대답은 여러 중학생들에게서 일관성 있게 나타났다(Wilson & Corbett, 2001, p. 39). 좋은 교사는 학생들을 배려하고 지지해 주며 긍정적 관계를 유지하고 공동체를 보호한다고 알고 있는 학생들은 기꺼이 마음을 열어 진짜 자기(authentic self)를 드러내고 참된 학습을 위해 필요하다면 지적인 위험조차 감수한다. 릭 스미스와 메리 램버트(Rick Smith & Mary Lambert, 2008, p. 2)에 의하면, "학생들이 교사를 시험할 때 사실 그들도 교사가 시험에 통과하기를 바란다. 학생들은 교사가 안전하고 체계적으로 잘 헤쳐 나아가 성공하기를 응원하고 있다."

훈육과 경계 설정(boundary setting)에 대한 긍정적 관점을 조성하는 데 도움이 되는 활동을 살펴보자.

훈육과 경계 설정에 대한 긍정적 관점 조성 활동

- 훈육과 관련된 자신의 과거 경험을 떠올린다. 자신을 훈육했던 사람 중에 긍정적 역할모델과 부정적 역할모델을 찾아본다. 자신이 교사가 되어 훈육에 대한 어떤 견해와 관점을 가지게 되는 데 이 역할모델들이 어떤 영향을 미쳤는지를 생각해 본다.
- 아동발달에 대해 배우고 싶은 것이 남아 있는지, 무엇을 배우고 싶은지를 생각해 본다. 교실 안에서 학생들과의 경계를 분명하게 세울 수 있는 최상의 방법을 찾아본다. 그 방법을 실행하기 위해 필요한 정보와 지원을 어떻게 얻을지를 계획한다.
- 훈육과 학급 관리에 관한 책을 읽고, 그 책에 있는 주제와 내용에 관해 동료 교사들과 토론한다. 훈육과 학급 관리에 관한 책으로는 존 비토(John Vitto)의 저서 『관계-주도의 학급 관리(Relationship-Driven Classroom Management)』를 예로 들 수 있다.
- 훈육의 긍정적 이미지를 찾고, 긍정적 이미지를 생각나게 하는 시각적 표시를 만든다. 예를 들면, 저항이나 두려움 또는 도전적 문제가 발생할 때 멈춰서 숙고하기를 상기시키기 위해 암벽 등반이나 급류 래프팅 같은 비유를 사용할 수 있다.

실제 교실에서 긍정적 리더십 발휘하기

수업의 방향과 목적을 분명하게 정하고 학생들과 긍정적인 신뢰의 관계를 구축하는 교사는 교실의 리더로 자리매김할 수 있고 교사의 권위를 긍정적인 방식으로 표현할 수 있다. 교실의 리더로서 교사는 우선 처리해야 할 주요사항과 학급 내 역동 그리고 다양한 요구사항을 살피고 관리해야 하는 어려움에 처한다. 교사가 학급 전체를 어느 정도나 파악하고 있는지를 판단하는 기준을 개발하여 가지고 있으면 복잡하고 어려운 문제를 피할 수도 있고 잘 처리할 수도 있다.

다음은 교사가 교실에서 긍정적 리더십을 발휘하는 데 도움이 되는 활동을 예시한다.

교실에서 긍정적 리더십의 발휘를 돕는 활동

- 계획에는 없었지만 수업과 관련된 탐구활동으로 이어지는 가르칠 수 있는 순간을 놓치지 않도록 한다.
- 학생들은 문제점에서 차이가 나는 것이 아니라 장점에서 차이가 난다는 것을 학생들에게 보여 준다.
- 학생들이 교실에서 발생한 문제를 해결하고 의사결정에 참여하게 한다.
- 문제행동을 하는 학생 옆에 조용히 가서 곁에 서거나 앉는다.
- 학급공동체의 발달을 이끈다. 학급 구성원들 사이의 응집과 협력을 해칠 수 있는 파벌이나 소집단이 만들어지지 않도록 주의한다. 학생들의 좌석을 다양하게 배치하고 다양한 프로젝트 집단을 구성하여 성별, 인종 및 민족, 언어 등 특정 범주로 집단이 구성되는 경향성을 의도적으로 변경한다.
- 수업 시간이나 여타의 활동 시간에 학생들에게 지시할 때는 분명하게 알려 주어 신뢰의 학습 환경을 조성한다. 예를 들면, 사회정서학습 활동 중에 특정 활동에 참여하길 원하지 않는 학생이 있을 수 있다는 것을 예측해야 한다. 이 학생에게 활동에 아예 참여하지 않고 패스할 권리를 줄 것인지, 관찰자로 참여할 권리를 줄 것인지에 대해 활동을 시작하기 전에 분명하게 진술해 준다.
- 학교나 교실 안의 한쪽에서 거친 대화나 갈등 해결을 할 수 있는 공간을 마련한다. 학생들에게 공간 사용법을 시범으로 보여 주고, 격한 상황이 일어나기 전에 갈등 해결 과정을 학생들에게 보여 주고 이해시킨다.

• 문제행동의 관리를 위해 교사가 사용할 다양한 조치로써 신중하면서도 단호한 훈육 계획을 세운다. 분명한 경계 설정의 과정 중에도 학생들과 긍정적 관계를 어떻게 유지할지의 계획을 가지고 있어야 한다.

실제 학급 합의문 만들기

사전 예방의 학급 관리에 학생들을 참여시키는 한 가지 방법은 공유된 합의(shared agreements) 과정을 거치는 것이다. 공유된 합의란 교사와 학생들이 협의하고 협의를 통해 결정한 사항을 공유하는 것을 말한다. 이는 어른이 강요하여 협상의 여지가 없이 결정되고 반드시 지켜야 하는 규칙(교칙이나 학급 규칙)과 다르다. 공유된 합의 과정은 다음과 같이 진행된다. 먼저, 학생들에게 묻는다. "안전하고 서로 존중하며 생산적인 학습공동체를 조성하려면 너희에게 무엇이 필요할까? 그리고 우리 학급 전체에 또는 학교 전체에 필요한 게 무엇일까?" 다음, 학생들이 공유된 합의 과정에 능동적으로 참여하여 의견을 말하고, 합의에 의해 결정한 사항을 최선을 다해 지키기로 결심한다. 이로써 비로소 학급문화에 대한 책임감이 생긴다. 이런 방식으로 협의하고 협의한 사항을 공유함으로써 학생들은 주인의식과 유능감을 갖게 되고, 학교 또는 학급 안에서 이루어지는 모든 활동에 열심히 참여한다.

공유된 합의 과정을 통해 교사는 상의하달식 규칙에 저항하는 학생들을 학교생활과 학업에 참여시킬 수 있다. 학기 중 어느 때라도 특히 도전적인 문제가 발생할 때는 교사와 학생들이 함께 공유된 합의를 거친다. 공유된 합의는 생산적이고 상호 존중하는 공동체를 유지시키는 시금석이 되기 때문이다.

공유된 합의를 이루고자 할 때, 교사는 협의와 문제 해결의 의례적 절차와 그 결과를 학생들에게 안내해 학생들이 유능감과 소속감을 갖게 해야 한다. 문제와 문제 해결에 대한 논의를 어떻게 얼마나 해야 할지는 학급의 응집력과 사안의 중대성에 따라 다르지만, 교사는 문제와 문제 해결에 대해 토론하고 신뢰의 학급 환경을 조성하는 과정, 즉 공유된 합의 과정에 모든 학생이 참여하도록 격려해야 한다. 물론, 어떤 교실에서나 규칙과 합의는 깨질 수도 있고, 교실의 물리적, 정서적, 지적 안전을 지키는 것은 다름 아닌 교사의 일이라는 점을 명심해야 한다.

공유된 합의 과정을 언제 시작해야 할까? 학기 초 2~3주 정도 지난 때가 최적기이다. 이때, 학생들은 학급 관리의 형식을 어느 정도 이해하고 신뢰와 공동체 의식을 갖기 시작하기 때문이다.

공유된 합의를 이루어 내는 활동

1. 학생들이 효과적으로 학습하기 위해, 열린 마음으로 정직하게 말하기 위해, 수업 시간에 자신에게 중요한 것을 공유하기 위해 서로에게 무엇을 필요로 하는지를 브레인스토밍 하여 목록으로 작성한다. 편집하지 말고 브레인스토밍 하는 대로 목록을 작성한다. 추상적이고 불분명한 개념이나 단어에 대해서는 토론한다.
2. 학생들이 목록에 있는 항목들에 해당되는 주제나 비슷한 항목들을 묶은 범주에 이름을 붙인다. 예를 들면, 방해하지 않기와 비난하지 않기는 '말하는 사람을 존중하기'라는 일반적 범주에 해당된다. 이러한 주제나 범주를 3~5개 정도 열거한다.
3. 학생들이 합의한 사항을 준수할 의향이 있다는 것을 약속하게 하고, 약속했다는 것을 어떤 방식으로든 표현하게 한다. 예를 들면, 작성된 합의문에 서명하거나 엄지손가락을 치켜 드는 방법이 있다.
4. 합의문을 작성하고, 잘 보이는 곳에 게시한다.

실제 신중하게 한계 설정하기

신중하게 한계 설정(limit-setting)을 한다는 것은 다음을 포함한다.

- 학습 환경을 보호하고 지속시키는 분명하고 공정하며 일관된 경계 설정의 기술 보유
- 학생이 경계를 침범할 때 긍정적이고 의도적인 조치를 취할 수 있다는 확신
- 설정한 경계를 나타내고 전달하기 위해 어른의 힘과 권위를 적절하게 사용하려는 의향
- 실수를 저지르거나 행동을 오해하거나 문제 상황을 능숙하게 처리하지 못

했을 때 실수와 잘못을 겸허히 받아들이는 용기
- 수업을 방해하는 교실 안 혼란스러움을 해소하는 면밀한 계획의 수립

신중하게 한계 설정을 하면 교사는 학생의 문제행동에 대해 습관적이고 자동적인 반응을 덜하게 되고 무방비 상태가 되지 않는다. 물론 이런 모든 계획을 가지고 있을지라도 기대하지 못했던 상황이나 반응이 나타날 수는 있다. 그래서 교사는 창의적이 될 필요가 있다. 새로운 접근법을 고안해야 하고, 유머를 사용해야 하며, 학생들을 신선한 방식으로 학습활동에 참여시켜야 한다.

다음은 어느 교사가 학생의 문제행동을 해결하기 위해 적용했던 순차적 방법을 요약한 것이다.

1. 문제가 되는 행동을 명명하고, 학생에게 문제행동 말고 다른 선택을 해 볼 것을 요청한다.
2. 만일 학생이 문제가 되는 행동을 계속하면, 그 행동을 하던 활동을 중단하거나 교실에서 나가야 한다고 알려 준다. 학생의 행동이 다른 학생들의 학습을 방해하고 있다는 점을 분명히 말한다.
3. 만일 학생의 문제행동이 계속되면, 학생이 문제행동을 일으킨 활동에서 빠질 것을 요구한다. 문제행동을 일으키지 않으면서 활동에 참여할 준비가 되면 활동에 다시 참여할 수 있음을 알려 주는 것이 매우 중요하다. 그래서 학생이 학습공동체 안에 자신의 자리가 남아 있다는 것 그리고 앞으로는 다른 선택을 할 수 있다는 것을 인지하도록 한다.
4. 이러한 방법이 모두 실패하면, 상담교사에게 학생을 보낼 것이고 이 문제에 대해 학생과 교사가 나중에 이야기할 것이라고 말한다.

신중하게 한계 설정을 할 때는 해당 학생 개인뿐만 아니라 학급 전체의 안녕 상태를 감안해야 하므로 큰 용기와 분별력이 필요하다. 다음은 신중하게 한계 설정을 하는 데 도움이 될 만한 활동을 예시한 것이다.

신중하게 한계 설정하기 활동

- 적절한 행동 기대의 명시: 학급(학교)에서 허용하는 적절한 행동이 무엇인지를 학년 초에 분명하게 결정한다.
- 학생에게 요구할 것이 있으면 직접 그리고 분명하게 진술한다.
- 경계에 대해 학생들과 함께 논의하고 학생들의 동의를 얻는 과정을 통해 학생들이 발언할 수 있게 한다(pp. 136-137 참고).
- 가능하면, 학생들이 합의 사항을 위반한 후에도 공동체(집단 활동, 학급 등)에 다시 참여할 수 있는 방법 하나 정도는 마련해 둔다.
- 행동의 결과에 대해서 학생들에게 사전에 공지한다.
- 교사의 행동, 신념, 가정(assumptions)이 학생의 문제행동에 어떤 영향을 미치는지에 대해 이해한다. 동료 교사로부터 학급 관찰을 받아 의견을 들어보는 것도 한 가지 방법이 될 수 있다.
- 수업 시간에 도입하고 있는 내용과 활동의 목적을 재차 검토하고 학습목표와 관련짓는다.
- 교실 안에서 어떤 감정이 일어나고 있는지 그러한 감정의 경험과 표현이 타당한지를 검토한다. 동시에 학생들에게는 이러한 감정을 표현하는 적절한 방법에 대해 안내한다.
- 일관성 있고 공정한 경계를 적용할 때도 연민의 마음을 가지고 있어야 한다.
- 학생 개인뿐만 아니라 학급 전체의 안전과 안녕을 고려한다.

실제 직접 요청하기

교사가 학생에게 질문을 할 때 미사여구를 써 에둘러 표현하는 경향이 있다. 직접 요청(making direct requests)하지 않고 간접적인 방식을 쓰면 학생들은 혼동하고 불필요한 오해와 갈등만 일어난다. 다음의 이야기는 에둘러 질문(asking a question)하는 대신에 직접 요청하기가 얼마나 중요한지를 보여 준다.

A교사는 매우 활기찬 B학생이 왜 자신에게 그렇게 반항적인지를 이해할 수가 없다. 전날 A교사가 B학생에게 컴퓨터실로 갈 준비가 되었는지를 물었는데, 학생이 교사의 눈을 똑바로 쳐다보면서 안 가겠다고 대답했다. "그래? 그렇다면 내가 너를 컴퓨터실까지 끌고 갈 수밖에 없구나!" A교사의 말이 끝나기 무섭게 학생은 울면서 반항했다. 이 상황이 정리되는 데 무려 20분이나 걸렸다. 그 이후에 A교사가 동료 교사에게 이 상황에 대해 이야기했고, 동료 교사는 교사가 학생에게 단도직입적으로 요청하지 않고 질문했으니 학생이 질문에 정직하게 대답했을 뿐이라는 점을 지적했다. 동료 교사는 학생에게 질문하는 대신에 직접 요청했어야 한다고 제안했다. A교사는 지금까지 자신의 이런 의사소통 방식에 대해 한 번도 생각해 본 적이 없었다. 이제 A교사는 학생들에게 원하는 바를 직접 요청하고 있고, 다행스럽게도 학생들과의 의사소통에서 오해를 피할 수 있게 되었다. 그래서 학생들과의 관계가 좋아진 것은 말할 필요도 없다.

다음은 직접 의사소통 방식(a direct communication style)의 한 가지인 직접 요청하기에 유용한 활동이다.

직접 요청하기 활동

- 교사가 한 주 동안 학생들에게 어떻게 요청했는지, 그 요청이 학생들의 행동과 반응에 어떤 영향을 미쳤는지를 기록한다.
- 학생들의 행동과 반응이 언제 교사의 직접 요청과 관련되고, 언제 질문과 관련되는지를 살펴본다.
- 학생들의 행동에 대한 교사의 암묵적 기대 세 가지를 기록하고, 교사가 이러한 기대를 어떻게 표현했는지를 기록하고 검토한다. 예를 들면, 교사가 "학생이란 모름지기 수업에 주의를 집중해야 한다." "학습활동에 참여해야 한다." 등의 기대를 하고 모든 학생이 주의 집중과 참여의 의미를 이해한다고 가정한다. 그러나

공책에 낙서를 끄적거리는 것이 어떤 학생에게는 주의 집중을 더 잘하는 데 도움이 될 수도 있고, 어떤 학생은 또래의 대답을 중간에 가로채며 대답할 때 자신이 주의 집중을 매우 잘하고 있다고 느낄 수도 있다. 주의 집중을 잘하는 방법에는 무엇이 있는지, 학생들이 주의 집중하고 있다는 것을 어떻게 알 수 있는지에 대해 학생들과 함께 토론하고 그 방법과 특징들을 게시판에 기록한다.

실제 학교폭력과 괴롭힘 문제 다루기

학교에는 학생들 사이에서 발생하는 학교폭력과 괴롭힘 문제를 관리하는 상세한 실행계획이 구비되어 있어야 한다. 학교폭력과 괴롭힘은 매우 고통스럽고 중대하며 복잡한 문제인 만큼 이에 관한 연구보고서와 서적이 상당히 많이 발표되었다. 여기에서는 학교폭력과 괴롭힘 문제에 대한 종합적이고 상세한 내용을 다루기보다는 모든 학생에게 다음과 같은 기회를 제공하여 학교폭력과 괴롭힘을 예방하는 몇 가지 방안을 탐색하고자 한다.

- 학생들 사이에 존재하는 사회적 장벽을 허물어 서로에 대해 더 많이 알게 한다.
- 사회정서 기술(예를 들면, 스트레스 관리, 분노조절)을 배우고 연습하게 한다.
- 모둠에서 배척당하지 않으면서 또래들과 협동하는 기회를 제공한다.
- 행동기대, 경계, 행동결과에 관해 토론한다.
- 또래들과의 활동에서 긍정적인 지도자 역할을 해 보게 한다.

모든 학생이 사회정서 기술을 갖춘 상태에서 학교에 오는 것은 아니다. 그러므로 모든 학생이 함께 사회정서 기술을 학습할 수 있도록 사회정서 기술을 수업이나 학급활동에 통합하여 가르치고 연습하게 한다. 그러면 특정 학생이 낙오자로 낙인찍힐 가능성을 줄일 수 있고 모든 학생이 서로를 배려하는 방식으로 상호작용하도록 도울 수도 있다. 일단 학생들이 사회정서 기술을 학습하고 충분히 연습하면, 학교폭력이나 괴롭힘 문제가 발생할 가능성이 낮아질 것이다.

학교폭력이나 괴롭힘 문제가 발생하더라도 학생들은 자신과 또래를 방어하는 행동을 할 가능성이 높다.

학교폭력이나 괴롭힘 문제를 다루는 데 있어 또 다른 중요한 사항은 문제에 대한 대응 매뉴얼을 개발하고 학교 전체가 하나의 팀으로 움직여야 한다는 것이다. 심각한 트라우마나 학대를 경험한 학생들이 보이는 공격적 행동은 학생 자신이 겪은 견디기 어려운 고통의 표현일지도 모른다. 이런 학생들이 겪는 어려움은 학교나 교사의 역량을 초과하는 도움을 필요로 할지도 모른다. 학생들이 필요한 도움을 받지 못하면 자신의 충동을 효과적으로 통제하지 못하고 고통을 관리하지도 못한다.

다음의 이야기는 미국 미주리주에 있는 어느 초등학교에서 괴롭힘 문제를 어떻게 다루었는지를 보여 준다.

학생들 사이에 괴롭힘의 징후가 보이자 교장 선생님은 학교에서 이전까지 괴롭힘 문제에 대해 사용해 왔던 방법 말고 새로운 방법을 적용해 보기로 하였다. 이전에는 괴롭힘 가해자와 피해자를 따로 불러 분노관리 집단에 넣는 방법을 썼었는데, 이번에는 리더십 집단을 만들어 운영해 보기로 하였다. 리더십 집단에서 학생들은 누구는 가해자이고 누구는 피해자이며 누구는 방관자라는 이름이 붙지 않는다. 학생들은 교장 선생님과 일주일에 한 번씩 만나 한 시간 동안 리더십 기술을 기르는 연습을 하였다. 처음에 집단이 만났을 때 갈등이나 괴롭힘 문제에 대해서는 한마디도 하지 않았다. 집단에 온 학생들은 단지 서로에 대해 알아가고 서로의 좋은 점과 겪고 있는 어려움을 살펴보는 활동을 할 뿐이었다. 리더십 집단을 시작한 지 5주째가 되자, 학생들은 서로에 대한 신뢰감을 갖기 시작했고, 분노, 정서조절, 스트레스, 또래관계에 대해 이야기하기 시작했다. 처음에 괴롭힘 문제가 발생했을 때 가해자와 피해자였던 학생들이 이제는 또래들과의 다툼과 갈등에 대한 생각과 이야기를 나눌 수 있게 된 것이다. 이것만으로도 이해와 행동의 측면에서 획기적인 발전을 이루었다.

8주짜리 활동이 끝나는 마지막 날에 학생들에게 어떻게 학교 안에서 공동체 리더로 행동할 것인지를 생각해 보고 갈등과 괴롭힘이 있는 상황에 어떻게 나서서 조력자가 될 것인지에 대해 계획을 세워 보는 과제를 주었다. 학생들에게 여전히 사소한 문제는 남아 있었고, 어려움이 또 불거질 수도 있겠지만, 교장 선생님은 이 집단에서 의미 있는 변화를 발견하였다. 학생들은 자신이 속한 공동체에 대한 자부심과 책임감을 새롭게 가지게 되었고 학교 안에서 각자 중요한 역할을 맡고 있다는 느낌과 좀 더 나은 자신이 되어 보겠다는 동기도 가지게 되었다.

학교폭력이나 괴롭힘처럼 복잡한 문제를 해결하는 데는 학교폭력 및 괴롭힘 예방 프로그램과 사회정서 기술 훈련을 병행하는 다면적 접근이 효과적이다. 또한 모든 학교와 공동체는 서로 다르기 때문에 학교폭력 및 괴롭힘 예방 계획은 반드시 각 학교와 공동체에 특화되어야 한다.

다음과 같이 학교폭력 및 괴롭힘에 대한 예방적 접근을 적용하여 모든 학생에게 도움이 되는 활동을 시행할 수 있다.

- (파벌과 사회적 역할의 한계를 뛰어넘어) 지금까지와는 다른 새로운 방식으로 서로에 대해 알아본다.
- 사회정서능력(자기인식, 자기관리, 사회적 인식, 관계 기술, 책임 있는 의사결정)을 증진시킨다.
- 자신이 어떤 감정을 느끼고 있는지를 알기 위해 '감정 단어'를 학습한다(부록 pp. 274-275 참고).
- 분노는 어떤 감정인지, 분노를 느끼는 사람은 어떤 모습인지에 대해 학습한다.
- 분노와 스트레스의 유발요인과 감소요인에는 무엇이 있는지 확인한다.
- 분노를 건강하고 비폭력적인 방식으로 표현하는 방법을 학습한다.

- 놀리기, 욕하기 등 다른 사람을 분노하게 만드는 행동을 확인한다.
- 어려운 상황에서 용기 있게 행동했던 때, 긍정적 행동을 선택했던 때를 찾아보고 이러한 행동 경험을 더 많이 시도한다.
- 타인에게 끼친 피해나 손해를 회복시키는 방법을 학습한다.

원리 행동을 일종의 의사소통 방식으로 이해하기

학생들은 말로 소통하는 것만큼 행동으로도 소통한다. 학생들의 특정 행동 뒤에 있는 메시지를 교사가 볼 수 있다면, 학생의 내면 욕구를 파악하고 충족시켜 주며 문제 해결로 이끄는 방법을 찾을 수 있을 것이다. 어떤 학생은 주눅이 들어 있거나 어떤 질문을 받았는지 이해하지 못하고, 어떤 학생은 집에서 안 좋은 일을 겪어서 학교에서 하는 경험과 무관하게 분노를 느끼고 있을 수도 있다. 심지어 수업내용이 분노를 촉발하는 요인일 수도 있는데, 그런 경우에 학생의 반발은 교사가 가르치는 바로 그 내용에 대한 것이다. 예를 들면, 학생의 가족 중에 홀로코스트 생존자가 있는데, 교사가 학생들에게 홀로코스트에 관한 글짓기를 과제로 내 주었을 때 그 학생이 어떻게 반응할지를 상상하라.

교사가 이처럼 파괴적 행동이 일어나는 때를 알아차리고 무엇이 그 행동을 자극했는지 또는 예방할 수 있는지를 밝혀내면 학생들을 좀 더 직접적으로 문제해결로 이끌 수 있다. 어떤 학생이 강렬한 정서를 표현할 때, 교사는 학생이 경험하는 정서에 담겨 있는 정보를 찾아내기 위한 일종의 조사를 한다. 분노 표현의 경계를 설정하고(예: “사라야! 이번 과제 때문에 화난 것 같은데, 그렇지만 나한테 말할 때는 목소리를 조금 낮추고 존중하는 자세로 말해.”), 학생에게 무슨 일이 일어나고 있는지 그 진상을 규명하기 위해 조사한다(예: “자, 이제 네가 어려워하고 있는 과제에 대해 말해 보렴.”). 이렇게 해서 적절한 행동이 무엇인지를 학생에게 알려 주고, 분명한 경계를 제시하며, 학생이 교실 안에서 정서를 적절하게 표현할 수 있도록 허용한다. 이처럼 경계를 설정하는 동시에 학생들에게 관심과 지지를 제공하는 교사는 학생들이 보살핌을 받을 수 있고 의지할 수 있는 어른으로서 모범이 된다.

교사가 학생의 행동을 일종의 **의사소통 방식**으로 고려하면 학생의 반응을 개인적으로 받아들이지 않을 수 있다. 교실에서 학생의 무반응이나 반발적 반응이 교사와 개인적으로는 관련되지 않는 일일 수 있다. 예를 들면, 수업 시간에 무관심하거나 짜증을 내는 학생은 그날 그저 피로했기 때문일 수 있고, 쉬는 시간에 친구와 싸웠을 수도 있고, 다른 일로 기분이 나빴기 때문일 수도 있으며, 그날 아침 식사를 걸렀거나 걱정거리 때문에 밤잠을 제대로 자지 못했을 수도 있다. 필요하다면 그 학생을 따로 불러 무슨 일인지 확인해 봐야 한다. 또는 학생의 파괴적 행동에 대한 책임을 물을 수도 있다. 이런 방식으로 교사는 학생의 행동에 대해 가진 관점을 바꿀 수도 있고, 자기방어의 자세에서 벗어나 학생에 대한 탐구와 호기심을 가질 수도 있다.

실제 함정과 허점 피하기

인간의 시력에는 맹점이 있다. 우리 모두는 가까이에 있는 것을 분명하게 보지 못하는 맹점을 가지고 있다. 교사는 자기 자신과 자신이 맡은 학급에 대해 쉽게 볼 수 없는 것을 볼 수 있게 하는 방안을 실행하고, 자신의 반사적 반응 패턴에 대한 인식을 높이며, 학생 행동의 이면에 있는 이유를 알고자 하는 호기심을 유지해야 한다. 이를 위하여 교사가 자신을 면밀히 관찰하고 문화적 민감성을 발달시키는 것은 매우 중요하다. 이렇게 함으로써 교사가 학생의 행동을 교사 권위에 대한 도전으로 잘못 해석하는 함정에 빠지지 않을 수 있다.

다음은 교직 업무에 일반적인 함정과 맹점을 피하고 학생의 행동을 이해하는 데 도움이 되는 활동들이다.

함정과 맹점을 피하기 위한 활동

- 학생이 문제행동을 할 때 호기심을 가지고 살펴본다.
- 수업이나 활동에 대한 방어적 태도를 피한다.

- 학생의 분노폭발이나 (빈정거리고 비꼬는) 냉소주의를 개인적으로 받아들이지 않는다. 교사는 학생의 행동 이면에 무엇이 있는지 모르고, 학생의 행동이 교사 개인 또는 교사가 하는 수업과 무관한 경우가 많다.
- (고함을 치거나 비웃거나 놀리는 등) 학생을 공개적으로 창피를 주거나 당황하게 만들지 않는다. 그러나 반복적으로 일어나는 부정적 행동은 서슴지 말고 지적해야 한다. 예를 들면, "△△야, 그렇게 계속 친구를 욕하고 놀리는 건 친구 마음을 아프게 하는 행동이야. 우리가 함께 토론해서 결정했던 것을 기억해 봐. 교실에서 우리는 서로 존중하기로 했지? 그런데 너의 행동은 서로를 존중하는 행동이 아니야. △△야, 그래서 네 행동을 바꿔야 해."
- 교사가 할 수 있는 모든 개입방법을 시도해 봤지만 효과를 볼 수 없는 경우에는 해당 학생을 상담실로 보내는 것에 대해 고려한다.
- 학생의 행동에 대응하기 전에 학생의 행동에 대한 교사 자신의 신념, 편견, 해석을 점검한다.

동료 교사들과의 관계에서 존중의 경계 설정하기

동료 교사들과의 관계에서도 불가피하게 경계가 침범을 당하고 갈등이 생기며 짜증이 나고 감정이 폭발하는 경우가 있다. 현재의 교육 환경은 말 그대로 압력밥솥과 같다. 모두가 상호작용하는 데 있어 조심해야 관계에서 오는 압박 때문에 개인과 집단이 분열되지 않는다. 교사가 학생들과 상호작용할 때 의지와 연민을 더 많이 가지고 있어야 하듯이 성인 학습공동체 안에서도 갈등 해결의 능력과 기술을 발달시키고 발휘하는 것은 매우 중요한 일이다. 불화와 경쟁 그리고 불신으로 가득 차 있는 학교문화는 학습과 성장에 생산적인 맥락을 제공하지 못하고, 심지어 학생들조차 학교 환경이 이렇게 부정적인 때를 잘 알아차린다. 그러므로 동료 교사들과의 관계에서 발생할 수도 있는 갈등과 불신을 관리할 수 있어야 한다.

원리 경계 관리와 갈등 해결

사람들은 보통 경계를 설정하거나 갈등에 대해 언급하기를 꺼려한다. 왜냐하면 불편하니까. 그러나 경계를 설정하고 갈등의 이유에 대해 생각해 보고 상대방의 말을 들어보며 갈등을 해결해 보는 경험은 창의적이고 풍부한 학습의 출발점이 되고, 갈등은 상호 이해와 성장의 기회가 된다. 파커 파머(Parker Palmer, 2009, p. 218)는 저서 『숨은 전체성(A Hidden Wholeness)』에서 다음과 같이 말했다. "상황이 힘들어지면 궁금하게 여기라(When the going gets rough, turn to wonder)." 경계가 침범당했다고 느껴지거나 갈등이 발생한 상황에 대해 반사적으로 반응하거나 판단하는 대신에 학습에 대한 열린 마음 자세와 호기심을 가지고 접근하라는 제안이다.

누군가가 자신의 경계를 침범했다고 느껴지는 때 또는 서로 다른 관점을 존중하지 않은 채 자기 의견만 주장할 때 갈등이 일어난다. 회의나 대화 중에 자신의 생각을 말하여 관계를 위태롭게 만드는 것과 침묵하는 것 사이에서 선택해야만 할 때가 있다. 어떻게 하면 긍정적인 관계를 유지하는 동시에 자신의 가치나 감정과의 연결을 잃지 않을 수 있는가? 어떻게 해야 열린 마음을 가지는 동시에 서로를 존중하는 경계를 설정할 수 있는가?

갈등은 우리가 무엇에 대해 관심을 쏟고 있는지를 알려 준다. 그래서 갈등을 파악하고 잘 다루면 자신에게 정말로 중요한 문제가 무엇인지를 알아차릴 수 있어서 개인적 경계를 더욱 분명히 파악할 수 있다. 동료들과의 관계에서 서로를 존중하는 경계를 설정하는 일이 어떤 사람에게는 감정이 상해 부글거리거나 침묵하기보다는 분명하게 자기 생각을 말하는 것을 의미하지만, 다른 사람에게는 분노에 찬 이메일을 즉시 발송하는 대신에 잠시 멈춰 기다리면서 조심스럽게 대면(face to face)반응하는 것을 의미할 수도 있으며, 또 다른 사람에게는 타인의 의견이 자신의 의견과 매우 많이 다를지라도 진심을 가지고 상대방의 의견을 기꺼이 들어보는 것을 의미할 수도 있다.

우리가 힘든 시기를 헤쳐 나가면서 지금 이 순간에 관심을 기울이면 놀라운 발견을 할 수도 있다. 아마 우리는 자신의 습관적인 대인관계 방식에 대해 깨닫게 되고, 그러한 방식을 변화시키는 데 전념할 수도 있다. 또는 갈등을 일차적으로 집단의 소진과 스트레스로 인한 결과로 파악하고, 격동기에 서로를 더욱 직접 지지할 수 있는 방법을 면밀하게 계획하고 실행해 보기로 결심할 수도 있다. 이러한 과정을 거치면서 겪는 불편함을 견뎌 내려면 특별한 용기와 강심장이 필요하다. 그러나 우리가 함께 갈등을 헤쳐 나가면 공동체 안에서 신뢰는 더욱 깊어질 것이고, 앞으로 더욱 즐겁게 그리고 효과적으로 협력할 수 있을 것이다.

다음은 효과적인 갈등관리 활동을 예시한 것이다.

갈등 헤쳐 나가기 활동

- 반갑지 않은 것을 환영한다. 긴장을 느끼고 갈등에서 벗어나길 원한다면 심호흡을 하고, 갈등을 자신의 능력을 확대할 수 있는 기회로 삼는다. 바로 이 순간에 자신의 마음이 개방적이 되는지 폐쇄적이 되는지를 살핀다.
- 감정이 폭발할 때는 잠시 쉬는 시간을 가지는 것이 가장 용감하고 현명한 행동이다. 이로써 사건에 관련된 사람들과 자신이 열린 마음과 새로운 관점을 되찾을 수 있게 된다.
- 갈등에 휘말려 있어 헤어 나올 수 없다면, 중립적인 태도를 가진 동료와 이야기를 나누고 동료가 그 이야기를 어떻게 듣고 이해하는지 곰곰이 생각한다. 이때, 동료는 조정자의 역할을 하지는 않는다. 때로는 동료에게 내 이야기를 귀 기울여 듣고 난 다음에 그 이야기를 나에게 되돌려 말해 달라고 부탁한다. 이 방법은 새로운 관점을 갖게 하고 의견을 공유하게 한다.
- 갈등 해결의 구체적 방법들을 학교공동체에 소개한다. 비폭력대화, 협의회 활동 등은 자동적으로 반사적인 말하기와 듣기를 지양하는 데 도움이 된다.
- 문제뿐만 아니라 성공에도 초점을 맞춘다. 과거에 성공적으로 해결했던 주제를 중심으로 성공 분석을 한다(부록 p. 280에 제시된 성공 분석 프로토콜 참고). 무엇이 제대로 되었는지, 그때 배운 것을 현재의 문제상황에 어떻게 적용해 볼 수 있는지를 살펴본다[전국학교개혁위원회(National School Reform Faculty), 날짜 미상].

- 동료 관계에서 갈등이나 오해가 생겼을 때 '내' 관점에서 내 생각과 감정을 말로 표현한다. 즉, 상대방 탓을 하거나 비난하지 않으면서 나 자신이 경험한 대로 말한다. 예를 들면, "어제 회의에서 ○○ 선생님이 수학 교과의 수업방식에 대해 말씀했을 때, 내 방식은 중요하게 여겨지지 않고 있다는 느낌이 들었어요. 선생님 말씀에 나는 좀 당황했어요. 그것에 대해 우리 좀 더 이야기 나누었으면 해요."
- 갈등에 대한 의혹이 생겼지만 확실히 알지는 못했을 때 정확한 이해와 감사로 시작한다. 많은 갈등은 오해에서 비롯된다. 동료에게 너그럽고 진실한 감사의 제스처를 보내면 오해와 갈등을 풀 계기를 마련할 수 있다. 당신이 동료와의 관계에 신경이 쓰이고 관심을 가지고 있음을 동료에게 말한다. 동료의 강점 중 몇 가지를 언급하면 대화가 방어적으로 흐르지 않는다.

마크 저존(Mark Gerzon)은 갈등 해결 지도자이자 『갈등관리의 리더십(Leading Through Conflict)』, 『당신은 세계 시민인가(American Citizen, Global Citizen)』 등을 저술한 리더십 분야에서 국제적으로 알려진 저자이다. 그는 뜨거운 갈등과 차가운 갈등을 구분하고, 이러한 갈등을 관리하는 방법에 대해 다음과 같이 말하였다 (Mark Gerzon, 개인통신, 2012년 6월 10일).

어느 교장 선생님께서 내게 갈등관리 교사연수를 부탁하셨어요. 교장 선생님 말씀이…… 작년에 그 학교에 갈등이 많았었는데, 만일 교사들이 갈등을 좀 더 잘 관리했더라면 시간과 에너지를 그렇게 많이 소모하지 않아도 됐을 거라네요. 그래서 전체 교직원을 대상으로 오전 8시에 연수를 시작했어요. 나는 연수를 시작하면서 교사들에게 작년에 어떤 갈등을 겪었는지를 말해 달라고 했어요. 거수하거나 말하는 사람이 아무도 없었답니다. 나는 교사들이 자신의 갈등에 대해 말하길 원하지 않는다는 것을 즉각 알아차렸지요. 자신들을 어려움에 빠뜨리고 기분 나쁘게 하며 혼란스럽게 하는 갈등을 언급하고 명명하는 것은 비난받기 쉬운 민감한 일이기 때문이지요. 그래서 먼저 교사들과 믿음의 관계를 맺는 데 시간을 들일 필요가 있겠다 싶었어요. 교사들에게 이렇게 설명했지요. "갈등이 있었다고 인정한다고 해서 우리가 잘못을 저질렀다는 것을 의미하지는 않아요. 배워야 할 것이 있을 뿐이죠. 또 우리 중에서 갈등 다루는 방법을 배운 사람은 거의 없기 때문에 대부분의 사람이 갈등 다루기를 어려워한답니다. 갈등에는 두 가지 종류가 있어요. '뜨거운 갈등(hot conflicts)'이 있고, '차가운 갈등(cold conflicts)'도 있지요. 사람들이 소리를 지르고 서로에게 욕을 하는 등 분노를 공공연하게 표현하는 갈등을 **뜨거운 갈등**이라고 하는데, 이런 갈등은 때로 무시무시하죠. 반대로 **차가운 갈등**에 있는 사람들은 아무도 상대방에게 소리를 치거나 직접 대항하지 않아요. 그 대신에 복도에서나 방과 후에 문제에 대해 서로 이야기를 하지요." 학교에서는 모든 사람이 친절해야 한다고 기대하므로 차가운 갈등이 주로 많이 일어난답니다. 이 시점에서 나는 교사들에게 다음과 같이 질문했어요. "우리가 갈등에 대해 정의도 내렸고 우리 모두에게 무슨 일이 일어났었는지가 분명해졌으니까 이제 작년에 일어났었던 갈등에 대해 말씀해 보실까요?" 많은 교사가 손을 들었고, 그 이후부터는 갈등을 다루는 활동을 시작할 수 있게 되었어요. 만일 갈등이 너무나 뜨겁고 격하면 갈등을 식힐 필요가 있지만, 갈등이 너무 차가우면 갈등을 조금 덥힐 필요가 있어요. 그래야 공개적으로 그리고 솔직하게 문제를 드러내 다룰 수 있기 때문이지요.

결론

5장에서는 교사가 자신의 욕구와 한계를 알아차리고 인정하며, 교실의 안전을 도모하며, 동료 교사들과의 갈등을 효과적으로 관리하는 데 도움이 되는 존중의 경계 설정에 대해 살펴보았다. 6장에서는 재치 있고 효과적이며 균형 잡힌 방식으로 학생들을 가르치고 '**정서적으로 지능적인**(emotionally intelligent)' 학교 교실과 성인 학습공동체를 조성하는 데 교사의 정서능력이 어떤 도움이 되는지에 대해 논의할 것이다.

6 정서능력 개발하기

정서는 학습과 기억의 출발점인 주의 집중을 가능하게 하므로 교육이 이루어지는 과정에 매우 중요하다.

- 로버트 실베스터(Robert Sylwester)

생각해 보기

사람들이 경험하는 정서들 중에서 당신에게 힘들고 불편한 정서는 무엇입니까? 왜 그 정서가 당신에게 힘들고 불편합니까?

교사와 학생들은 기쁨, 즐거움, 생동감, 충만감 같은 기분 좋은 정서뿐만 아니라 슬픔, 분노, 좌절, 불안 같은 기분 나쁜 정서와 무감동 등 다양한 정서를 매일 경험하고 표현한다. 그러므로 교사들이 자신의 정서능력을 개발하면, 불가피하게 드러나고 학습 환경에 영향을 주는 정서를 의도적으로 잘 다룰 수 있게 된다. 정서능력을 개발하는 데는 우리가 경험하고 표현하는 정서의 범위를 확장하기, 정서지능을 향상시키기, 정서를 경험하고 표현하는 경계를 설정하기, 정서적으로 안전한 환경을 조성하기, 정서와 학습의 긍정적인 연결을 이루어내기와 같은 활동이 포함된다.

교사의 정서능력 개발하기

스트레스를 받지 않고 정서적 흥분에 압도당하지 않으려면 교사들도 정서능력을 개발할 필요가 있다. 여기에서 정서능력이란 자신이 어떤 정서를 느끼는지를 잘 이해하고, 다양한 정서를 편안하게 경험하고 표현하며, 정서 경험에 압도당하거나 스트레스를 받지 않도록 정서적 경계를 설정하는 능력을 의미한다.

원리 정서 범위를 확장하기

> 정서는 행동을 일으키는 소인이다.
> – 훌리오 오랄라(Julio Olalla)

정서 범위(emotional range)를 확장한다는 것은 자신의 정서적 지평에 대해 더 잘 이해하기 위해 의도적으로 자신을 관찰하는 것에서 시작해 자신과 타인이 경험하고 표현하기에 편안한 정서와 불편한 정서를 식별하고 초조하고 불안하며 때로는 참을 수 없는 정서를 다루는 능력까지 포함한다. 자신이 경험하고 표현하는 정서적 지평을 매일 또는 매주 살펴봄으로써 정서 범위를 확장할 수 있다. 즉, 자신에게 어떤 정서가 나타나고 어떤 정서가 나타나지 않는지, 우리는 어떤 정서를 환영하고 어떤 정서를 억제하거나 밀어내는지, 이러한 과정이 일상생활과 교직 업무에 어떤 영향을 미치는지에 주목해야 한다.

예를 들면, 개인적 일상사에서 어려운 시기를 겪고 있는 어느 교사가 학생의 감정 표현 때문에 더욱 심하게 고통스러워졌다면, 그 학생과의 직접 접촉을 피할지도 모른다. 또는 교사가 교실 안에서 이루어지고 있는 어떤 대화를 듣게 되었고 문제 상황이 곧 폭발할 것만 같은 두려움을 느낀다면, 대화를 중단시키고 문제 상황을 해결하기 위한 행동을 시작할 것이다. 학교나 교실 안에서 일어나는 갈등이 너무나 불편한 교사는 평화를 유지하기 위한 일이라면 무엇이든지 할 것이다. 심지어 그 교사는 교실 안에서 지켜야 할 경계로 설정했던 것을 변경하는 대안을 생각해 볼지도 모른다. 가족을 잃은 어느 학생의 이야기가 최근에 교사 자신의 가족의 사망 사건을 상기시키기 때문에 더 이상 고통을 느끼고 싶지 않은 교사는 그 학생을 멀리할 수도 있다. 교사도 인간이기 때문에 자신을 보호하고 불편함과 고통을 회피하는 것은 당연하다. 그러나 가능한 모든 범위의 정서를 경험하는 데 대해 개방된 자세를 유지하는 교사는 정서 유발 사건에 대해 반사적으로 또는 자동적으로 반응하지 않고 정서 경험을 회피하지 않으며 적응 유연하고(스트레스 사건에 굴하지 않고 회복할 수 있으며) 즐거운 삶을 영위할 수 있고 삶의 의미를 더 많이 경험할 수 있다.

실제 불편한 정서 다루기

우리는 어떻게 하면 불편하게 느껴지는 정서를 편하게 다룰 수 있을까? 지금 우리가 느끼고 있는 감정이 불편한 감정이라면, 그 감정을 알아차리기 위해 어떻게 그 감정에 머무르려고 할 수 있을까? 자기 관찰을 통해 우리는 어떤 정서가 자신에게 어렵고 힘든지를 이해할 수 있게 되고 분노가 표현될지도 모르는 상황을 회피하는 경향이 있다는 것도 알게 된다. 사실, 일부는 강렬하고 격한 정서의 징후들이 나타날 때 그 징후들을 억제하는 경향이 있다. 일부는 어떤 맥락에서든 강렬한 정서의 표현을 금기시하고 공손함과 예의범절을 강조하는 문화권에서 성장하기도 하고, 일부는 위험하거나 격한 방식으로 또는 변덕스럽게 분노를 표현하는 문화권에서 성장하기도 한다.

일단 어떤 정서가 자신에게 어렵고 힘든지를 파악하고, 어렵고 힘든 정서가 표현될 수도 있는 상황을 피하거나 징후들을 억제하는 경향이 자신에게 있다는 것을 알아차린 교사는 자신 안에서 또는 교실 안에서 일어나는 강렬하고 격렬한 정서, 특히 분노를 다루는 다양한 방식을 확보할 수 있다. 그렇게 되면 일어나는 정서를 억제하기보다는 건강한 방식으로 표현하는 방법을 배울 수 있게 된다. 예를 들면, 최근에 발생한 친구의 사망에 대해 애도와 슬픔을 느끼고 있다는 것을 알아차리게 되고, 애도가 온전히 표현될 수 있도록 하루 이틀이라도 연가를 내볼 수 있다. 또는 교실에서 강렬한 정서가 일어난다면, 교사는 학생에게 그런 정서를 느낄 수도 있음을 인정해 주고 방과 후에 남아 더 이야기하길 원하는지

물을 수 있다("그 문제에 대해 네가 정말 강렬한 감정을 느끼고 있다는 게 보여." 또는 "운동장에서 좀 전에 일어난 일 때문에 네가 많이 화가 난 것처럼 들려."). 우리가 다룰 수 있는 정서의 폭이 확대되면, 우리가 특정 정서상태에 대해 저항하는 정도는 낮아지고 다양한 정서상태를 인정하고 수용하는 정도는 높아진다.

다음은 불편한 정서를 다루는 활동을 예시한 것이다. 주변에 있는 사람들 중에서 당신이 느끼는 정서에 적합한 사람, 예를 들면 친구, 동료 교사, 상담사의 지원을 받아 본다.

불편한 정서 다루기 활동

- 당신에게 어떤 정서가 편하고 어떤 정서가 불편한지에 주목한다. 그리고 그 정서가 불편한 이유를 생각해 본다.
- 당신이 정서를 느끼게 만드는 요인들, 즉 정서 촉발요인들로 목록을 작성하고, 정서 촉발요인들에 대해 당신이 반응하는 방식에 주목한다.(예를 들면, 학생이나 동료 교사가 나를 방해할 때마다 존중받지 못하고 있다고 느껴지고 내 가슴 속에는 분노의 폭풍우가 일어난다. 그래서 화를 내며 소리를 지르게 된다.) 촉발요인이 발생했을 때 당신이 그것을 중지시킬 수 있는지를 살펴보고(3장 참고), 새로운 선택을 시도해 본다.
- 당신이 경험하는 정서의 범위를 확인하기 위해(얼마나 다양한 정서를 경험하고 있는지를 확인하기 위해), 한 달 동안 정서 일지를 작성한다. 매일 일지를 작성할 때 당신이 규칙적으로 경험하는 정서, 자주 경험하지 않는 정서, 전혀 나타나지 않는 정서가 각각 무엇인지를 기록한다. 그리고 당신은 어떤 방법으로 정서를 관리하는지에 대해 생각해 본다. 만일 당신이 스트레스를 받고 있다면 대처하기 위해 무엇을 하는가? 그 대처 방법이 도움이 되는가? 아니면 다른 대처 방법을 원하는가? 그다음, 당신이 시도해 보길 원하는 새로운 대처 전략에 관한 목표를 설정한다. 새로운 전략을 시도해 보고 그 전략이 얼마나 효과적인지를 기록한다.
- 강렬한 정서가 일어나면, 다음과 같은 질문을 자신에게 묻는다. "내가 느끼는 이 정서가 도대체 어떤 메시지를 주는가?" "어떤 행동을 해야 할 필요가 있는가?" 어렵고 힘든 순간에는 그 상황을 긍정적으로 재구성해 본다(positive reframing). "위기는 기회가 될 수도 있어. 이번 일에는 어떤 기회가 있을까?"

• 브레네 브라운(Brené Brown, 2012)의 저서 『Daring Greatly』[1] 또는 부정적 정서에 관한 TED 동영상 'The Power of Vulnerability(취약함의 힘)' 'Listening to Shame(수치심에 귀 기울이기)' 등을 검토한 후에 동료 교사나 친구와 이야기를 나눈다.

원리 정서지능 개발하기

정서지능(emotional intelligence: EI)은 피터 샐로비(Peter Salovey)와 존 메이어(John D. Mayer)에 의해 제안되고 다니엘 골먼(Daniel Goleman)에 의해 발전된 개념으로 '자신과 타인의 정서를 점검하고, 정확하게 인식하고 변별하며, 자신의 생각과 행동을 이끌어 내기 위해 정서에 관한 정보를 이용하는 능력'을 뜻한다(Salovey & Mayer, 1990, p. 189). 정서지능은 우리가 어떤 감정을 느끼고 있는지를 이해하게 하고, 건강한 방식으로 감정을 관리하게 하며, 다른 사람들과 관계를 맺고 유지하는 사회적 기술과 능력을 발달시키며, 타인에 대해 공감하게 하고, 어려운 시기에도 동기를 유지할 수 있게 해 준다. 교사의 정서지능 증진은 긍정적 관계를 형성하고 지속시키고 정서적으로 건강한 행동을 모델링으로 보여 주며 어려운 처지에도 유연하게 극복할 수 있게 하므로 학생들에게 직접 영향을 미친다. 교사의 정서지능은 이런 방식으로 학생의 학습을 직접 지원한다. 다니엘 골먼(2006)은 그의 저서 『사회적 지능: 인간관계의 새로운 과학(Social Intelligence: The New Science of Human Relationships)』에서 다음과 같이 주장하였다.

---

1) 역자 주. 브레네 브라운은 현대인들이 경험하는 부정적이고 불편한 정서(예: 수치심, 불안)에 관한 대중심리학 분야의 저서를 발표하였고, TED 강의 등 대중강연을 통해 불편한 정서에 대담하게 맞설 용기를 가질 것을 제안하였다. 불편한 정서를 가면 뒤에 감추기보다는 그것을 인정하고 드러낼 때 오히려 불편한 정서로부터 자유로워지고 더 강해진다는 것이다. 『Daring Greatly』는 국문으로 번역되었는데, 역자에 따라 제목이 '(완벽을 강요하는 세상의 틀에) 대담하게 맞서기' 또는 '마음가면'으로 번역되었다. 브레네 브라운의 또 다른 저서로는 『The Gifts of Imperfection(불완전함의 선물)』이 있다.

> 학생들과 교사가 **정서적으로 연결되어**(emotionally connected) 얻을 수 있는 장점은 초등학교 1학년에서 끝나지 않는다. 6학년 학생들 중에서 교사와 정서적으로 연결된 학생들은 6학년 때뿐만 아니라 그다음 학년에도 더 좋은 성적을 받았다. 좋은 교사는 좋은 부모와 같다. 교사는 안전기지를 제공함으로써 학생의 뇌가 최대한 기능할 수 있는 환경을 조성한다. 안전기지는 안전한 안식처가 되고, 그곳에서 학생들은 적극적으로 환경을 탐색하기 위해 모험을 무릅쓰고 새로운 것을 숙달하며 성취를 이룬다. 불안을 더 잘 관리하도록 훈련받고 더 강력하게 주의 집중할 수 있을 때 안전기지가 내면화된다. 이로써 최적의 학습 지대에 도달하는 능력이 향상된다(pp. 283-284).

실제 자신의 정서상태 관리하기

규칙적으로 자신에게 다음과 같은 질문을 던져서 정서지능을 개발할 수 있다. "현재 나는 어떤 감정을 느끼고 있는가?" "내가 느끼고 있는 감정이 나의 교직생활에 어떤 영향을 미치고 있는가?" "어떻게 하면 지금 이 순간에 내 정서를 가장 잘 관리할 수 있는가?" 만일 분노가 부글부글 끓어오르면, 수업 시작 전에 2~3분 동안 침묵의 시간을 가지는 것이 분노를 누그러뜨리고 새로운 관점에서 수업을 시작할 수 있어서 도움이 된다. 또한 강렬하고 압도적인 부정적 정서를 경험하고 있다면, 자신에게 다음과 같은 질문을 하는 것이 도움이 될 수 있다. "지금 내가 두려워하고 있는 것이 무엇인가?" 우리가 느끼는 분노, 상심, 불안의 이면에는 통제를 잃을까 봐, 창피를 당할까 봐, 나쁘게 보일까 봐, 실수를 저지를까 봐 느끼는 두려움이 자리하고 있다. 자신이 경험하는 정서상태의 다른 면을 인식하면, 심호흡을 할 수 있게 되고, 자신의 행동과 상황에 대한 접근방식을 (반사적이거나 자동적으로가 아니라) 의식적으로 결정할 수 있다.

다음은 자신의 정서상태를 관리하는 데 도움이 되는 활동을 예시한다.

정서관리 활동

- 자신이 어떤 정서를 느끼고 있는지를 파악할 수 없을 때는 잠시 시간을 내서 자신의 신체에서 '느껴지는 감각'에 집중한다. 이는 자신이 경험하는 정서를 더 잘 이해하는 데 도움이 되는 방법이다. 추가로, 자신에게 다음과 같은 질문을 던져 본다. "내 목이 긴장되어 있는가?" "배가 옥죄듯이 아픈가?" "얼굴이 화끈거리는가?" "숨이 멎을 것 같은가?" "바깥으로 뛰쳐나가고 싶은가?" 자신이 무엇을 느끼고 있는지를 명명하는 행동 그 자체만으로도 자신의 정서 경험을 이해할 수 있고 잠시 중지할 수도 있다. 그럼으로써 자신의 정서상태에 대해 더 잘 인식할 수 있고 다양한 대안들을 확보할 수 있다.
- 신체활동이나 창의적 방식으로 자신의 정서상태를 표현한다. 에어로빅을 하거나 자연환경에 나가거나 창의적 표현활동을 하면, 강렬한 정서 경험을 상당히 변화시키고 자신의 정서적 지평에서 좀 더 깊은 층에 도달할 수 있다.
- 학생이나 동료 교사들과의 사이에서 감정이 격해진 상황에서조차 상호작용을 잘할 수 있게 해 주는 두세 가지의 스트레스 관리 기법이나 분노 관리 기법을 찾아본다. 예를 들면, 당신은 단지 2분 정도의 휴식을 취할 필요가 있는 것이고, 휴식을 취한 이후에 다시 그 상황으로 돌아간다. 또는 3회 정도 심호흡을 할 필요가 있다. 또는 상대방에게 당신이 무엇을 감사하는지에 대해 생각하는 시간을 잠시 갖고 상대방과 연결되어 있음을 재확인한다.
- 자신이 가르치는 교실에서 스트레스 관리와 분노 관리에 관한 수업을 진행한다. 모든 학생에게 긍정적인 의사소통을 촉진시키는 공통의 단어를 만들어 본다.
- 자신의 유머 감각을 활용한다. 유머는 스트레스와 긴장을 해소하고 치유하는 데 가장 유용한 방법 중 하나이다.

원리 정서적 경계 설정하기

마음을 열어 학생들을 보살필 때 교사는 학생들이 겪는 고통과 괴로움을 마치 자신의 것처럼 느끼기도 한다. 이럴 때 교사는 인간적으로 학생들의 고통과 괴로움을 줄여 주고 싶거나 학생들의 삶에서 일어나는 어려운 문제를 해결해 주고 싶은 마음을 내려놓기가 어렵다. 사실, 학생들이 고난을 헤쳐 나가도록 교사가 도움의 손길을 내주는 것이 적절할 때가 있다. 그러나 학생들에게 도움받기를 강요하거나 의무로 지워 주기보다는 명료한 안내와 선택할 대안들을 제공하고, 학생들을 고치려 하기보다는 그들의 역량을 증진시키기 위해 정서적 경계를 설정하고 준수하는 것이 도움이 된다. 교사가 명확한 정서적 경계를 세우고 지키면, 학생들에 대한 걱정과 염려를 뒤로 하고 교사 자신의 안녕을 돌보고 자신을 재충전할 수 있다. 회복과 재생을 위한 시간과 공간을 확보하면, 다음 날 학생들에게 더 많은 관심을 기울일 수 있다.

정서적 경계의 설정이 주는 또 다른 이점은 교사가 학생들과 공유하기에 적절하고 유용한 것과 그렇지 않은 것을 잘 이해하고 구분할 수 있게 해 준다는 점이다. 교사는 학생들에게 개방적인 자세를 모범으로 보여 주길 원하고 교사가 어떤 사람인지를 알려 주길 원하지만, 우리 삶에서 지나치게 사적인 부분과 정서적 색채가 강렬한 측면은 학생들과 공유하지 않는 것이 중요하다. 어떤 이야기나 감정을 공유해야 할지 말아야 할지가 궁금하다면, 자신에게 다음과 같은 질문을 던져 본다. "내가 왜 이 이야기 또는 정보를 공유하려는 걸까? 학생들에게 도움이 될까? 학생들에게 스트레스를 줄 만큼 사적인 내용을 공유하려는 건 아닐까?" 교사가 지나치게 정서적이거나 매우 사적인 부분을 노출하는 것은 학생들에게는 견디기 어렵고 심지어 해로울 수도 있다. 왜냐하면 학생들은 자신이 오히려 교사를 보살펴야 한다고 여기거나 어른의 역할을 맡아야 한다고 느낄 수 있기 때문이다. 교사가 정서적 경계를 제대로 설정하려면 교사가 학생들과 언제 무엇을 공유할 것인지, 지지와 지도를 받기 위해 누군가를 찾아 나설 필요가 있는 때는 언제인지 알아야 한다.

실제 고치려 들지 않기

교사가 학생들의 정서적 안전을 돌봐야 하지만, 그것이 교사가 학생들의 문제나 개인적 이슈를 고쳐야 한다는 것을 의미하지는 않는다. 교사는 수리하는 사람도 아니고 치료사도 아니다. 그렇기 때문에 교사가 수리하는 사람의 행동을 하면 교사와 학생 모두에게 해롭다. 교사의 역할을 혼동하는 교사는 일에 압도당하고 소진되는 소용돌이에 휘말리게 된다. 왜냐하면 이런 교사는 학생들이 개인적 삶에서 느끼는 무게를 마치 교사 자신의 것처럼 느끼고 학생들이 겪는 어려움과 고통을 유발하는 조건들을 경감시켜야 한다고 생각하지만 이렇게 할 능력이 자신에게 부족하다고 여기기 때문이다. 그 대신, 교사는 학생들이 정서를 식별하고 이해하며 자신의 감정, 스트레스, 혼란과 분열을 관리하는 방법을 배우는 데 도움이 되는 활동을 제공하는 존재이다. 교사는 학생들의 삶에 안정된 보살핌을 주는 어른으로 존재함으로써 그리고 학생들의 안녕을 지지해 주는 옹호자로서의 역할을 실행함으로써 학생들을 도울 수 있다.

다음 이야기는 어느 교사가 학생들의 삶을 고치려는 경향성을 내려놓는 과정을 묘사한다.

어느 5학년 교사가 학생들과의 상호작용에서 정서적 경계를 분명하게 설정하지 못했던 자신의 이야기를 털어놓았다. 교사는 학생들의 삶을 자세히 들여다봄으로써 심란한 문제를 발견했고 밤에는 학생들이 걱정되기도 했다. 때로는 학생들의 학습을 방해하는 문제를 해결할 방법을 찾기 위해 학교 밖에서도 상당히 많은 시간을 보냈다.

이런 생활을 하며 여러 달이 지난 후에 교사는 견디기 어려울 정도로 과도한 업무에 압도당했고 지쳐 버렸다. 그리고 너무나 절망스러웠고 희망을 잃은 것 같이 느껴졌다. 이제 더 이상 학생들에게 완전한 보살핌과 관심을 줄 수 없을 것 같았다. 이제 교사로서 구실을 하려면 자신의 마음을 닫아 버리는 게 낫겠다는 생각이 들었다. 그러나 친한 동료 교사와 대화를 나눈 후, 학생들의 모든 문제를 해결하는 것이 교사가 할 일은 아니라는 것을 깨달았다. 교사는 잘 들어줄 수도 있고 도움과 지지를 제공할 수도 있으며 학생들에게 학교 안에서 다른 자원을 찾아봐 줄 수도 있지만 학교 밖에서까지 학생들의 이야기와 사정에 매달리거나 죄책감을 가질 필요는 없는 것이었다.

퇴근 시간이 되면 이제 교사는 학생들의 삶에 대한 염려와 걱정을 의도적으로 학교에 남겨두고 퇴근하는 연습을 했다. 시간이 지나면서 교사는 학생들에게 더 잘 집중할 수 있게 되었고 압도당하지 않으면서 학생들에게 많은 관심을 기울일 수 있게 되었다. 건강한 정서적 경계가 제자리를 잡게 되자, 교사는 학생들에게 마음을 더 많이 열 수 있다는 것을 깨닫게 되었다.

다음은 교사가 정서적으로 너무나 많은 것을 떠맡거나 학생들의 삶을 고치려는 경향성을 내려놓는 데 도움이 되는 활동이다.

학생들의 삶을 고치려 하지 않기 활동

- 학생들의 삶을 고치려는 마음을 내려놓고 잠시 시간을 내서 산책을 한다. 종례 시간 이후에는 마음에 맞는 동료 교사와 함께 자신의 걱정거리나 관심사에 대해 대화한다. 학교 업무와 가정생활을 구분하기 위해 퇴근 이후에는 조용히 앉아 일기를 쓰거나 명상을 한다. 심각한 문제를 겪는 학생은 전문가에게 의뢰하거나 전문가에게 도움을 요청하여 당신이 필요한 조치를 취하고 있다는 통제감을 갖도록 한다.
- 자기 관찰을 통해 자신이 어떤 정서를 느끼고 있는지, 다른 사람들(예: 학생, 학부모, 동료 교사)은 어떤 정서를 느끼고 있는지를 파악한다. 만일 동료 교사가 좌절을 느끼고 있다면 우리 자신도 그 좌절감을 떠맡아 느끼는 경향이 있고, 만일 학생이 슬퍼하고 있다면 우리 자신도 슬퍼지는 경향이 있다. 그러나 자신이 타인의 감정에 공감하려면 어떤 정서는 자신의 것이고 어떤 정서는 자신의 것이 아닌지를 구별해야 한다.
- 필요할 때는 동료에게 도움을 요청한다.
- 어려움을 겪고 있는 학생을 돕기 위해 의뢰할 수 있는 상담교사나 전문가와 연결을 유지하고 자주 소통한다. 당신이 교실에서 다룰 수 있는 범위를 넘어서는 고통을 겪고 있는 학생이 있다면 전문가에게 의뢰하는 것이 매우 중요하다.

학생의 정서능력 개발하기

> 두려움으로 인해 폐쇄되지 않는 학습 공간을 마련하려면 교사가 감정에 대해 두려워해서는 안 된다. 감정을 경험하고 표현할 수 있는 공간을 마련하는 일은 교사가 앞장서서 해야 하는 일이다. 왜냐하면 교사는 그렇게 할 수 있는 힘을 가지고 있으니까.
>
> – 파커 파머(Parker Palmer)

학생들이 각자 독특한 개인적 경험을 가지고 등교하는 것은 피할 수 없는 일이다. 이들 중에는 부모가 이혼하려는 학생도 있고, 최근에 새로 동생을 본 학생도 있으며, 다른 교과시간에 시험을 망친 학생도 있고, 전국육상대회에서 상을 탄 학생도 있다. 쉬는 시간이나 교사의 감독이 미치기 어려운 학교 안 어떤 장소에서 괴롭힘을 당한 학생이 또래와 함께 짝을 이루어 독후감을 쓰거나 실험 프로젝트를 해야 할 때 그 학생이 느끼게 될 감정에 대해 상상해 보라. 또는 가족이 뿔뿔이 흩어져 살게 되었거나 최근에 집을 잃게 된 학생 또는 자신을 조롱하는 낙서를 본 학생의 처지를 생각해 보라. 이러한 학생들은 수업에 집중하려고 아무리 애를 써도 그리고 교사가 이 학생들의 주의를 집중시키려고 아무리 애를 써도 (정서이해와 정서관리의 전략을 가지고 있지 않다면) 이들의 마음은 다른 곳에 가 있을 가능성이 높다.

원리 교실에서 정서적 안전 증진하기

학생들의 정서상태가 학습능력에 직접 영향을 미친다. 정서적 혼란은 표현되지 못한 슬픔부터 두려움, 기쁘고 신남에 이르기까지 다양하다. 신체적으로나 정서적으로 안전한 상태는 학습조건의 조성에 매우 중요하게 작용한다. 정서적 안전이 확보되지 않으면, 우리의 뇌는 효과적으로 기능하지 못하고 비판적 사고와 창의적 사고를 할 수 없다.

학습이론가 르나트 카인(Renate Caine)은 위협을 느낄 때 학습이 어떻게 영향을 받는지에 대해 다음과 같이 설명하였다.

> 우리가 위협을 느낄 때 기억을 잘하기는 어렵다. 왜냐하면 위협을 느끼는 조건에서 뇌는 같은 행동을 비정상적으로 반복하기 때문이다. 무기력함을 느낄 때는 반복이 안전감을 주지만, 그런 종류의 환경은 사고, 연결기능, 고등사고 기능, 창의적 사고와 양립되지 않는다(Pool, 1997, p. 12).

정서적으로 안전한 풍토가 조성되면 정서적 고통이나 불편감이 학습과정에 미치는 부정적 영향(예: 패배감, 학습된 무력감, 혼란 등)을 감소시킬 수 있다. 교사가 학생들의 삶에 존재하는 모든 스트레스 요인을 없앨 수 있는 것은 아니지만 견디기 어려운 정서를 경험하는 학생들이 진심을 다해 이야기를 나누고 지지를 받는 **배려의 환경**(a caring environment)을 조성할 수는 있다. 학교 장면에서 자연스럽게 유발되는 정서를 학생들이 잘 관리할 수 있도록 교사가 직접 도울 수 있다면, 학생들은 정서관리에 필요한 자원들을 확보한 셈이고, 앞으로도 일생을 통해 역경을 극복하고 잘 적응하는 데 도움이 되는 도구를 마련할 수 있다.

교사가 학생들의 정서상태에 대해 잘 이해할수록 다루기 어려운 감정들과 씨름하고 있는 학생들에게서 나타나는 조기 경고 신호들을 더 잘 탐지할 수 있다. 우울, 분노, 불안과 흥분, 일관성 없는 결석, 소진 등 학생들에게 나타나는 염려스러운 정서나 행동을 발견하는 교사는 학생들이 필요한 도움을 받도록 지원할 수 있다. 그런데 이와 같이 학생들이 겪는 힘든 정서상태나 심각한 행동에 관여하는 교사 자신도 개인적으로 압도당하는 것 같은 느낌이나 위험하다는 느낌을 받을 수 있다. 특히, 극심한 우울이나 슬픔에 빠져 있는 학생들의 문제를 다루는 교사는 정서적으로 흔들릴 수 있다. 이런 어려움 속에서도 학생들이 교실에서 정서적 안전을 이루도록 교사가 관심을 갖고 도와야 하는 이유는 학교폭력, 중퇴, 괴롭힘, 십대 자살 같은 사건들이 보여 주듯이 관심을 기울이지 않고 조치를 취하지 않는 데 따른 결과가 치명적이기 때문이다(Aber et al., 2011). 동료 교사들 또는 전문가들과 팀을 이루어 예방조치를 개발하고 실행하는 교사는 학교안전의 수호천사 또는 학생들의 옹호자가 될 수 있다. 가능하면, 전체 교직원 회의에서 이러한 쟁점에 대해 협의하여 상담교사와 전문가는 조기 경고 신호의 목록을 만들어 교사들과 공유하고, 교사들과 팀을 이루어 정서적 고통에 빠져 있는 학생들을 돕기 위한 계획을 세우는 것이 바람직하다.

실제 학생들의 정서지능 개발하기

적지 않은 수의 학생들이 수업에 집중하고 효과적으로 의사소통하며 협력하는 등 기본적인 사회정서 기술을 갖추지 않은 상태에서 학교에 온다. 교사가 학급에서 매주 일정한 시간을 할애하여 **사회정서학습**(social and emotional learning: SEL) 프로그램을 규칙적으로 실행하지는 못할지라도, 학생들이 성장하고 학습하는 과정 중에 기본적인 사회정서 기술의 발달을 도울 수 있는 방법은 있다. 학년 초에 학급공동체의 구성과 활동 방안에 대해 학생들과 대화하고, 학생들과 교사가 협의하여 학급규칙을 만들며, 정서지능이나 의사소통과 관련된 내용과 활동을 일부 수업에 통합해 볼 수 있다. 학년 초부터 이러한 활동계획에 대해 학생들과 토론하고 협의하면, 학생들은 교실 안에서 정서를 경험하고 표현하는 일을 자연스럽고도 정상적인 일로 받아들이고 자기관리와 관련하여 어떤 기대가 자신에게 부과되는지를 파악하게 된다.

이러한 활동을 할 때, 학생들의 발달적 요구를 고려해야 한다. 저학년에게는 감정 단어의 학습이 중요하다(부록 pp. 274-275 참고). 감정 단어를 학습하면, 자신이 어떤 감정을 느끼고 있는지를 알아차리고 명명하며 감정에 수반되는 신체 감각을 확인할 수 있다. 고학년에게는 마음챙김이나 스트레스 관리 기법(3, 4장 참고)을 가르치면 정서에 대해 이야기하는 길을 틀 수 있다. 고등학생들은 고등학교 졸업 이후의 삶을 준비하는 방법을 배우고 사회에서 떳떳한 시민으로 살아나가는 데 필요한 리더십 훈련의 효과를 얻을 수 있다. 이들은 목표를 달성하고 꿈을 이루는 과정에서 정서지능의 중요한 역할을 탐색한다. 다음은 학생들의 정서지능 개발에 도움이 되는 활동을 예시한다.

학생들의 정서지능 개발 활동

- 고학년 학생들에게는 정서지능과 리더십에 관한 독서 과제를 내 준다. 모든 학생이 책읽기를 마치면 정서지능과 리더십의 개발 방법에 대해 학급토론을 진행한다. 정서지능과 리더십이 학교 공부와 일상생활을 성공적으로 해내는 것과 어떻게 관련되는지에 대해서도 토론한다.
- 학생들과 함께 '흥미진진한' '슬픈' '두려운' '행복한' '화난' '다정한' 등의 제목을 사용해 감정 단어 목록을 만든다. 다음, 브레인스토밍의 방법으로 학생들에게 제목을 읽고 연상되는 단어들을 모두 적어 보라고 한다. 또한 각 목록에 적힌 감정 단어에 해당하는 감정이 자신에게 얼마나 편안한 감정인지, 타인에게는 얼마나 편안한 감정인지를 각각 1~5까지의 숫자에 평정하게 한다.
- 저학년 학생들에게는 '감정 바퀴(Feelings Wheel)' 그림을 한 장씩 나눠 준다. 자신의 정서상태에 대한 인식을 높이기 위해 매일 아침 학생들과 함께 '오늘의 감정 일기예보' 활동을 한다('감정 바퀴' 그림 제작 방법과 '오늘의 감정 일기예보' 활동 진행 방법은 부록 p. 276 참고).
- 고학년 학생들에게는 각자 자신의 정서지능 지도를 그려 보게 한다. 정서지능 지도 위에 자신에게 편안한 정서와 불편한 정서를 쓰고, 정서 경험과 정서 표현을 관리하기 위해 현재 자신이 사용하고 있는 전략들을 쓴다. 그리고 앞으로 시도해 볼 수 있는 정서관리 전략들을 좀 더 찾아보게 한다.
- 감정적인 상호작용 중에 또는 감정을 촉발시키는 상황에서 감정과 충동을 관리하는 방법들에는 무엇이 있는지 학생들과 함께 브레인스토밍 한다. 일시 중지 또는 마음챙김 활동을 한다(3, 4장 참고). 교실 한구석에 평화의 장소를 마련하여 그곳에서 학생들이 마음을 진정시키거나 조용히 집중하며 기록하거나 경청하기를 연습할 수도 있다. 차임벨을 준비해 감정이 고조되기 전에 일시 중지가 필요한 학생은 벨을 울릴 수 있게 한다.

실제 개인적 내용의 공개에 대해 가르치기

학생들에게 질문을 하라거나 개인적인 일이나 이야기에 대해 말하라고 요청하기 전에, 무엇이 교실에서 공유하기에 적합하고 안전한 것인지를 이해하도록 가르쳐야 한다. 학생들이 이에 대해 항상 잘 알고 있는 것은 아니기 때문이다.

학생들은 우애 있는 믿을 만한 사람이 되는 방법을 배워야 한다. 믿음의 학습공동체를 만들 때, 몇몇 학생들은 참된 믿음의 관계를 경험한 적이 별로 없다는 점을 명심해야 한다. 이런 학생들은 학습공동체 안에 적응해 나가며 상호 믿음을 배워 가는 중에 교실 경계를 넘어설 수도 있다. 그러나 이는 문제행동이 아니라 흔히 일어날 수 있는 자연스러운 일이고 교사의 관심과 경각심 그리고 온정 어린 행동을 요하는 일이다.

만일 어떤 학생이 특별히 감정적이 되거나 매우 개인적인 내용을 공개하기 시작하면, 교사는 그 학생의 말을 중단시키고 화제를 다른 방향으로 돌려야 할 필요가 있다. 예를 들면, 그 학생에게 "솔직하게 말해 줘서 고마워. 그런데 네 이야기를 들어보니, 너무나도 중요하고 개인적인 내용이라서 충분히 이야기하고 들으려면 좀 더 많은 시간이 필요할 것 같아. 수업 끝나고 나서 그 문제에 대해 따로 얘기해 보자."라고 말할 수 있다. 매우 개인적인 내용을 말하는 학생의 말을 도중에 중단시키는 조치는 그 학생과 나머지 학생들 모두를 보호하기 위한 것이다. 그 학생의 개인적인 내용이 어떤 학생에게는 감당하기 어렵거나 불쾌하거나 충격적일 수도 있기 때문이다. 학생들이 학습공동체의 보호자로서 역할을 다하고 있는 교사를 볼 때 교실 내 안전과 신뢰가 더욱 공고해지고 더 깊고 더 믿을 만한 관계가 형성된다.

다음 이야기는 매우 개인적인 경험을 털어놓으려는 학생에 대해 교사가 어떻게 대처했는지를 보여 준다.

한 학기가 끝날 무렵, 어느 중학교 2학년 교실의 수업 주제는 '현명한 말(진주알 같은 지혜의 말)'이었다. 학생들은 각자 자신에게 중요한 사람들이 가르쳐 준 인생 교훈에 대한 이야기를 나누었다. 그러던 중 한 학기 내내 말을 거의 하지 않았던 여학생 ○○가 말을 꺼내기 시작했다. '드디어 ○○가 자기 의견을 편하게 말하기 시작했구나.'라고 생각한 교사는 기쁜 마음이 들었다.

○○는 다음과 같은 이야기를 꺼냈다. "내 인생에서 가장 중요한 사람들 중에 한 명은 내 오빠야. 지금은 대학에 다니고 있어. 오빠는 내게 결단력과 인내심에 대해 많은 것을 가르쳐 줬어. 오빠는 양극성 장애를 앓고 있어." 그리고 이야기를 계속 이어 나갔다. "오빠가 말하길, 삶은 사실 모든 면에서 좋은 것은 아니래. 모든 것이 자신에게 불리한 것처럼 느껴질 때 삶은 괴롭고 참기 어려운 것이래." 여기까지 말을 마친 ○○는 감정적이 되기 시작했다. 교사는 이야기가 어디로 흘러가고 있는지 본능적으로 직감하고 걱정이 됐다. ○○는 떨리는 목소리로 이야기를 이어 갔다. "오빠가 그렇게 말했을 때는 의미하는 바가 커. 오빠가 얼마 전에 자살을 시도한 적이 있기 때문에 우리 가족 모두는 너무나 걱정이 돼."

자살이라는 주제가 도입되고 ○○의 격한 감정이 북받쳐 올라오는 이 시점에서, 교사는 더 이상 개입을 늦출 수 없다고 생각했다. "○○야, 오늘은 여기까지만 얘기하자. 네가 정말 중요한 점을 지적해 주었기 때문에 방과 후에 시간을 내서 따로 만나 너와 이 문제에 대해 좀 더 이야기하고 싶구나. 네 말은 매우 중요한 문제에 관한 것이고, 이렇게 중요한 문제를 우리와 함께 기꺼이 나눠 줘서 고마워. 그런데 지금 수업 시간에는 이 문제에 대해 깊이 있는 이야기를 나눌 만한 시간이 없어. 방과 후에 좀 더 이야기할 계획을 세워 보자."

여학생은 고개를 끄덕였고 깊은 숨을 내쉬더니 감정을 추슬렀다. 다음 학생이 말할 차례에 앞서, 교사는 다음과 같이 ○○를 긍정적으로 지지해 주고 학급 학생들에게는 발표 주제를 상기시켰다. "○○가 방금 아주 중요한 이야기를 해 주었어. 우리 모두 ○○의 이야기를 존중하는 시간을 갖고 난 다음, 다음 사람으로 넘어가도록 하자. 학급 모두 우리의 주제가 '현명한 말(진주알 같은 지혜의 말)'이라는 걸 잊지 않았지? 우리는 각자의 삶에서 누군가로부터 받은 가르침이나 교훈에 관한 이야기를 나누고 있다는 것을 기억해야 해. 웃기고 재미있는 말도 '현명한 말'이 될 수 있으니까 어떤 종류의 이야기도 좋아."

그다음 학생은 재미있는 이야기를 했고, 시간이 끝날 때까지 학생들은 슬픈 이야기, 웃긴 이야기, 감동적인 이야기 등 별의별 이야기들을 발표하였다. 수업이 끝난 후에 교사는 ○○와 개별적으로 이야기를 나누었다. ○○는 오빠의 문제가 자기 삶에 영향을 미치고 있으므로 이 문제에 대해 상담교사를 만나보는 데 동의하였다.

학생들과 활동을 하는 중에 정서라는 묘한 영역에 들어갈 가능성이 있는데, 이는 교사에게도 큰 영향을 미친다. 믿음의 공동체를 조성한 결과, 정서가 담긴 판도라의 박스를 여는 건 아닐까 두렵기도 하다. 그러나 꼭 그런 것만은 아니다. 학생들은 대부분 학급에서 공유하기에 적절한 의미 있는 이야기를 꺼낸다. 학생들이 감정적으로 격해질 수 있는 이야기를 쏟아 낸다면, 그것은 교사의 주의와 관심 또는 경각심을 요하는 중대한 문제라는 것을 가리키므로 학생들이 교실 밖에서 전문적인 도움을 받을 수 있도록 도와줘야 한다. 요즘 세대의 학생들은 리얼리티 TV 프로그램, SNS 등 개인적인 내용을 적나라하게 드러내고 때로는 폭로하는 미디어의 영향을 받고 있다. 그렇기 때문에 교실에서 공개하고 공유하기에 적절한 것이 무엇이고 적절하지 않은 것이 무엇인지를 분별하도록 과거보다 더 많이 도와줘야 한다. 필요하면, 교사가 이 문제를 전문가나 상담교사에게 의뢰하여 학생들과 토론 시간을 갖게 할 수도 있다. 다음은 개인적인 내용의 공개에 대해 학생들을 가르치는 데 도움이 되는 활동이다.

개인적인 내용의 공개에 관한 활동

- 교실에서 공유하기에 적합하지 않은 이야기를 공개하고 있는 학생에 대해서는 연민의 마음을 가지고 비난하지 않으면서 개입한다.
- 고학년 학생들과 활동할 때는 교실에서 개인적인 내용을 공유하는 목적이 무엇인지를 분명히 말해 준다(목적은 학습과 관계 형성을 돕기 위한 것이라는 점). 사생활을 폭로하기 위해서, 극적인 영향을 끼치기 위해서, 다른 사람들이 자신에게 관심을 가지도록 만들기 위해서, 다른 사람들에게 충격을 주기 위해서 개인적인 내용을 공유하는 것은 아님을 분명히 알려 줘야 한다. 그런 다음, 개인적인 내용을 공유함으로써 자신에게 그리고 주변 사람들에게 어떤 결과가 초래되는지를 학생들과 토론한다.
- 비밀보장과 그 한계 그리고 교사가 지닌 보고의 법적 의무에 대해 학생들에게 알려 준다(7장 참고).
- 자신에 대한 어떤 것을 다른 사람들과 공유하고 어떤 것을 공유하지 않을 것인지를 판단하는 데 미디어가 어떤 영향을 미치는지에 대해 토론한다.

실제 국제적 쟁점과 미래에 대한 두려움 다루기

요즘 학생들은 전쟁, 빈곤, 학교폭력, 조직폭력, 기후 변화 등 다양한 국제적 위기와 지역적 문제에 대해 듣거나 실제로 경험하고 있다. 그렇기 때문에 이러한 위기와 문제에 압도당하고 있다고 느끼거나 어떤 영향력도 행사할 수 없다는 무력감을 경험하는 것은 이들에게 어쩌면 당연할 수도 있다. 미디어의 공세가 점점 더 심해지고 더 많은 테크놀로지에 더 쉽게 접근할 수 있게 되면서 학생들이 점점 더 무감각해져 가고 있다. 요즈음 보통 청소년들은 경험을 '너무 많이, 너무 빨리, 너무 일찍' 하고(Melissa Michaels, 개인서신, 2001), 학생들이 학교생활에 참여하려는 욕구와 능력은 불가피하게 이런 조건과 감정의 영향을 받는다. 감각의 과부하는 학생의 학습능력을 손상시키고 소외감을 초래한다. 무망감(feelings of hopelessness)과 무력감(feelings of helplessness)은 학교생활뿐만 아니라 일상생활에 대해서도 무관심해지고 이탈하는 현상을 초래한다.

학생들은 감각의 과부하를 지속적으로 겪을 때 몇 가지 방법으로 대처하는 경향이 있다.

- 더 많은 정보를 처리하거나 통합할 수 없기 때문에 자신의 마음(또는 정보처리체계)을 닫아 버리고 무감각해진다. 종종 우울, 냉담, 무관심, 무감동이 초래되기도 한다.
- 흥분과 동요 상태, 불안, 두려움을 과잉행동, 공격, 위험 감수를 통해 방출할 방법을 찾는다.
- 진짜 같은 느낌, 실감(실제로 체험하는 듯한 느낌), 박진감을 느끼려는 시도로 스릴을 추구한다. 이때 자기 파괴적이고 건강하지 못한 위험한 행동을 하게 된다. 이 중에서 가장 극단적인 행동은 매우 절망적인 학생이 자신을 향해 또는 타인을 향해 실행하는 폭행이다.

어릴 때부터 많은 학생이 거주지역이나 주변세계에서 발생하는 강도 높은 고통과 고난을 목격하고 경험한다. 우리는 학생들에게 사건과 사건 촉발조건에 관한 정보만 전달하고, 학생들이 이러한 지식을 자신의 삶에 통합시켜 이해할 수 있는 정도의 도움을 주지 못하는 경우가 종종 있다. 정보를 처리할 시간과 여유를 주지 않은 채 정보를 들려주고 보여 주면, 학생들은 두려움에 떨고 무망감에 휩싸인다. 이런 상황에 닥치면, '내가 할 수 있는 게 아무것도 없는데 내가 왜 뭘 시도해 봐야 하는 거야?'라고 생각할 수도 있다. 학생들은 이런 식으로 점점 무감각해지고 마음의 문을 닫아 버리며 학업에 참여할 가능성도 훨씬 줄어든다.

다음의 이야기는 국제적인 사건이 학생들에게 미친 영향을 묘사한다.

어느 고등학교 지리 수업 시간에 기후 변화에 관한 충격적인 영상을 시청하였다. 그 이후에 한 여학생은 상당한 혼란과 두려움을 느끼기 시작했다. 학생들에게는 그 영상자료에 대해 토론할 기회가 마련되지 않았고, 세계적 기후 변화에 대비하기 위해서 취할 수 있는 행동에 대한 이야기를 나눌 기회도 주어지지 않았다. 학생들은 심각한 상황에 직면해서 자신이 할 수 있는 것이 아무것도 없다는 무력감을 느끼면서 수업을 마쳤다. 수업을 통해 학생들은 전 세계의 기후와 상태에 관한 중요한 정보를 얻었지만 그 정보를 가지고 무엇을 할지, 그 정보를 자신의 삶에 어떻게 적용할지, 그 정보가 자신의 삶에 어떻게 통합될지에 대한 지도나 방향은 전혀 제시되지 않았다. 이런 수업에서 교사는 학생들이 쟁점에 대해 비판적으로 생각하고 질문을 제기하며 창의적 해결방안을 생각해 보고 이러한 주제를 학습하는 이유를 이해하는 기회를 마련함으로써 수업 시간에 배운 정보를 처리하도록 도울 수도 있었다. 이러한 대화의 시간을 통해 학생들은 낙담하거나 좌절하지 않고 자신의 역량에 대한 자신감과 희망을 가질 수 있다.

다른 고등학교 과학 수업 시간에는 교사가 기후 변화를 탐구하기 위하여 앞의 고등학교와는 다른 방법을 적용하였다. 과학 교사가 다큐멘터리 영상을 20분씩 나눠 일주일 동안 학생들에게 시리즈로 보여 주었다. 각 섹션을 시청한 다음, 학생들은 영상물에서 제기된 쟁점을 주제로 각자 성찰글 쓰기(reflective writing)를 했고, 쓴 글의 내용을 두 명씩 짝 지어 이야기를 나누었다. 그 주의 마지막 수업 시간에 학생들은 기후 변화에 대응하여 자신이 다음 달에 실행할 행동들을 결정하였고, 자신의 선택이 기후 변화에 관한 과학적 지식과 어떻게 연결되는지를 설명하였다. 그다음, 학급 전체가 모여 가장 효과적인 전략을 결정하고, '우리가 할 수 있는 일'이라는 제목의 포스터를 여러 장 그려 학교 곳곳에 게시하였다. 이러한 방법으로 과학 수업에서 학습한 내용을 전교생과 공유할 수 있었다. 앞의 고등학교와 달리, 이 고등학교에서 학생들은 사고, 학습, 문제 해결에 적극적으로 참여할 수 있었다.

다음은 교사가 수업 시간에 국제적 쟁점과 미래에 대한 두려움을 다루는 데 도움이 되는 활동이다.

국제적 쟁점과 미래에 대한 두려움 다루기 활동

- 기후 변화나 전쟁 같은 도전적인 수업 주제를 다룰 때 학생들이 수업자료에 대해 자동적으로 떠올리는 개인적인 생각이나 느낌 그리고 반응을 학급 또래들과 나눌 기회를 마련한다.
- 학생들이 세계 속에서 보고 있는 것, 느낀 것, 주목하는 것을 창의적으로 표현하는 시간을 마련한다. 예를 들면, 중학교 2학년 국어 시간에 학생들은 긍정적이고 희망적인 국제적 사건이나 힘들거나 괴로운 국제적 사건에 관한 글을 쓴다. 필요하면 그림 그리기를 병행할 수도 있다.
- 수업 시간 이후에 학생들이 침울하거나 침체되어 있는 것처럼 보이면, 학생들이 느낀 감정에 대해 이야기하거나 학생들이 취할 수 있는 행동을 탐색하는 추수활동을 하는 것이 바람직하다. 수업 시간에 무겁고 심각한 주제를 다루었다면, 희망적이고 긍정적인 것에 초점을 맞추는 활동으로 종료하는 것이 바람직하다(예시 교실활동은 부록 pp. 259-264 참고).

• 국어, 영어, 사회, 과학 등 다양한 수업내용과 연결 지을 수 있다면, 학생들이 국제적 사건이나 쟁점에 대해 가지는 감정이나 생각을 이야기하는 시간을 마련한다. 또한 사회 변화의 주도자가 되길 원하는 학생이 있다면 그 이유와 방법에 대해 발표하게 한다.

실제 동요와 흥분, 무감각, 애도의 감정 다루기

이사를 하거나 부모나 교사가 돌아가시거나 부모가 이혼하거나 정체성의 변화를 경험할 때 학생들은 동요와 흥분, 상실감, 슬픔과 같은 감정을 나타낸다. 상실감은 발달적 전환 또는 상급 학교 진학에 따른 이별과 상실의 경험에서 비롯될 수 있고, 학교에서나 국제적 사건을 통해 트라우마를 겪거나 곤혹스럽고 괴로울 때도 비탄에 빠진다.

학생들은 종종 두려움과 비탄을 표현하지 못한 채 마음에 품고 등교하는데, 이러한 감정상태는 학습을 방해한다. 학생들에게 비탄과 두려움을 표현하는 건강한 방식을 알려 주지 않으면, 학생들은 이러한 감정을 아예 느끼지 못하게 된다. 감정마비의 과정은 사실 상당히 만연해 있다. 성인들조차 자신의 비탄과 상대방의 비탄을 건강한 방식으로 처리하는 데 필요한 기술과 시간 그리고 자원을 충분히 가지고 있는 것은 아니다. 감정마비로 인해 개인뿐만 아니라 사회 전체가 고통을 겪기 때문에 감정마비가 초래하는 손실과 희생은 막대하다. 감정마비 상태에 빠진 사람들은 자신과 서로에 대한 관심을 잃고 삶과 학습에 대한 열정도 잃어버린다.

학생들이 감정에 무뎌지면 학교공동체는 그 영향을 직접 받는다. 감정이 마비된 학생들은 다른 사람에게 연민을 느끼는 능력을 잃게 되고 공감하기도 어려워지며 학교와 일상생활에서 의미를 찾기도 힘들어진다. 이러한 둔감화는 학생들의 학교생활 참여를 방해하고, 삶에 대해 무관심하게 만들며, 또래 괴롭힘 또는 파괴적이고 유해하며 치명적인 행동을 저지르게 만들 정도의 절망에 빠뜨린다. 감정적으로 둔감해진 학생들은 마비된 듯 무뎌진 감정을 다시 느껴 보려고

극단적인 행동에 빠진다. 자신이나 타인을 해치기도 하고(예: 칼로 베기, 또래 괴롭히기), 엄청난 위험을 무릅쓰기도 한다(예: 폭음, 오토바이 폭주, 무모한 운전, 환각제 복용).

우리 문화권에서 상실감과 비탄으로 인한 불편감은 당연한 것으로 여겨지는 경향이 있다. 그렇기 때문에 상실감을 경험하며 비탄에 잠긴 아동 · 청소년이 성인으로부터 충분한 지지를 받지 못하더라도 스스로 헤쳐 나아갈 것이라고 기대한다. 어떤 교사가 열여섯 살 때 어머니가 돌아가신 이야기를 학생들과 공유했다. 상실의 경험을 알아주거나 도움이나 지지를 베푸는 성인이 한 명도 없는 상태에서 그 교사는 일 년을 버텼다고 했다. "그때 경험은 처참했어. 나는 너무나 외로웠고 고립감마저 들었지. 그때를 돌이켜 보니 선생님들이 무엇을 해야 할지 어떻게 나에게 다가와야 할지를 모르셨던 것 같아. 그렇지만 단 한 분이라도 따뜻한 어른이 내게 손을 내밀었다면 그때 나에게 정말로 큰 힘이 되었을 거야." 우리가 가르치는 학생들 중에도 적지 않은 수가 이러한 변화에 직면해 상실감과 소외감을 경험한 적이 있을 것이다. 만일 이들이 상실감, 상처, 두려움을 겪을 때 의지할 수 있는 따뜻한 성인이 한 사람이라도 학교에 있다면, 앞의 교사가 열여섯 살 때 겪었던 상황과 어떤 차이가 나타날지를 상상해 보라.

다음의 사례들은 따뜻하게 보살펴 주는 성인이 얼마나 큰 힘이 될 수 있는지를 묘사한다.

상담 선생님이 상담실로 나를 불렀다. 내가 무슨 잘못을 저질렀나 보다 생각했는데, 우리 엄마가 상담 선생님께 전화로 엄마랑 아빠가 이혼 절차 중에 있다는 말씀을 하셨다고 한다. 상담 선생님은 많이 안타깝다는 말씀을 하셨고, 내가 필요로 할 때면 언제든지 상담 선생님과 이야기할 수 있다는 걸 알려 주셨다. 처음에 나는 조금 당황스러웠고 무슨 말을 해야 할지 난감했다. 상담 선생님은 내 가족에 대한 질문을 하지 않으셨다. 단지 내가 말하고 싶은 것이 있는지를 물으

셨으며, 언제든지 상담실에 올 수 있다는 말씀을 하셨다. 그리고 나는 그렇게 했다. 지난 일 년 동안 나는 상담 선생님께 그냥 안부 인사를 드리기 위해 수도 없이 상담실을 찾아갔다.

어느 겨울에 고등학교 밴드 대원 30명을 태운 버스가 고속도로 빙판길에서 미끄러져 충돌사고가 나서 많은 학생이 다쳤다. 사고가 난 다음 날, 많은 학생이 수업에 집중하지 못하였다. 이 문제의 심각성을 알아차린 국어 선생님이 학생들에게 그 상황에 대해 공개적으로 이야기할 기회를 주었다. 학생들은 15분 정도 대화를 나눈 다음에 그 사고로 인해 고통받고 있는 가족을 돕기 위해 무엇이라도 하자는 결정을 내렸다. 우선, 수업 시간에 격려의 편지와 카드를 썼고, 가족을 도울 수 있는 행동계획을 세우기로 하였다.

2학기가 되자 국어 수업 시간에 공동체 윤리와 봉사 정신을 주제로 토론을 하였다. 학생들은 위기의 순간에 자신의 어떤 행동이 인간성을 보여 주는지에 대해 깊이 생각한 다음, 이러한 주제를 학기 중에 읽은 소설과 연결 짓는 활동을 하였다. 학년 말에 학생들은 이 경험이 일 년 중 가장 기억에 남는다는 소감을 남겼다.

교사는 심리치료사나 상담사가 아니지만 학생들의 학습을 돕고 학교안전을 위해 학생들의 다양한 정서적 경험을 귀 기울여 듣는 방법을 배워야 한다. 교사가 상실감과 비탄에 빠진 학생을 알아봐 주면 그 학생은 지지와 보살핌을 받고 있다고 느낄 것이고, 상실의 경험으로 인한 애도의 과정을 거쳐 나가는 데 필요한 내적 · 외적 자원들을 얻을 가능성도 높아진다. 흥분과 동요의 상태에 있거나 감각의 과부하에 걸린 사람이 어떤 징후를 보이는지에 대해 교사가 잘 파악하고 있으면 학생이 언제 어려움을 겪고 있는지, 언제 교사가 제공할 수 있는 것

보다 더 많은 도움을 필요로 하는지를 쉽게 파악할 수 있다. 교사가 학생의 정서적 안녕을 최우선 순위에 놓고 정서적 안녕에 필요한 자원들을 제공할 수 있을 때 모든 학생에게 더 안전하고 더 효과적인 학습 환경을 조성할 수 있다.

다음은 홍분, 상실감, 감정의 마비를 느끼고 있는 학생들을 돕기 위한 몇 가지 활동을 예시한 것이다.

흥분과 동요, 상실감, 감정마비를 다루는 활동

- 학년 초에 상담교사를 학급에 초대하여 스트레스를 호소하고 있거나 감정에 압도되어 있거나 우울한 학생들이 겪는 공통된 어려움에 대해 학생들과 논의하고, 이러한 어려움을 해결하는 데 필요한 교내 자원과 대처 전략에 관한 정보를 학생들에게 안내한다.
- 상실 또는 감정마비에 관한 책을 읽고 공부한다. 레이첼 케슬러(Rachael Kessler, 2004)의 『상실감: 사랑으로 교육하는 길(Grief as a Gateway to Love in Teaching)』은 상실로 인해 비탄에 빠진 학생을 학교에서 어떻게 도울 것인지를 안내하는 글이다. 이 글을 혼자 또는 가능하면 동료와 함께 읽고 토론한다.
- 중대한 상실이나 삶의 전환을 겪은 학생을 알고 있다면, 수업 시간 시작할 때나 끝날 때 2~3분 정도 시간을 내서 그 학생과 개별적으로 만나 안부를 묻는다. 교사가 그 학생에게 관심을 가지고 있다는 것을 표현하고, 학생이 필요한 자원을 찾을 수 있도록 돕는다.
- 학교에서 또는 세상에서 중대한 사건이 발생했다면, 학생들이 말로 또는 글로 사건에 대한 생각과 감정을 표현할 수 있는 활동을 진행한다. 학생들은 사건에 대한 자신의 감정을 표현하길 원할 수도 있고 원하지 않을 수도 있지만, 일단 토론의 기회를 마련하는 것이 중요하다. 만일 학생이 정서적으로 매우 큰 고통을 받고 있다는 것이 눈에 띄면 전문적인 상담에 의뢰해야 한다.
- 상실감, 두려움, 슬픔은 우리가 살아가면서 그리고 학교에서 누구나 경험할 수 있는 감정이라는 점을 인정한다. 슬퍼하거나 애도할 만한 국제적인 사건이나 그러한 주제를 다룬 읽을거리를 준비해서 학생들이 이러한 감정에 대해 이야기 나누는 독서 토론 시간을 가진다.

원리 정서적인 면이 풍부한 커리큘럼 개발하기

당신에게 의미 있는 영향을 미친 책이나 영화 또는 노래가 있는가? 어떤 세부 내용을 기억할 수 있는가? 줄거리나 이미지가 정서와 연결되어 있을 때 우리는 이야기, 멜로디, 등장인물을 더 잘 기억할 수 있다. 우리의 뇌는 정서적으로 연관되어 있는 정보를 더욱 효과적으로 저장한다. 그러므로 **정서적인 면이 풍부한 커리큘럼**(emotionally rich curriculum)을 설계하여 사용하면 학생들은 자연스럽게 잘 집중할 수 있고, 그렇지 않으면 잊을지도 모르는 세부사항과 미묘한 차이를 잘 기억하며, 새로운 내용의 학습에 더욱 개방적이 된다. 이로써 교과 수업에 대한 학생들의 열정을 좀 더 쉽게 높일 수 있다. 존 메디나(John Medina, 2008, p. 79)가 그의 저서 『브레인 룰스(Brain Rules)』에서 "정서 유발 사건들은 중립적 사건들보다 더 잘 기억되는 경향이 있다."고 썼다. 또한 모리스 엘리어스(Maurice Elias), 해리어트 아널드(Harriett Arnold), 신시아 스테이거 헛시(Cynthia Steiger Hussey)에 의하면, "우리는 정서적 색채가 강렬한 경험(정서적으로 의미 있는 경험)에 즉시 주의를 기울이고 더 쉽게 회상한다(2003, p. 61)." 마지막으로, 낸시 프레이(Nancy Frey), 더글라스 피셔(Douglas Fisher), 샌디 에버러브(Sandi Everlove)는 다음과 같이 언급하였다. "긍정적 정서를 경험하는 학생들은 학업적 정보의 흐름과 학습상태가 좋다(2009, p. 25)." 그러므로 긍정적 정서를 학습내용과 관련짓는 것은 학습을 위한 강력한 기폭제가 된다.

다음에서는 **개인적 관련성**(personal relevance)을 촉진하고 학생들의 창의력과 상상력을 활용하는, 정서적인 면이 풍부한 커리큘럼을 어떻게 만들 것인지에 초점을 맞출 것이다.

실제 개인적 관련성 촉진하기

학생들은 과제가 주어지면 종종 다음과 같은 질문을 한다. "이거 하면 나한테 어떤 도움이 되나요?" 이런 질문을 정확하게 표현하지 못할 정도로 어린 학생들조차 교과목, 수업내용, 활동, 기술의 개인적 관련성 정도에 따라 학습에 잘 참여하기도 하고 그렇지 않기도 하다. 개인적 관련성을 높일 수 있는 혁신적인 수업 방법이 있다. 국어나 영어 같은 언어 및 문학 수업 또는 사회와 역사 교과 시간에는 책에 있는 중요한 주제나 역사적으로 중요한 사건을 집어내 그 주제나 사건을 학생들의 일상생활과 연결 짓는 활동을 설계하여 수업 시간에 실시하는 방법이다. 예를 들면, 학생들에게 소설 속 등장인물(허구의 인물)이나 역사 속 실제 인물의 경험을 각자의 개인적 경험과 연결 짓는 프로젝트, 글쓰기 과제, 토론을 하게 한다.

다음은 미국의 어느 고등학교에서 실제로 있었던 사례를 요약한 것이다. 영어 수업 시간에 학생들은 미국 작가 케이트 쇼팬(Kate Chopin)의 소설 『각성(The Awakening, 1800년대 말 사회에 만연했던 기준과 기대 때문에 사면초가가 된 한 여성에 관한 이야기)』을 읽고, 소설에서처럼 현대사회에서 여성들이 사회적으로 또는 문화적으로 '덫에 갇힌' 느낌을 나타내는 이미지 그리기 과제를 하였다. 학생들은 각자 그린 이미지를 발표한 후에 교사가 마련한 큰 새장 그림에 테이프로 붙였다(새장은 글에 표현된 사면초가를 상징함). 이 과제를 통해 주인공의 고투가 학생들에게 개인적으로 관련될 뿐만 아니라 다중지능을 활용함으로써 소설의 주요 모티프(새장)와 테마(개인적 자유의 추구)에 대한 기억을 도왔다.

이처럼 교사는 학생들이 핵심 교과내용의 주요 주제들을 개인적으로 관련짓는 다양한 방법을 설계할 수 있다. 한 예로, 어느 중학교 지구과학 시간에 쓰레기가 환경에 미친 영향에 대한 수업이 진행되고 있었다. 교사는 학생들이 '일회용 생활양식(disposable lifestyle)'의 개념을 잘 이해할 수 있도록 학생들에게 일주일 동안 생기는 쓰레기를 짊어지고 다니는 과제를 주었다. 일주일이 끝날 때 쓰레기 가방의 무게를 잰 학생들은 자신의 생활습관이 쓰레기 통계와 관련된다는 것을 직접 체험할 수 있었다. 그다음으로, 이러한 경험에 대한 성찰글 쓰기 과제를 했고 자신의 글을 발표하며 서로 의견을 나누는 시간을 가졌다.

초등학교 저학년 수업에서 교사는 쓰레기통에 버려진 우유팩이 재활용되지 않아서 지구를 위험에 빠뜨리고 있다는 사실을 학생들에게 이해시키기가 어려웠다. 그래서 교사는 학생들에게 이 주제에 대한 설득글 쓰기 과제를 내 주기로 결정했다. 학생들은 각자 우유회사에 우유팩 수거 및 재활용에 관한 정책 변경을 요청하는 편지를 썼다. 학생들이 쓴 편지를 모두 수합한 교사는 긍정적인 변화가 생기길 희망하면서 우유회사에 편지를 보냈다. 처음에는 글쓰기를 내켜하지 않았던 학생들 중에서 몇 명은 이 과제의 목적을 알게 되자 매우 흥미진진해했고 최선을 다해 글을 쓰면서 행복해했다. 학생들의 염려를 앞으로 심각하게 관심을 가지고 검토해 보겠다는 회사 측의 개별회신을 받자 학생들은 매우 기뻐했다.

다음은 교실에서 개인적 관련성을 높이는 데 도움이 되는 활동이다.

개인적 관련성 증진 활동

- 수업 시간 종료 전, 학생들에게 오늘 수업이 각자의 삶에 어떻게 관련되는지 또는 자신의 삶이나 사회 또는 세상에 어떤 의미를 주는지를 하나의 문구로 요약하게 한다.
- 5분 공개포럼을 정기적으로 개최하여 학생들이 수업내용을 개인적으로 연결 지어 보는 시간을 마련한다.
- 학교 공부를 지역사회와 연결 짓는 프로젝트 학습을 해 볼 수 있다. 수업 시간에 배운 내용을 토대로 지역사회 내 공공기간이나 기업체 등에 편지를 쓰거나 환경 프로젝트를 수행하거나 관련 인사를 인터뷰하거나 거주지역이나 이웃지역에 대해 공부한다.
- 이전 시대에 발표된 문학작품에 표현된 주제 또는 이전 시대에 발생한 역사적 사건이나 사회운동을 현대사회에 맞게 재해석하는 활동을 해 볼 수 있다. 학생들은 이러한 주제 또는 사건과 사회운동이 현대사회에서는, 지금 세계에서는, 자신의 삶에서는, 지역사회에서는 어떤 점에서 비슷한지에 대해 생각해 보고 토론한다.

실제 창의력과 상상력 활용하기

창의력(creativity)의 사전적 의미는 다음과 같다. "전통적인 아이디어, 규칙, 패턴, 관계를 뛰어넘어 유의미하고 새로운 아이디어, 형식, 방법, 해석을 만들어 내는 능력(Dictionary.com, 2013)." 학생들의 창의력과 상상력을 활용하는 수업은

정서적인 면이 풍부한 커리큘럼을 개발하는 데 매우 중요한 요소이다. 창의적 사고가 학습에서 중요한 부분이라는 것을 알고 있지만 예술 분야를 제외하면 학교에서 학생들의 창의력을 증진시키고 연습할 기회를 정기적으로 제공하는 경우는 드물다. 그래서 창의력은 주로 예술 분야 또는 '창의적'이라고 지명된 특별한 학생 집단에만 관련된 것으로 여겨지고 있다. 그러나 창의력은 모든 인간의 타고난 능력이고 이를 발휘하는 데는 격려가 필요하다. 학교에서 하는 모든 활동을 통해 학생들의 창의력을 개발할 수 있는 적임자는 바로 교사이다.

논리적이고 합리적이고 선형적인 사고가 우리의 삶과 교실에서 중요한 위치를 차지하고 있는 것이 사실이기는 하다. 그러나 학생들이 시험치기 기술을 숙달하고 중요한 사실을 암기할 수 있을 때조차 이러한 정보를 응용하는 기술, 지적 도약을 이루는 기술, 인식과 표현의 새로운 방식을 탐구하는 기술을 가지고 있지 않다면 학습이 제대로 이루어지지 못한다. 창의력 개발을 목표로 하는 훈련을 실시하고 창의력을 표현하기 위한 도구, 시간, 공간을 제공하여 학습에 생명을 불어넣고 수업내용에 대한 학생들의 열정을 끌어올릴 필요가 있다. 다음의 사례를 살펴보자.

어느 중학교에서 고대 서사시 '베오울프(Beowulf, 최초의 영문학 서사시, 작자 미상)' 단원의 수업에서 문헌에 등장하는 괴물들의 공통된 특징에 대해 토론하는 시간을 가졌다. 다음, 교사는 학생들에게 사회가 '무시무시한 괴물' 개념을 어떻게 만들어 내고 있는지 그리고 이러한 개념이 학생들의 행동에 어떤 영향을 주는지에 대해 생각해 보라고 하였다. 학생들은 인종차별, 폭력, 집단학살과 같은 실례들을 탐색하였고, 다음으로 이러한 주제를 사용해 베오울프 신화에 기초한 창작글 쓰기를 했다.

한편, 어느 초등학교에서는 '정체성과 문화' 단원의 수업 시간에 학생들이 안과 바깥 둘 다 있는 자기 얼굴 가면을 만드는 활동을 하였다. 가면의 바깥쪽에는 세상에 보여 주는 부분을 상징적으로 그렸고, 가면의 안쪽에는 숨어 있고 보이지 않는 자신을 상징적으로 그렸다. 그리고 가면의 안과 밖에 각각 시를 쓴 다음, 자신의 가면과 시를 발표하고 또래들과 의견을 나누었다.

다음은 교사가 학생들의 창의력을 활용하면서 수업을 진행하는 방법을 예시한 것이다.

창의력을 활용하는 수업 활동

- 중학교에서 한 학급을 두 집단으로 나누어 브라운 대 토피카 교육위원회 판례(Brown v. Board of Education of Topeka)[2]에 대한 모의재판을 진행하였다. 학생들은 자신이 대표하고 있는 역사적 관점에서 자신의 논지를 발전시키려면 창의적 사고 기술과 비판적 사고 기술을 사용해야 한다.
- 4학년 교사가 르네상스 시대에 대해 가르치면서 학생들에게 르네상스 박람회를 만들어 보라고 할 수 있다. 학생들은 각자 르네상스 시대의 역사적 인물로 의상을 차려입고 등교하고, 자신이 나타내려는 역사적 인물의 관점에서 가족, 또래, 학교 선생님들과 대화한다.
- 중학교 3학년 영어 수업 시간에 셰익스피어(Shakespeare)의 희곡 '로미오와 줄리엣'을 현대적 줄거리와 등장인물로 바꾸어 새로운 버전으로 써 본다.
- 중학교 1학년 영어 수업 시간에 산드라 시스네로스(Sandra Cisneros)의 소설 『망고거리의 집』을 읽고 자신의 삶에 대비하여 자신의 글을 써 본다.
- 고등학교 화학 수업 시간에 랩이나 라임을 만들어 원소 주기표를 암기하는 방법을 고안한다.
- 사회 수업 시간에 독립운동의 발생 시기를 타임라인으로 그려 보고, 주요 사건의 발생 연도와 일자를 기록하며, 타임라인에 기록한 사건 발생일 중 어느 하나를 선택하여 그 독립운동과 관련된 자신만의 연설문을 작성한다.

2) 역자 주. 브라운 대 토피카 교육위원회 판례는 1954년 미국 연방 대법원에서 공립학교의 인종차별 정책을 위헌으로 판결한 것을 말한다. 미국 캔자스주 토피카에 사는 흑인소녀가 피부색이 다르다는 이유로 집에서 가까운 학교를 두고 멀리 떨어진 학교를 다녀야 하는 불평등함에 대해 그의 아버지가 소송을 걸어, 결국 연방 대법원까지 올라가 '공립학교의 인종차별은 위헌'이라는 판결이 내려졌다. 이 판결로 인해 이전까지 '분리하되 평등한(separate but equal)' 인종차별 정책을 정당화했던 1896년 '플레시 대 퍼거슨 판결(Plessy v. Ferguson)'이 뒤집어지게 되었다.

이상의 사례에서 교사들은 핵심 교과수업의 목표와 스탠더드를 충족시켰을 뿐만 아니라 학생들의 창의적 사고를 자극하였다. 창의력 개발 활동을 통해 학생들은 습관적인 사고방식을 깨고 다양한 방식으로 정보를 처리해 볼 수 있었고 학습한 것을 응용해 볼 수도 있었다.

다음은 학생의 창의력과 상상력을 증진시키는 데 도움이 되는 활동이다.

창의력과 상상력을 활용하는 활동

- 잘 알려진 역사적 사건이나 회담을 모의 상황으로 설정한다. 학생들은 역할놀이를 통해 이러한 상황에 관한 내용을 이야기하고 문제 해결 방안을 제안한다.
- 학생들은 자신의 개인적 삶과 관련되거나 학습 내용과 관련된 은유 또는 상징을 만들어 본다.
- 퍼스널 스토리텔링이나 가공의 스토리텔링에서 장면이나 상황을 생생하고 혁신적인 방식으로 묘사해 본다.
- 학생들에게 자기 삶의 여정을 잘 나타내는 고대 신화에 기초하여 자신의 개인적 신화를 글로 쓰게 한다. 개인적 신화에 여타의 문학적 장치를 포함시킬 수 있다.
- 과거에 발표된 유명한 연설을 참조하여 자신의 연설문을 작성한다.
- 시나 소설 등 문학작품에 대해 배울 때 그 문학작품의 양식이나 형식을 따르되 자신만의 시나 소설을 써 본다.
- 수학과 과학 수업 시간에 사실을 학습할 때 표현예술의 형식(예: 음악, 시각예술, 상징)을 활용한다. 예를 들면, 구구단 표나 물의 순환 주기를 암기하는 데 도움이 되는 노래나 랩을 창작하거나 세포 분열의 상징적 표상이나 단편소설을 작성한다.
- 어떤 교과 영역이든 주요 프로젝트든, 적어도 한 가지의 표현예술 형식을 포함한다. 예를 들면, 교과수업이나 프로젝트에서 다루는 주요 개념이나 주제를 시나 노래, 그림, 콜라주, 가면, 디오라마(diorama)[3] 등으로 표현해 본다.

3) 역자 주. 디오라마는 실물과 똑같은 모양이지만 크기를 축소하여 만든 소형 입체 모형을 말한다.

동료 교사들과 함께 정서능력 개발하기

교사들은 혼자서 자신의 정서와 난관을 관리해야 하고 학교에는 감정을 표현할 장소가 없다고 느낀다. 그러나 동료에게 손을 뻗어 도움을 구할 수 있다면 배려와 지지의 성인 학습공동체 조성에 큰 도움이 된다. 물론 이 말은 교사나 교사집단이 치료적 지지 집단임을 의미하지는 않는다. 단지 교사들 역시 인간으로서 시간을 들여 서로를 이해하고 이러한 인간미를 공유하는 것이 중요함을 의미한다.

원리 동료에게 도움을 요청하기

교실에서처럼 교무실에서도 절망감, 분노, 기쁨, 즐거움 등 다양한 정서와 소진 상태가 나타날 수 있다. 교사들이 학교공동체 안에서 모든 정서를 경험하고 표현할 수 있는 공간이 마련되고 동료들에게 손을 뻗어 도움을 구할 수 있을 때, 혼자라는 느낌이 줄고 학교 운영이 순조롭게 이루어진다. 교무실에서 발생하는 대립과 내분은 종종 문제의 핵심에 대한 오해와 마음의 상처 또는 감정이 상하는 경험에서 비롯된다. 이런 경우에는 교직원 회의나 점심시간 또는 학년별 및 부서별 회의 시간을 활용해 서로의 안부를 살피는 것이 바람직하다. 이를 통해 교사들은 팀워크를 더 잘 이룰 수 있고, 누군가가 개인적인 문제 때문에 어려움을 겪고 있거나 소진되어 있거나 부담을 느끼고 있을 때를 더 잘 알아차릴 수도 있다.

다음은 교사가 동료에게 손을 뻗어 도움을 구하는 것이 얼마나 중요한지에 대한 경험담이다.

아버지께서 갑자기 돌아가셨을 때, 나는 학교에서 매우 중요한 임무를 수행

중에 있었다. 당시에 나는 일에 완전히 파묻혀 있었고, 친구와 가족 그리고 동료 교사들의 위로에도 내 마음을 닫아 버렸다. 해소되지 못한 고통은 점점 커져만 갔다. 어느 날, 믿을 만한 동료 교사가 나를 저녁 식사에 초대했다. 이것이 나에게 전환점이 되었다. 남이 내 이야기를 귀 기울여 듣다니! 이번 기회를 통해 나는 내 인생에서 이처럼 어려운 시기에 속도를 줄이고 자신을 돌보는 것이 자신에게 얼마나 중요한지를 알게 되었다.

마지막으로, 우리가 좋은 일이든 나쁜 일이든 함께 나누는 것은 효과적인 정서관리에 도움이 되므로 교사로서 업무를 더 잘 수행할 수 있게 해 준다. 학교는 부지불식중에 불평불만의 문화, 말하자면 잘되고 있는 것보다는 잘못 되고 있는 것에 대해 이야기하는 것이 더 자연스러운 문화를 조성한다. 의도적으로라도 도전과 어려움을 공유할 뿐만 아니라 성공과 성취를 함께 축하하는 시간을 가짐으로써 균형 잡힌 관점을 유지할 수 있다. 우리는 성공과 성취를 축하하고 감사하는 시간을 통해 적응유연성을 구축할 수 있고, 도전과 어려움을 공유하고 위로하는 시간을 통해 우리 내부와 외부의 자원을 발견할 수 있다.

다음은 동료들과 함께 정서지능을 촉진하는 데 도움이 되는 활동을 예시한 것이다.

동료들과 함께 정서지능 촉진하기 활동

- 학교에서 강렬한 감정에 사로잡혀 있는 것같이 느껴지면, 자신을 또는 자신의 문제를 고치려 들지 않고 조용히 마음의 소리를 경청하면서 당신을 지지해 줄 믿을 만한 동료를 찾는다. 반대로, 동료가 힘들게 애쓰고 있는 것처럼 보이면, 그에게 손을 내밀어 지지해 준다. 함께 차를 마시거나 산책을 하거나 점심시간이나 쉬는 시간에 이야기 나눌 수 있는지를 물어본다. 이때, 경청의 기법을 활용한다(부록 pp. 267-273에 제시된 경청의 기법 예시 참고).
- 학교 안에서 정기적으로 만날 수 있는 동료를 적어도 한 명을 찾아 둔다.

- 교직원 회의나 부서별 및 학년별 회의는 교직원들의 감정 일기예보로 시작한다. 감정 일기예보 시간에 교직원들은 각자의 상태에 대해 이야기 나눈다. 이런 은유의 사용을 원치 않거나 개인적 상태에 대한 공개를 꺼리는 사람은 오늘 아침에 출근하면서 느낀 감정이나 겪은 문제를 표현할 수도 있다.
- 교직원 회의에서 두 명씩 짝을 짓고, 각자 그날 또는 그 주에 생긴 축하할 일과 어려운 일을 한 가지씩 말하는 시간을 가진다.
- 정서, 위험행동, 할 수 있는 개입방법에 관한 교직원 토론을 한다. 팀 접근을 취하면 학생들이 경험하고 표현하는 정서에 직면하기가 덜 어렵다.

결론

이 장에서는 교사의 정서능력을 개발하여 학생의 성장과 학습에 직접 영향을 주는 여러 가지 방식을 살펴보았다. 2장부터 6장까지 각 장별로 교사와 학생이 함께하는 참여수업의 5영역을 탐색하였다. 이제, 7장에서는 한 학년 동안 교실에서 교사와 학생이 함께하는 참여수업의 5영역을 통합하는 방법을 찾아볼 것이다. 이러한 과정은 일종의 발달적 접근으로 표현 가능하므로 학습 여행(learning journey)으로 칭해진다.

7 학습 여행

교육의 기능은 집중적으로 그리고 비판적으로 사고하도록 가르치는 데 있다.
지성과 인성을 함께 기르는 것이 참교육의 목적이다.

- 마틴 루터 킹(Martin Luther King Jr.)

생각해 보기

지금까지 겪어 온 교직 경험을 무엇에 비유해 볼 수 있습니까?

2장에서 6장까지 교사와 학생이 함께하는 참여수업(engaged teaching)을 구성하는 다섯 가지 영역에 대해 배웠다. 이 장에서는 사회적, 정서적, 학업적 학습의 성과를 향상시키기 위해 5영역을 통합하는 방법을 제안해 보려고 한다. 학습 여행(learning journey)이라고 부르는 집단발달의 틀에 따라 살펴볼 것이다.

학습 여행은 3단계로 이루어진다. 단계별 특징, 난제, 기회, 목표에 대해 살펴볼 것이다. 발달적 접근은 사회정서학습을 집중적으로 실시할 수 있는 시간(예: 조회, 상담, 인성교육, 재량활동)뿐만 아니라 어떤 교실이든 어떤 내용영역이든 적용될 수 있다. 유치원 아동을 가르치든 초등학생을 가르치든 고등학교 수학 교실에서든 중학교 집단지도 시간에서든 학습 여행의 단계에 맞춰 교사와 학생이 함께하는 참여수업의 5영역을 통합하고 적용할 수 있다. 이를 통해, 학습공동체를 만들고 계속해서 활발하게 운영할 수 있다. 시간이 지나면서 교실 내 학습공동체가 발달하고, 이에 따라 교사의 능력도 향상된다. 이는 학생들에게 그리고 동료 교사들에게 모델링 효과로 나타날 수 있다.

학습 여행의 3단계는 다음과 같다.

- 1단계: 배려의 공동체 조성
- 2단계: 공동체 의식과 연결의 강화
- 3단계: 긍정적 종결과 학습의 정착

교사가 학습 여행의 단계를 이해하면, 다음과 같은 긍정적 성과를 거둘 수 있다.

- 인간관계에 대한 믿음과 공동체 의식을 효과적이고 적절한 방식으로 함양하는 수업지도안을 설계할 수 있다.
- 학생 개인별 요구와 집단의 요구를 고려할 수 있다.
- 난제를 예상하고 그에 따라 적절히 계획을 세울 수 있다.
- 교과학습의 기회를 최대한 확대할 수 있다.
- 개인별 진도와 집단의 진도를 평가하고 인정해 줄 수 있다.
- 전환기에 있는 학생들을 지원할 수 있다.

이 장에서는 교사와 학생이 함께하는 참여수업의 5영역을 다음과 같이 아이콘으로 표시할 것이다. 〈표 7-1〉에서 볼 수 있듯이 각각의 수업 원리나 실제가 교사와 학생이 함께하는 참여수업의 어떤 영역에 해당하는지를 아이콘으로 식별할 수 있을 것이다.

〈표 7-1〉 교사와 학생이 함께하는 참여수업의 5영역

	영역 1: 열린 마음 기르기
	영역 2: 자기 관찰하기
	영역 3: 지금 이 순간에 집중하기
	영역 4: 존중의 경계 설정하기
	영역 5: 정서능력 개발하기

1단계: 배려의 공동체 조성

학생들은 서로 다른 성격과 배경, 학습양식, 기술 수준을 가지고 등교한다. 새 학년이 되면 교사는 학급의 응집력을 높이고 학생들에게 목적의식과 방향감을 제시하려고 많은 노력을 기울이는데, 이때 학습공동체의 토대 조성에 많은 관심을 쏟는다. 이와 같은 초기의 노력을 통해 교사는 학생들이 서로 효과적으로 소통하고 협력하며, 자발적으로 학습에 참여하고, 책임감을 가지고 공동체에서 활동하는 소속감을 가지도록 지도한다. 스티븐 코비(Stephen Covey, 2009, p. 93)가 지적했듯이 "학생들이 서로 연결되어 있다는 느낌을 가지면 학기가 본격적으로 시작되기 전에 다수의 훈육 문제를 예방하거나 제거할 수 있다."

학습 여행 1단계에서는 서로 믿고 배려하는 학습공동체를 만들어 협동과 친교

를 촉진하고 학습에 집중하는 분위기를 조성하는 데 초점을 맞춘다. 이를 통해 학생들은

- 서로에 대해 알게 되고 신뢰한다.
- 자신의 정체성, 흥미, 개인적 목표를 탐색하기 시작한다.
- 이번 학년에서 추구하려는 학습목표를 탐색한다.
- 응집력 있는 공동체 의식을 갖게 된다.
- 학업에 집중하고 전념하는 기술을 배운다.

이와 같은 믿음과 배려의 공동체 조성을 위해 교사는 학급 또는 집단이 어떤 면에서 얼마나 다양한지, 즉 다양성의 범위를 잘 파악해야 한다. 성별이나 모국어처럼 외견상 분명한 차이가 나든 사회경제적 지위나 종교처럼 눈에 덜 띄는 차이가 나든 그 차이를 존중한다는 규범을 정해야 한다(2장, pp. 63-73에 제시된 문화적 민감성 개발의 전략들 참고). 그래야 학습 여행의 모든 단계에서 차별하지 않고 다양성을 존중할 수 있게 된다. 교사는 성별 중립적인 언어를 사용하고, 학생들이 양친 부모 가정의 출신일 것이라고 가정하지 않는 등 일부 학생들을 배제하지 않는 포용적 언어를 사용해야 하며, 인종차별적인 비방이나 욕설처럼 마음의 상처가 될 수 있는 언행으로부터 학생들을 보호해야 하고, 학생들이 모두 어떻다거나 공통된 어떤 특징을 가지고 있다고 가정하지 않는 것이 중요하다.

인티그럴 비전 컨설팅(Integral Vision Consulting)의 회장 수 키스터(Sue Keister)[1)]가 신뢰와 소속감의 구축에 관한 다음의 사례를 이야기했다(S. Keister, 개인서신, 2011년 4월 10일).

1) 역자 주. 수 키스터는 학업 및 사회정서학습협의회(Collaborative for Academic, Social, and Emotional Learning: CASEL), 국제 라이온즈 클럽 재단, 패시지 워크 연구소(Passage Works Institute)에 컨설팅과 전문가 연수를 제공하고 있다.

우리의 말과 행동이 남에게 미치는 영향을 주제로 수업을 진행한 적이 있다. 진심을 가지고 긍정적으로 지지해 주는 말과 행동이 어떻게 우리를 강하게 만드는지, 부정적인 말과 행동은 어떻게 자신감을 잃게 만드는지를 설명하면서 수업을 시작했다. 종이 한 장을 들어 학생들에게 보여 주면서 하루 종일 들은 말이나 겪은 행동을 발표해 보라고 했다. 학생들이 발표하는 말이나 행동이 부정적인 경우에는 종이의 한 조각을 찢었고, 긍정적인 경우에는 찢어진 종잇조각을 되돌려 놓았다. 곧, 작은 종잇조각 하나만 남았다.

한 학생이 말했다. "선생님, 마지막 한 조각이 남았는데, 이제는 어떻게 되는 거지요?" 그러자 학급 전체가 조용해졌다. 나는 바로 이때가 학습을 위한 아주 중요한 순간임을 깨달았다.

나는 학생의 질문에 맞춰 이렇게 물었다. "여러분도 마지막 한 조각이 되어 버린 것 같은 느낌이 들었던 때가 있었나요?"

다른 학생이 말했다. "만일 우리가 최후의 한 조각마저 잃게 되면 우리는 사라져 버리는 거예요. 그러니까 마지막 한 조각은 필사적으로 붙잡고 있어야 해요. 놓치면 안 돼요." 이 말을 들으면서 나는 그 마지막 종이 한 조각을 주먹 안에 꼭 쥐었다.

또 다른 학생은 다음과 같이 말했다. "선생님, 손을 보세요. 주먹을 쥐고 계시네요. 최후의 한 조각만 남게 되면, 주먹을 쥐고 세상에 맞서야 해요. 마지막 하나 남은 조각을 어느 누구도 가져가지 못하게 해야 하니까 사람들과 싸워야 하고 사람들을 멀리 피해야 해요."

내가 다시 물었다. "마지막 한 조각만 남아 있는 사람들에게 필요한 건 뭘까?"

학생이 대답했다. "다시 나눠 줄 수 있을 정도로 그 사람에게 종잇조각들을 더 줘야 해요. 그러면 그 사람이 마음을 열 수 있을 거예요."

다른 학생은 이렇게 말했다. "그래서 누군가가 어떤 사람에게 화를 내거나 그 사람을 미워하거나 슬프게 하면 그 사람은 최후의 한 조각이 되어 버리는 거예요. 우리는 그 사람의 삶에 뭔가 긍정적인 것을 더해 줘야 할 책임이 있어요. 왜냐하면 다음에는 우리 자신이 최후의 한 조각이 될 수도 있으니까요. 사람들이 주먹다짐을 하며 싸우지 말고 그 사람을 이해하고 도와준다면 정말 좋겠어요."

이 수업 이후부터 우리는 서로에게 지지를 보내야 할 때 또는 친절함과 배려를 보여야 할 때 '마지막 조각(last piece)'이라는 은유적 표현을 사용하였다. 이 은유적 표현은 친절과 지지와 배려로써 이 세상의 닫힌 주먹을 열기 위해 우리가 지녀야 할 힘의 시금석이 되었다.

실제: 학급 리더로서 교사의 역할 확립하기

교사는 존재 그 자체만으로도 학생들에게 매우 큰 영향을 미친다. 교실의 리더로서 교사는 긍정적 권위를 세우고, 배려와 진정성을 표현하며, 기대와 경계를 분명하게 정하고, 학생들이 활기찬 학습공동체 활동에 능동적으로 참여하도록 지도한다. 교사는 엄격한 존재일 뿐만 아니라 친밀한 관계 형성에 전념하는 존재임을 학생들이 느끼게 해야 한다. 그런데 '배려와 보살핌의 표현'과 '경계 설정' 사이에서 적절한 균형을 맞추기란 결코 쉬운 일이 아니다. 그러므로 학생들이 학급 안에 설정되는 높은 기대와 분명한 한계를 교사의 배려와 보살핌의 표현으로 받아들이도록 설명하고 안내할 필요가 있다. 학생들은 자기 목소리를 내고 창의성을 발휘하며 자신의 행동과 선택에 책임을 지는 등 최선의 노력을 기울여 학습공동체의 조성에 기여해야 한다고 안내하는 것이 중요하다.

학기 초는 학생들이 새로운 교사와 급우들에 대해 알아 가는 시기이다. 이때, 학생들은 교실에 어떤 경계가 설정되었는지를 파악할 목적으로 종종 경계를 침범하는 행동을 하면서 한계를 검증하기도 한다. 학기 초부터 '배려와 보살핌'과 '높은 기대와 공정하면서도 일관성 있는 경계' 사이에서 균형이 잡히면 학생들은 새 학년, 새 교실에 잘 적응하게 된다. 루디 크루(Rudy Crew, 2007, p. 70)가 언급한 바에 의하면, "학급에 분명한 기대가 설정되면 학생과 교사 모두 목표가 무엇인지 추측하지 않아도 되므로 목표달성에 전념할 수 있다."

다음은 교사의 교실 내 리더십 지원에 도움이 되는 활동이다.

교사의 교실 내 리더십 지원 활동

- 수업에 들어오는 학생들을 교실 문 앞에서 또는 교탁에서 맞이한다. 출석 점검을 할 때도 학생들과 눈 맞춤을 하는 등 어떻게 해서든지 짧게라도 학생들과 개별적인 관계를 이루려고 노력한다.
- 학년 초에 학생들이 교사와 연결되어 있다고 느낄 수 있도록 교사 자신의 개인적인 이야기 몇 가지를 들려준다. 교사가 학생 나이 때 했던 경험담은 학생들과의 연결고리를 만드는 데 매우 효과적일 수 있다.
- 수업의 목적과 중요성을 학생들에게 알려 주고, 학기 중에 때때로 수업의 목적을 돌아보고 적절성을 재검토한다.
- 학생들이 자신의 의견을 표현하고 열정과 관심을 보일 수 있도록 격려한다. 시간을 내서 학생 개개인에 대해 알고자 노력한다.
- 교실 환경이 어떠해야 하는지에 대한 교사의 기대를 분명하게 정해서 학생들에게 확실하게 알려 준다. 예를 들면, 휴대전화 사용이나 문자보내기, 이메일, 숙제, 교실에서 음식 먹기 등에 관한 규칙을 정한다. 교실 내 행동기대와 규칙을 정할 때 학생들도 참여하게 한다.
- 교실에서 차이를 존중할 것이고 마음의 상처를 주거나 모욕적인 언행은 허용하지 않을 것임을 확실하게 전달한다. 집단 안에서 존중받아야 하는 모든 종류의 차이에 대해 학생들과 함께 탐구한다.
- 다양한 관점과 의견을 수용하고 개방형 질문을 사용하여 확산적 사고를 장려한다.
- 문제행동에 대한 관리가 이루어지지 않은 채 문제행동이 묵인되지 않도록 유의한다. 학기 초에 '단호함'과 '보살핌'이 공존하는 풍토를 조성한다.
- 학생들에게 질문할 때 즉답을 요구하지 말고 몇 초 생각할 시간을 준다.
- 학생들 모두에게 동등한 기회가 돌아가고 있는지 살펴본다. 어떤 학생은 호명되고 다른 학생은 배제되는 패턴이 반복되고 있는지 점검하고, 의식적으로라도 이를 개선하려고 노력한다.
- 가능하면 학생들의 좌석을 이동시키거나 분단을 바꿔서 학생들이 교대로 교실 앞과 뒤에 앉을 수 있게 한다.
- 학생들과 일대일의 연결고리를 만든다. 별도의 시간 약속을 하지 않아도 교사와 면담할 수 있는 자유 면담 시간을 정하거나 학년 초 2~3주 동안에는 수업 이외 시간에 자유롭게 교사와 면담할 수 있는 방안을 공지한다.

실제: 사회정서학습과 교과학습을 병행하는 학급 맥락 조성하기

교사와 학생이 함께하는 참여수업(engaged teaching)의 영역별 원리와 실제는 어떤 교과목 수업에서든 어떤 발달 수준에 있는 학생을 가르치든 다양한 맥락에 적용될 수 있고 교과 수업뿐만 아니라 사회정서학습에도 활용될 수 있다. 사회정서학습은 학교 현장의 여건과 요구에 따라 다음과 같이 다양한 방식과 다양한 정도로 실행 가능하다. 첫째, 매주 1회 정해진 시간에 교사가 구조화된 사회정서학습 커리큘럼을 실행한다. 둘째, 교사와 학생이 함께하는 참여수업의 원리와 실제를 학기 내내 모든 교과 수업과 학생지도에 통합적으로 적용한다. 셋째, 사회정서학습 스탠더드를 교과학습 스탠더드와 연계하여 교과 수업의 핵심 커리큘럼에서 사회정서 기술을 소개하고 연습한다. 사회정서학습이 어떤 방식으로 시행되든지 학생들은 참여수업의 원리와 실제가 자신의 사회정서적 적응과 학업적 성공에 관련됨을 이해하는 것이 중요하다. 공동체 서클 활동, 토론, 역할극, 스토리텔링, 협동학습, 자기성찰 활동 등을 하는 이유를 이해하는 학생들은 이러한 학습 경험에 마음을 더 많이 열고 덜 저항한다.

어느 중학교 3학년 교실에서 리더십 수업의 일환으로 사회정서학습 커리큘럼을 실시하였다. 〈표 7-2〉는 이러한 수업의 목적을 학생들이 분명하게 이해하도록 돕기 위해 교사가 사용한 '수업 목적 명료화 차트'이다.

〈표 7-2〉 중학교 3학년 리더십 수업 목적 명료화 차트

이 수업에서는	
Yes!	No!
• 학습에 열심히 참여합니다.	• 구경만하고 집중하지 않습니다.
• 의사소통 기술을 향상시킵니다.	• 상담이나 치료를 받습니다.
• 학급 공동의 책임을 집니다.	• 비밀을 만듭니다.
• 사회정서능력과 학업능력을 기릅니다.	• 배척하고 괴롭히며 파벌을 만듭니다.
• 협력과 협동을 합니다.	• 규칙이나 가이드라인이 없습니다.
• 자신과 서로를 더 잘 알아 갑니다.	• 집중하지 않고 관심을 두지 않습니다.

실제: 공유된 합의 이루기

공유된 합의(shared agreements)를 이루는 과정은 학습 여행 1단계에 필수적인 부분이다(공유된 합의를 이루어 내는 방법에 대해서는 5장, p. 136 참고). 여기에서는 교실에서 학생들과 함께 논의하여 합의에 도달하고 이를 공유하는 과정을 예시하고자 한다. 언어와 어조가 바뀌더라도 주제는 같기 때문에 다음의 활동을 학년에 맞춰 각색해도 좋다. 학기가 시작되고 2~3주 지난 수업 시간에 이 과정을 시작하는 것이 가장 효과적이다. 학기 초 2~3주 동안에 학생들이 수업의 내용과 형식을 파악하고 교실 안에서 공동체 의식과 신뢰를 발달시킬 수 있는 기회를 가진 이후에야 공유된 합의 과정을 배울 수 있기 때문이다. 공유된 합의는 학교 규칙과 공존하는 것이지 학교 규칙을 대체하지 않는다는 점을 학생들에게 분명하게 이해시키는 것이 중요하다.

교사가 학생들에게 다음과 같이 설명하였다. "우리 교실은 모두가 함께 공부하는 장소란다. 오늘은 우리 교실을 어떤 학급공동체로 만들기를 원하는지에 대해 이야기 나눠 보려고 해. 우리 학급과 학교에는 협상 불가능한, 반드시 지켜야 하는 규칙들이 있어. 규칙 말고도 우리 학급에 필요한 우리만의 합의사항을 따로 만들었으면 좋겠다고 생각해. 이번 기회에 여러분 각자에게 무엇이 중요한지에 대해 말해 볼까? 우선, 우리가 교실에서 서로를 믿을 수 있으려면, 솔직하게 숨김없이 말하려면, 공부를 위해 어려움을 기꺼이 감수하려면 무엇이 필요한지에 대하여 생각해 보자. 선생님이 카드를 한 장씩 나눠 주면, 카드 위에 생각나는 대로 3개 내지 5개 정도 적어 보도록 하자."

학생들은 5분 동안 카드를 작성했다. 다음, 학생들의 대답을 듣고 토론하기 위해 학급 전체를 다시 모이게 하였다. 진이가 먼저 입을 떼었다. "리스펙트! 존중하는 마음이 없으면, 아무도 말하지 않을 거예요."

교사가 대답했다. "그래, 진아, 존중이 매우 중요하지." 학생들을 둘러보면서

"그런데 존중이 뭘까? 우리는 어떻게 존중을 표현할까?" 잠시 기다린 다음, 학생들의 대답을 듣고 판서하면서 교사 자신의 생각도 더했다. "그런데 말이야, 내가 생각하기에 존중이란 서로의 말을 잘 들어주는 것 같아. 내가 말하고 있을 때 상대방이 다른 사람하고 말한다면, 쪽지를 써서 돌린다면, 연필로 서로를 찌르며 장난 치고 있다면 나는 그 사람이 내 말을 듣고 있지 않다고 생각할 거야. 그러니까 잘 듣는다는 것은 서로에게 온전히 집중하고 주의를 기울이는 걸 의미하지."

다음, 선이가 손을 들어 다음과 같이 말했다. "저는 아이들이 서로 키득거리고 웃고 서로에게 창피를 주는 게 싫어요." 다음, 교실 뒤에 앉은 수줍음이 심한 민경이가 손을 들었다. "우리 교실에서는 몇몇 아이들만 말하는 것 같아요. 어떤 아이들은 말을 꺼냈더라도 다른 아이들이 방해해서 하던 말을 끝내지 못해요."

학생들의 생각을 들으면서 서로 대화하기를 이어 나가는 중에 교사는 말을 많이 하는 일부 학생뿐만 아니라 모든 학생에게 말할 기회를 주려고 의식적으로 노력했다.

5분쯤 경과 후, 늘 시끄럽게 떠들고 가끔 교사에게 반항하는 정문이가 손을 들었다. "그래서요? 우리가 이런 규칙들을 가지고 뭘 어떻게 재미있게 지낼 수 있는 건데요?"

교사가 미소를 지으며 대답했다. "맞아, 우리는 재미있는 시간을 보낼 거야. 우리가 서로를 어떻게 대할지에 관한 규칙을 만들면 훨씬 더 재미있는 시간을 보내게 될 거라고 생각해."

계속해서 정문이가 말했다 "그런데 말이죠, 아까 선이가 아이들이 키득거리며 웃는 걸 좋아하지 않는다고 했는데 나는 아이들이 웃는 걸 좋아해요." 이에 대해 교사는 학생들에게 비웃음과 웃음의 차이에 대해 토론해 볼 것을 제안했다. 교사는 이러한 합의 과정이 바로 서로의 말을 경청하고 상대방으로부터 배우는 과정이라는 점을 상기시켰다.

10분 정도 경과한 후에 집단은 20개의 아이디어가 적힌 목록을 완성하였다. 그러자 교사는 다음과 같이 말했다. "자, 이제 여러분이 발표한 모든 아이디어로 목록을 만들어 볼까? 칠판에 적힌 아이디어들에서 어떤 주제를 끄집어 낼 수 있을까?"

한국이가 대답했다. "서로를 존중하는 것과 관련된 아이디어들이 많이 있어요."

"내 생각에도 그런 것 같아. 우리는 존중을 표현하는 다양한 방식에 대해서도 얘기를 나눴지. 그들은 모두 하나의 범주에 속하는 것 같구나." 그러고는 공유된 합의 5개(존중하기, 경청하기, 책임지기, 즐겁게 지내기, 타인을 포함시키기)로 목록을 작성한 다음, 교사와 학생들은 각각의 합의문을 검토하였다. 교사가 학생들에게 "이 합의문을 지킬 마음이 있니?"라고 묻고, 학생들은 자신이 그 합의문을 지킬 의향이 있다면 엄지손가락을 치켜들고, 그렇지 않으면 엄지손가락을 아래로 향하게 손을 들어 각자 의사를 표현했다. 팔짱을 낀 채 의자에 몸을 잔뜩 웅크리고 앉은 경수를 제외한 모든 학생이 합의문에 수긍하며 엄지손가락을 치켜들었다. 교사가 경수에게 어떤 의견을 가지고 있는지 물었다.

경수의 대답은 다음과 같았다. "음, 그런데 우리가 이 합의문을 지키지 못하면 어떻게 되나요? 만일 우리가 화를 내거나 어리석은 말을 하면 어떡하죠?"

교사가 대답했다. "경수가 좋은 지적을 했어. 고마워. 물론 우리가 실수를 저지를 수도 있을 거야. 그런데 그것도 배움의 한 부분이란다. 다섯 개의 합의문은 교실에서 우리가 최선을 다하기 위해 해야 하는 것을 기억나게 해 주는 하나의 방법이야. 그런데 누구든지 어렵고 힘든 순간을 겪기 마련이니까 이런 걸 추가해야 할 것 같구나. '실수로부터 기꺼이 배우려 하기.' 여러분, 어떤 것 같아요?" 그다음에 교사는 학생들과 합의사항을 하나씩 다시 검토하였고, 이번에는 모든 학생이 만장일치로 동의하였다. 학생 두 명이 자원하여 공유된 합의문을 포스터로 만들어 교실 벽에 붙이는 일을 도왔다. 공유된 합의 개발 과정은 이렇게 종료되었다.

학급 합의문

- 서로의 말을 경청하기
- 서로를 포용하기
- 다른 사람에게 창피를 주지 않기
- 열심히 참여하기
- 자신과 남을 존중하기
- 실수로부터 배우기

비밀보장(confidentiality)에 관한 유의사항: 초등학교 고학년, 중학교, 고등학교 학생들은 공유된 합의 과정 동안에 비밀보장을 요구할 것이다. 학생들이 비밀보장을 원하는 것은 자연스러운 일이다. 학생들에게 비밀보장을 약속할 뿐만 아니라 **비밀보장의 한계**에 대해서도 알려 줘야 한다. 다음과 같은 이유에서 비밀보장의 한계에 대해서 연령에 적합한 방식으로 알려 주는 것이 중요하다.

- 학생들이 자신이나 타인에게 해가 될 수도 있는 말이나 행동을 암시하면, 교사는 이러한 말과 행동을 보고해야 할 법적 의무를 지닌다. 또한 학생이 학대나 신체적 위협을 당하고 있음이 의심되면, 교사는 이를 보고해야 할 법적 의무를 지닌다.
- 어떤 부모, 동료 교사, 관리자들은 교실 안에서 학생들과 합의한 비밀보장 조항이 오히려 학생들에게 안전하지 못하다고 느낄 수도 있다. 왜냐하면 상담실이나 치료실에서처럼 학급에서도 학생들이 학교에서 공개하기에 적합하지 않은 정보를 공유할 가능성이 높기 때문이다.

그러므로 학생들에게 비밀보장을 의무적으로 따르라고 명령하는 대신에 서로 **사생활**(privacy)을 존중하는 데 동의할 것을 요청하고 '사생활, 프라이버시'의 정확한 의미에 대해 토론하고 이해하도록 해야 한다. 서로의 사생활을 존중한다는 것은 타인에 관한 정보나 이야기를 공유하지 않고, 험담을 퍼뜨리지 않고 타인에 관한 정보를 유해한 방식으로 사용하지 않으며, 개인정보를 공유할 목적으로 타인을 조사하거나 강요하지 않는 것을 포함한다. 또한 학생들이 다른 사람들과 공유하기 위해 이야기할 때는 '나 관점'에서 말하고, 타인의 이름을 언급하지 않아야 하며, 자신의 목적을 위해 타인의 이야기를 사용하거나 각색하거나 해석하지 않도록 해야 한다. 만일 학생들이 서로의 사생활을 존중하지 않으면, 즉시 학생들을 모두 한자리에 모아 놓고 이 문제를 해결해야 한다.

실제: 신뢰 조성을 위한 스캐폴딩 활동하기

학습 여행 1단계가 지향하는 큰 목표는 **배려의 공동체 조성**이고, 배려의 공동체 정신을 함양하려면 먼저 신뢰를 구축할 필요가 있다. 학생들이 더 큰 목표를 향해 작은 단계들을 밟아 나아갈 때 신뢰를 가장 잘 구축할 수 있는 사람은 다름 아닌 교사이다. 교사는 학생들이 서로를 알아 가는 데 도움이 되는 방식으로, 또래집단 안에서나 여러 또래집단에서 깊은 연결이 이루어지는 데 도움이 되는 방식으로 수업 활동과 주제의 순서를 정한다. 학생들 사이에 그리고 학생들과 교사 사이에 신뢰가 구축되면, 학생들은 위험을 무릅써 기꺼이 새로운 것을 시도하고 도전에 직면하며 실패로부터 회복하고 자신의 새로운 측면을 탐색하거나 다른 사람들과 공유하기 시작한다. 이는 자연스러운 일이다.

학년 초에 학생들이 빠르게 성공을 경험하고 정서적 불편함이나 인지적 위험을 낮추는 데 도움이 될 만한 공동체 조성 활동과 집중 활동을 실시한다(이 활동들은 4장에 소개되어 있다). 학생들이 서로에 대해 알아 가는 활동을 구성할 때 학생들의 발달 수준에 맞고 또래들과의 신뢰 유지에 도움이 되는 주제나 질문을 선택하는 것이 매우 중요하다. 그러나 이것은 생각만큼 쉬운 일이 아니다. 예를 들어, 다른 사람과 대화할 때 "당신이 살고 있는 곳 주변은 어떤가요?"라고 묻는 것이 간단한 질문 같지만, 아직 신뢰의 관계가 형성되지 않은 상태에서 사회경제적 배경이 다른 사람에게 자신의 거주지 주변에 대해 말하기는 불편할 수 있다. "최근에 재미있게 읽은 책이나 재미있게 본 영화가 있습니까?" 또는 "당신이 좋아하는 음식, 동물, 노래, 음악은 무엇입니까?"와 같은 질문이나 "당신이 좋아하는 장소에 대해 말해 보겠어요?" 또는 "무슨 계절을 좋아하나요? 그 이유는 무엇인가요?"와 같은 질문은 좀 더 공평한 대화의 장을 마련한다. 다음, 2단계에서 좀 더 심오한 주제를 도입할 수 있지만, 집단이 하나의 공동체로 처음 모일 때는 각자 자신과 서로에 대해 조금만 알 수 있게 하는 것이 안전하다.

교사들이 신뢰 조성을 위한 활동들을 스캐폴딩 방식으로 순서대로 제시할 때 '스커트 앤드 스카우트(skirt and scout)' 행동양식에 대해 알아 두는 것이 도움이 된다. '스커트 앤드 스카우트'는 집단 발달의 초기 단계에서 자주 발생하는 행동 양식을 지칭한다. 새로운 집단을 형성할 때 사람들은 자신에 대해서는 너무 많은 정보가 노출되지 않도록 주변을 맴돌지만(skirt), 타인에 대해서는 좀 더 많은 정보를 찾으려고 정찰하는 경향성을 보인다(scout). 학생들이 이러한 과정을 거치고 난 뒤에 집단 상황이 이제는 안전하다고 느껴지면 자신에 대한 정보를 또래들과 좀 더 많이 공유하고 인지적 위험을 더 많이 무릅쓰려고 한다. '상대방을 믿고 뒤로 넘어지는 게임(trust falls)' 또는 '한 사람에게 난처한 질문을 던져 집단 앞에서 대답하게 만드는 게임(hot seat)'처럼 초반에 어색함을 풀기 위해 하는 활동들이 있기는 하지만 학기나 학년 중 특정 단계에 적절하지 않은 정도로 서로를 신뢰하도록 강요하는 활동은 오히려 역효과를 낼 수도 있다. 어떤 학생은 자신이 애초에 의도했던 것 이상을 순간적으로 드러내거나 나중에 후회할 일을 한다. 또 다른 학생은 향후 닥칠 위험이나 과도한 노출로부터 자신을 보호하기 위해 자신을 은폐하거나 심지어 상대방을 심하게 불신한다. 교사가 학생들이 집단 안에서 서로를 천천히 신뢰하도록 좀 더 기다려 주는 여유를 가지면, 의미 있는 연민과 연결이 이루어지고 학습공동체는 자연스럽게 발전하고 그 깊이를 더할 것이다.

교사는 학생들이 집단 안에서 어느 정도나 신뢰 발전을 이루었는지를 자주 평가하고 그 수준에 적합한 활동과 주제를 선택하는 것이 중요하다. 학기나 학년의 중간쯤에는 공동체 의식을 심화시키는 데 효과적일 수 있는 활동이 학기나 학년 초에는 경계심, 의혹, 반발을 일으킬 수 있기 때문이다. 예를 들면, '성인기' 단원을 가르칠 때 학생들에게 '어린 시절에는 믿었지만 이제는 더 이상 사실이 아닌 아동기 신념'에 대한 글을 쓰고 발표해 보라고 할 수 있지만, 이런 종류의 주제는 상실감, 거부감, 당혹감을 불러일으킬 수 있다. 집단 발달의 초기에 특히 1단계에서는 집단 안에 안전과 신뢰가 아직 충분히 조성되어 있지 않아서 어떤 활동이나 주제는 의미 없을 수도 있고 안전하지 않을 수도 있다. 그러나 일단 신뢰의 기초가 구축되고 나면, 학생들은 앞에서 언급되었던 주제들을 자신, 타인, 학업적 내용과 연결 지을 수 있게 된다.

학습 여행의 1단계는 일 년 동안 학생지도를 잘하기 위한 튼튼한 토대를 세우고 학생들을 2단계로 준비시키는 단계이다. 1단계 동안에 학생들은 열정과 흥분, 조바심, 두려움, 불안에 이르기까지 다양한 정서를 경험한다. 이때, 교사가 교실에서 안전과 참여의 문화를 조성하면 지적인 호기심, 연민, 참된 자기표현이 자연스럽게 발현된다. 교사가 1단계의 목표를 달성하기 위해 다양한 시도에 시간을 들이는 만큼 학생들의 사회정서학습과 학업을 동시에 지원할 수 있다. 좀 더 구체적으로 말하면, 교사와 학생이 함께하는 참여수업의 5영역을 참조하여 학생지도를 하면 학생들은 자신을 더 많이 돌아보고 서로에 대해 더 잘 알게 되며 학업에 더 많이 집중하고 자신의 행동과 학급풍토에 대해 더 많은 책무를 지며 정서 경험을 더 잘 이해하고 더 적절하게 표현하며 자신과 타인 그리고 주변 세계를 더 큰 연민의 마음으로 대한다.

1단계 요약
집단 발달의 1단계 동안 학생지도를 위해 교사가 할 수 있는 것: • 리더로서 교사의 역할 설정하기 • 사회정서학습과 교과학습의 맥락 제공하기 • 공유된 합의 과정 진행하기 • 신뢰 조성을 위한 활동의 순서 정하기

2단계: 공동체 의식과 연결의 강화

1단계에서는 향후 학습 여행의 토대가 되는 배려와 포용의 학급공동체를 조성하였다. 2단계에서 공동체 의식이 심화되고 연결이 강화되면, 학생들은 창의적이고 비판적이며 지적인 활동을 기꺼이 더 많이 하고자 한다. 학생들이 자신과 서로에 대한 믿음을 발달시키면서, 더 큰 진정성을 가지고 자신을 표현하고 더욱 복잡한 정서 문제와 학업 문제를 관리할 수 있게 된다. 사실, 어떤 공동체가 2단계로 발달했을지라도 그 공동체 안에 조성된 **신뢰와 안전의 수준**을 가늠하는 것이 중요하다. 그래야 학생들이 준비가 되지 않은 상태에서 더 깊이 있거나 더 위험한 것을 하도록 교사가 기대하거나 강요하지 않을 수 있기 때문이다. 그런데 집단이 2단계로 진입하는 데 소요되는 시간은 집단의 크기, 공감대, 맥락, 존속기간에 따라 매우 다르다는 점을 유념해야 한다.

2단계에서는 일반적으로 더 깊고 더 강력한 연결이 이루어진다. 그래서 학기 초에는 시기적절하고 적합한 것처럼 느껴졌던 주제들이 이제는 너무 단순하거나 피상적인 것처럼 느껴져서 학생들이 주의 산만해지는 것을 볼 수 있다. 또한 깊이와 연결이 증가하면서 개방성과 취약함 또한 증가하므로 학생들이 다시 문제행동을 하고 교사의 한계를 시험하기 시작할 수도 있다. 그러므로 2단계에서도 분명한 경계를 유지하고 이 단계에 적절하게 그리고 일관성 있게 반응해 주는 것이 매우 중요하다.

이 단계에서는 모든 차이를 존중하자는 합의사항을 무심결에 위반하는 무의식적 고정관념이 또래들 사이에서 종종 드러난다. 고정관념이 우리 사회, 미디어, 공동체, 직장생활에도 만연해지면서 앞서 언급한 교실 내 경험들은 우리가 살고 있는 더 큰 맥락의 특징을 반영한다. 이러한 순간은 바로 학생들이 어디에서 어떻게 학습하고 고정관념을 내면화하는지를 탐색하고 대안적 관점을 제시하는 계기가 된다. 나이가 많은 학생들과는 이처럼 가르칠 기회를 통해 사회적 통념, 통계적 현실, (편견의 대상인) 사람들의 실제 경험 간의 간격을 엄격하게 탐색한다. 문화적 민감성에 관한 자료를 찾으려면, 제2장과 이 책 뒤에 제시된 참고문헌을 참고하라.

2단계 동안에 학생들이 학습에 참여하고 연결을 이루며 진정성을 보이는 수준이 상승함에 따라 학생들의 역량 수준도 상승한다. 이제는 스트레스 관리, 분노 관리, 또래관계, 의사소통과 문제 해결, 더 큰 사회의 쟁점들, 국제적 사건들과 같은 주제를 탐색해도 좋을 만큼 학급공동체 안에 충분한 신뢰와 안전이 구축된다. 따라서 2단계에서 학생들은 더욱 주도적이 되고 또래들과 협동 프로젝트를 수행할 수 있게 된다. 이때, 공동체 서클 활동이나 학급회의를 규칙적으로 개최하여 학생들이 수업내용을 자신의 삶과 연결 지어 말로 표현해 보게 하는 것도 효과적이다.

다음에서는 2단계의 목표를 달성하기 위해서 교사와 학생이 함께하는 참여수업의 5영역을 응용하는 실제적 방법들을 소개한다. 이러한 실제적 방법들의 깊이와 중요성이 2단계에 적절할 만큼 증가하지만, 이러한 방법들이 2단계에만 배타적으로 해당되는 것은 아니다.

실제: 학생의 의견 표명을 요청하기

학생의 의견 표명을 효과적으로 요청하려면 '시간', '신중한 배려', 수업의 소유권을 적절히 공유하는 교사의 '**열린 마음**'이 필요하다. 대화, 토론, 질의응답, 협동학습, 개인적 스토리텔링, 공유와 성찰, 수업내용에 대한 개인적 반응 등 다양한 방법을 통해 학생들이 교실에서 의견을 표명하도록 격려할 수 있다. 이러한 방법은 학생들이 서로에 대해 더 많이 알게 하고 주제에 대해 더 깊이 있는 성찰을 할 수 있게 만들어 공동체 안에서 상호연결이 이루어지게 하고 서로의 차이에 대한 이해를 높인다. 또래들이 자신을 알고 있고 자신의 의견을 경청하고 있다고 느끼는 학생들은 교사나 또래들의 관심을 끌기 위해 안 좋은 행동을 할 가능성이 낮다. 제 목소리를 내라고 여러 방식으로 격려받는 학생들은 더 적극적으로 학습에 참여하고 자신의 이야기를 또래들과 더 많이 공유하며 더 깊이 생각하고 자신의 능력을 더 신장시키길 원하므로 동기 수준이 높아진다.

그런데 교사는 학생들의 참여나 피드백을 지나치게 간절히 요청하기를 경계한다. 왜냐하면 교사가 수업에 대한 통제를 상실하거나 학생들이 부정적 피드백을 쏟아 놓을까 우려스럽기 때문이다. 그러나 노련하게 피드백을 요청하면 대부분의 학생은 긍정적이고 유익한 방향으로 대답하고, 이로써 학생들의 역량도 점차 향상된다. 또한 **강점 모델**(strengths model)에 비추어 학생들에게 자신의 강점이 무엇이고 자신의 강점을 확장시킬 수 있는 방법이 무엇인지를 묻는 방식으로 피드백을 요청할 수 있다. 그리고 매주, 매달 또는 분기별로 학생들에게 각자 수업의 좋았던 점과 나빴던 점을 메모장에 적어 제출하는 체크 인 시스템을 운영할 수도 있다. 이러한 방법은 학생들의 현재 상태를 측정하고 그에 맞춰 교수 방법과 내용을 조정하는 방안을 모색하는 데 도움이 된다.

다음은 학생들의 관점과 의견을 물어서 학생들이 존재감을 느낄 기회를 제공하는 수업활동을 예시한 것이다.

학생의 의견 표명을 요청하는 활동

- Know, Wonder, Learn(KWL): 학생들에게 학습주제에 관한 질문을 하도록 요청한다. 예를 들면, 날씨 단원을 시작할 때, 학생들에게 날씨에 대해 아는 것(Know: K)과 궁금한 것(Wonder: W)을 질문하게 하고, 단원이 끝날 때는 날씨에 대해 학습한 것(Learn: L)을 쓰게 한다. 시작할 때의 질문은 교사가 학생들의 배경지식과 호기심에 맞춰 수업을 조정할 수 있게 하고, 끝날 때의 질문은 학습을 장기 기억과 미래 응용에 정착시키는 역할을 한다.
- 수업 보고(class debrief): 수업이 끝날 때, 수업활동을 제대로 했는지에 대해 학생들이 보고하는 시간을 갖는다. 교사는 수업에 대한 학생들의 피드백을 듣고, 수업이 학생들에게 어떻게 진행되었는지를 반성할 수 있다. 학생들에게 수업과 관련하여 무엇이 좋았고 무엇이 좋지 않았는지, 무엇을 학습했는지, 무엇을 기억했는지, 무엇에 도전의식을 가지게 되었는지, 어떤 학습 위기를 경험했는지를 질문한다. 수업 보고 활동은 다양한 수업에서 활용될 수 있다. 어려운 수학 숙제를 내 줄 때, 아동기 기억에 대한 이야기를 나누는 공동체 서클 시간에, 팀워크가 필요한 활동을 할 때, 교과수업 중에 교과서를 낭독해야 할 때도 정리 단계에서 수업 보고 시간을 가질 수 있다. 수업 보고 활동을 통해 학생들이 자신의 이야기를 다른 학생들과 공유하고 다른 학생들의 의견을 경청함으로써 학습은 더욱더 확대되고 견고해진다. 또한 학생들의 반응에 따라서 교사의 수업 계획을 조정할 수도 있다.
- 2인 1조, 동심원 활동(Wheel Within a Wheel), 공동체 서클 또는 협의회: 학생들이 2인 1조를 이루거나 전체 학급이 하나의 주제(사회정서적 주제 또는 교과수업의 내용 주제)에 대해 의견을 나눈다. 발제자는 일정 시간 동안에 방해받지 않고 이야기할 수 있다(pp. 226-229, 참여수업의 실제 요약 참고).

- 구두발표: 학생들이 개별적으로 또는 소집단을 이루어 어떤 주제에 대해 전체 학급 앞에서 발표한다.
- 월드 카페[2]: 학생들이 4인 1조를 이루어 앉아 사회정서적 주제나 교과학습 내용과 관련된 개방형 질문 세 가지에 대답한다. 질문 하나에 4인 1조 카페 테이블 하나씩 돌아가며 대답하고, 카페 테이블의 리더가 학생들의 모든 대답을 기록해 두었다가 마지막에 학급 전체에 보고한다(Brown & Isaacs, 2005).
- 체크 인 메모: 학생들이 매주, 매달 또는 분기별로 한 번씩 수업의 좋은 점과 문제점을 각각 1~3가지씩 메모장에 적는다.
- 강점·기회 지도: 수업 종료 즈음에 그 수업을 통해 학습, 학급공동체, 또래관계 등의 측면에서 자신의 강점과 성장할 수 있는 기회를 확인하여 강점·기회 지도(strengths and opportunities map)를 작성한다. 학생들은 수업, 프로젝트, 주제 중에서 선호하는 것과 선호하지 않는 것을 분류하고, 왜 이렇게 생각하는지를 말한다.
- 브레인스토밍: 사회정서적 주제나 교과수업 내용 주제에 관해 브레인스토밍을 한다. 예를 들면, 배척, 욕설 등 학급공동체의 문제점에 대한 해결방안, 학급 연극 또는 소풍 관련 아이디어, 수업 시간에 보는 퀴즈 문제에 대한 제안들을 자유롭게 가능한 많이 발언한다. 학생들이 발표한 아이디어들을 교사가 검토하거나 학급이 투표하여 최선의 아이디어를 결정할 수도 있다. 브레인스토밍은 학생들로 하여금 계속 생각하게 만들고 학습을 견고하게 만드는 데 도움이 된다.

---

2) 역자 주. 월드 카페(World Café)는 Brown과 Isaacs가 1995년에 개발한 집단 토론의 방법이다. 4~5명 단위로 팀을 구성하여 대화를 시작하고, 팀 구성원들이 팀을 바꾸면서 대화를 이어 나가, 결국에는 많은 사람이 함께 대화를 하고 의견을 수렴하고 공유할 수 있다. 자리를 이동하며 진행되는 집단 토론의 방법이므로 다소 산만한 느낌이 들 수 있지만, 짧은 시간 안에 학생들의 발언 분량이 많고, 개인의 의견이 전체에 전달되며, 여러 사람의 의견을 들을 수 있으며, 학생 중심의 수평적 토론이 가능하고, 학생들이 자발적으로 자신의 의견을 자세히 설명할 수 있다는 장점을 가진다. 월드카페의 진행 방법은 다음과 같다. 학급(또는 집단)을 4~5명의 팀으로 나누고, 각 팀에서는 1명의 카페주인(호스트)을 선정하고 나머지 팀원들은 모두 손님이 된다. 팀별로 10~15분 동안 주제에 대해 자유롭게 토론하고, 카페주인과 팀원들은 토론 내용을 전지에 기록한다. 종이 울리면 카페주인을 제외한 손님들은 모두 자리를 바꿔 다른 팀에서 토론을 이어 나간다. 새로운 팀원들이 오면, 카페주인은 이전 팀원들의 토론 내용을 정리하여 안내한다. 모든 토론이 끝나면, 각 테이블의 카페주인은 전지에 기록된 내용들 중에서 중요한 내용을 정리하여 전체 집단에 발표한다.

- 피드백 요청하기: 수업 정리 단계에서 일대일 면담이나 온라인 조사 또는 지필식 조사를 통해 피드백을 요청한다. (단, 응답의 익명성을 보장해야 한다.) 교사는 이때 얻은 피드백을 활용해 다음 단계에서 할 것을 결정하거나 수업을 개선하거나 학급회의를 지도하거나 문제 해결을 위해 학생들과 개별적으로 만날 수 있다.

유의사항: 학생들은 말, 글, 표현예술, 여타의 수단을 통해 자신의 의견을 표명할 수 있다. 이와 같은 발언은 (개인적 성찰로서) 사적인 것으로 남길 수도 있고 교사, 또래, 모둠과 공유할 수도 있다.

실제: 자기, 타인, 세상과 더 깊은 연결 이루기

학습 여행 2단계에서 두 번째로 중요한 것은 학생들이 자신, 또래, 교사, 주변 세상과 더 깊이 있는 연결을 이루도록 돕는 일이다. **연결**(connection)은 서로를 배려하고 서로에게 진실하면서도 의미 있는 관계망(a web of relationships)으로 정의된다. 연결을 이루는 사람은 더 큰 공동체에 소속되어 있다는 느낌을 경험하고 참된 전인(a whole person)으로 이해받는 경험을 한다. 또한 연결감을 느끼는 학생들은 자신의 기술, 재능, 열정, 지혜, 호기심, 학습능력을 더 잘 활용할 수 있다.

많은 요인이 위험행동, 무모한 행동, 자신이나 타인에 대한 폭력, 학교중퇴, 학업실패 등을 초래한다. 예를 들면, 테크놀로지의 남용, 가족구조의 변화, 소비문화의 압력, 참된 의미와 목적의식의 총체적 결여가 문제의 발생에 영향을 준다. 이로 인해 오늘날 많은 학생이 분리와 고립 그리고 소속감의 결핍을 경험하는데, 이러한 소외 경험이 문제의 가장 중요한 근원이라 할 수 있다.

소외 경험을 해결할 수 있는 강력한 처방은 **참된 연결**(authentic connection)을 경험하는 것이다. 이렇게까지 효과적인 연결은 미디어, 테크놀로지, 소비문화를 통해 제공되는 피상적인 접촉이나 관계와는 근본적으로 다르다. 케슬러(Kessler,

2000b)가 자신의 저서『교육의 진수(The Soul of Education)』에서 진정으로 연결을 이룰 수 있는 기회를 갖지 못하는 젊은이들의 문제행동에 관심을 가질 것을 촉구하였다. 이들은 돈으로 사고팔 수 있는 것으로써 의미와 목적의식을 추구하고, 약물남용, 섹스 등 위험행동을 통해 즐거움을 충족시키고 초월에 이르고자 하며, 자해와 신입생 괴롭히기 같은 파괴적 통과의례를 시행하는 경향이 있다. 이와 달리, **참된 연결**을 경험할 수 있는 **공동체**를 마련해 주면 학생들은 의문을 제기하고 도전하며 목적을 추구하는 데 있어 자기 혼자가 아니라는 것을 알아차리게 된다. 이러한 관계 안에서 자기를 표현할 기회를 얻는 학생들은 자신의 독특한 재능이 공동체와 사회에 의미 있게 기여할 수 있는 방법을 발견하게 된다. 연결을 느끼는 학생들은 역경을 극복하고 변화를 헤쳐 나아갈 수 있다.

다음은 어느 고등학교 3학년 학생의 이야기이다.

고등학교 1, 2학년 때 아버지는 이라크에 계셨고, 집에는 엄마, 나 그리고 세 명의 어린 동생이 살고 있었다. 나는 가족의 리더 역할을 맡아야 했기 때문에 참으로 힘든 시절이었다. 상담 선생님께서 내 역할과 내 인생에 대한 생각을 바꾸는 결정적 계기를 마련해 주셨다. 내 인생에서 일어나고 있던 고난이 다른 학생들의 삶 속에서는 각기 다른 방식으로 일어나고 있음을 깨닫게 해 주셨기 때문이다. 우리가 겪는 고난은 우리가 극복해야 할 힘들고 어려운 그 무엇일 수도 있지만, 학교에는 우리가 겪는 문제들을 비슷하게 겪고 있는 사람들이 많이 있다. 그래서 우리는 절대로 혼자라고 느껴서는 안 된다. 우리는 고난을 극복할 수 있다는 것을 알고 있고, 고난을 극복할 수 있다. 그리고 우리는 그렇게 되기를 원하는 사람이 될 수 있고, 행복한 사람이 될 수 있다.

다음은 학생들이 연결을 느끼는 데 도움이 되는 요소와 실제를 나열한 것이다.

무엇이 자기, 타인, 세상과의 연결을 만들어 내는가
• 우리는 모두 독특함, 절묘한 차이, 놀라울 정도로 비슷한 공통점을 지니고 있다는 인식과 이해 • 우리가 속한 학습공동체와 학생들의 특징(기술, 능력, 성격, 견해, 관점, 꿈, 비전)에 대한 대화와 탐색 • 우리의 열정, 꿈, 비전, 중대한 질문거리를 탐색할 기회 • 우리가 맡은 일상적인 역할을 뛰어넘어 타인에게 알려질 수 있는 기회 • 상호의존과 상호연결의 경험, 공동체 안에서 이해와 지지를 주고받고 서로 책임을 공유하는 경험, 상호관계에 대한 이해의 발달 • 우리의 뿌리(혈통, 유산, 전통, 국민)에 대한 탐구 • 커리큘럼과 수업내용의 개인적 관련성과 정서적 연결에 대한 경험 • 교실에서 개인의 독특한 견해와 의견의 표명을 격려 받는 경험 • 학생의 관심과 열정을 커리큘럼 주제와 내용에 통합해 보는 경험 • 학생이 자신을 공동체(가족, 이웃, 지역사회)의 일원으로 이해할 수 있는 기회 • 학생들이 개인생활보다 더 큰 무엇(예: 지역사회 프로젝트, 봉사학습)에 기여하는 기회

학교의 주요 임무는 학습과 학업성취에 있다. 그러나 학생들의 건강과 웰빙을 그리고 성장을 효과적으로 돕길 원한다면, 학교는 **참된 연결**의 장소가 되어야 한다. 학생들이 또래, 교사, 학교, 주변 세상과 연결되어 있다는 경험을 할 때 공동체에 기여하고 공동체 활동에 참여하려는 윤리적 동력이 자연스럽게 일어난다. 교사는 학생들의 가족도 아니고 상담사도 아니다. 그렇지만 교사는 학생들을 돌보고 배려하는 관계를 형성할 수 있고, 의미 있는 연결을 경험할 가능성이 높은 학습 기회를 제공할 수 있다. 학생이 자기, 타인, 이 세상과 더욱 깊은 연결을 갖도록 돕기 위한 몇 가지 실제적 방법은 다음과 같다.

상호연결 탐색하기

학생들이 소속되어 있는 공동체(가족, 학교, 이웃, 지역사회, 시 · 도, 국가, 국제사회)와 개인 삶을 연결 지으면 연결감과 소속감이 높아진다. 이때, 상호연결(interconnection)의 개념을 소개하는 것만으로도 알아차림, 공감, 참여를 더욱 촉진시킬 수 있다. 예를 들면, 우리가 환경과 어떻게 연결되어 있는지를 교사와 학생들이 함께 탐구하고 조사하면 과학교과의 한 단원을 충실히 가르칠 수 있을 뿐만 아니라 상호연결을 이룰 수 있다.

더 심오한 주제와 더 복잡한 내용 포함하기

학습 여행의 1단계를 설명할 때, 집단 안에서 서서히 신뢰를 쌓으려면 여러 활동의 순서를 정하는 것이 매우 중요하다고 하였다. 이제 2단계에서는 좀 더 심오한 주제와 좀 더 복잡한 내용을 다룰 수 있는 기회가 있다. 이러한 심화 과정은 사회정서학습을 하는 상황과 교과학습을 하는 상황에 모두 적용된다. 예를 들면, 조례시간에 학급 전체가 모여 신뢰와 협력을 필요로 하는 활동을 집중적으로 실행할 수 있다. 상급 학교 진학을 앞둔 학년에서는 '도전과 변화의 기회'를 주제로 다룰 수 있다. 고등학교 언어 수업 시간에는 도전의 극복, 또래관계, 국제적 사건, 젠더 이슈 등을 주제로 공동체 서클 활동을 이끌 수 있다.

협력의 기회 제공하기

학습 여행의 1단계 동안에도 학생들이 협력하며 작업할 기회가 많지만, 2단계에서는 연결감과 신뢰가 더욱 공고해지므로 학생들의 협력 능력과 욕구가 더욱 커진다. 이제 학생들은 자신과 서로에 대해 더 잘 알게 되어 더욱 복잡한 프로젝트에서 더욱 효율적으로 더 오랜 시간 협력할 수 있다. 그러므로 학생들이 각자 속한 집단 안에서 발표된 모든 의견을 고려할 수 있도록 그리고 팀원들에게 공정하게 과제를 배정할 수 있도록 협력학습의 방법에 대해 가르치고 필요한 도움을 줄 필요가 있다. 이때, 교사는 학생들이 학습에 필요한 자원을 모두 동등하게 접할 수 있다고 가정하지 않도록 유의해야 한다. 모든 학생이 프로젝트에 필요한 자료를 얻을 수 있는지 그리고 활용할 수 있는지를 면밀히 살펴보고, 자료가 부족한 학생에게는 필요한 자료를 제공하고 자료 사용법을 모르는 학생에게는 자료 사용법을 알려 주어야 한다.

학생에게 의미와 목적을 탐색할 기회 주기

2단계에서는 학생들에게 자신이 추구하는 의미와 목적의식을 탐색할 기회를 준다. 학생들이 학교에서 배우는 내용과 하고 있는 활동을 자신의 정체성, 삶, 의미에 대한 신념과 연결 지을 수 있도록 도와주어야 한다. 이것이 가능할 때 비로소 학생들은 학습에 진정한 관심을 가지게 되고 더욱 적극적이고 깊이 있게 참여한다. 학생들에게 다음 질문을 던져 학교와 일상생활에서 어떤 목적을 추구하는지 탐색하게 한다.

- 학교와 일상생활에서 내가 원하는 것은 무엇인가?
- 나의 재능은 무엇인가? 나의 재능을 어떻게 표현할 수 있는가? 나의 재능을 어떻게 공동체와 공유할 수 있는가?
- 학교와 일상생활에서 무엇이 나로 하여금 목적의식을 갖게 하는가?
- 수업내용이 내가 추구하는 더 큰 목적이나 비전을 어떻게 뒷받침하는가?
- 내 삶의 어느 부분에서 의미와 목적을 경험하는가?

글쓰기 과제, 예술활동, 음악, 연설, 춤, 구두발표를 통해 학생들은 질문에 대한 대답을 탐색한다. 질문에 담긴 주제가 언어, 사회, 역사 교과목의 수업내용(예: 정체감, 젠더, 성년, 문화)과 관련된다면 교과 수업 시간에 질문에 대한 탐색활동을 해도 좋다.

열정, 희망, 꿈을 탐색할 기회 주기

교사는 언어적, 시각적, 상징적 표현, 2인 1조 활동, 소집단 활동, 학급 전체 서클 활동, 협의회에서 학생들이 자신의 열정, 희망, 꿈, 미래 비전을 탐색하고 이에 대해 또래들과 이야기 나눌 기회를 제공한다. 이러한 활동을 통해 학교 공부가 자신과 연결되어 있다는 느낌을 갖게 만들 수 있다. 예를 들면, 학생들은 자신의 삶에서 현재 가지고 있는 열정을 상징하는 물건을 가져와 또래들과 함께 이에 대한 이야기를 나눈다. 학생들은 강에서 주운 돌멩이 하나를 가져올 수도 있고, 가족의 애장품을 가져올 수도 있으며, 친구의 사진이나 악보 또는 응원하는 야구팀의 모자나 유니폼을 가져올 수도 있다. 한편, 국어 수업 시간에는 나이가 들면 어떤 성인이 되어 있을지에 관한 글쓰기 과제를 할 수도 있다.

학생의 질문을 존중하고 포용하기

자기, 자기 존재, 또래들, 자기가 속한 문화, 삶의 본질 등에 대한 궁금증은 거의 모든 인간에게 자연스럽고 보편적으로 나타난다. 이러한 선천적 호기심은 참교육의 근원인데, 선천적 호기심 때문에 우리는 가장 심오한 질문을 학습과 연결 짓는다. 자신과 삶에 대한 질문과 탐구의 내용은 시간과 함께 발달하는 것이 당연하다. 예를 들면, 초등학생은 나무에 기어오르는 애벌레에 대해 궁금해하지만, 중학생은 자신의 정체성과 또래집단 소속에 대해 호기심을 갖고, 고등학생이 되면 삶의 목적과 세상 안에서 자신의 위치에 대해 궁금해하기 시작한다.

궁금해하고 질문거리를 생각해 내고 질문을 제기하는 능력은 가능성과 새로운 통찰을 닫아 버려 낡고 습관적인 방식에 빠지지 않게 한다. 어떤 종류의 질문이든 해도 좋다고 학생들을 격려하면 학생들의 비판적 사고 기술이 향상되고 교과학습 내용을 자신의 삶과 연결 짓는 능력 또한 향상된다. 교사는 학생들이 교과목과 관련된 질문을 하도록 격려할 수도 있고 좀 더 철학적인 질문을 하도록 학생들을 이끌 수도 있다. 교사는 학생들이 궁금한 질문이든 철학적 질문이든 구체적인 대답이 없을 수도 있는 질문이든, 기꺼이 질문을 제기하도록 가르쳐서 모호함, 모순, 미지의 영역에 굴복당하지 않고 견뎌 낼 수 있게 도와야 한다.

사람들은 자기 자신과 삶에 대해 근본적 질문들을 공통적으로 가지고 있다. 그러므로 궁금한 것에 대해 함께 이야기 나누는 과정을 통해 서로 연결되어 있음을 경험하고 공통된 인간성을 이해하게 된다. 질문을 하는 과정에서 사람들은 혼자만 질문을 가지고 있는 것이 아니라는 점을 깨닫고 다른 사람들도 삶의 복잡한 문제를 불분명한 방식으로 탐색하고 있다는 것을 알아차리게 된다. 그렇기 때문에 이러한 과정은 특히 10대 학생들에게 매우 큰 영향을 미친다.

교사는 학생들이 학교와 일상생활의 모든 측면에서 대답만큼 질문도 가치 있는 것으로 여기도록 지도한다. 예를 들면, 학년 초에 학생들에게 무기명 메모장을 나눠 주면서 이번 학년에 대해 궁금한 점을 질문으로 쓰고, 이번 학년에 예상되는 도전과 기회를 찾아보라고 한다. 학생들은 아마도 다음과 같은 질문들을 제기할지도 모른다. "이번 학년에는 새로운 친구를 사귈 수 있을까?" "이번 학년에 수학에서 낙제할까?" 다른 예를 들면, 고학년 수업 시간에 젠더에 관한 문헌을 읽고 주제를 탐구할 때 학생들에게 이성에 관해 궁금한 것을 익명으로 적어 보게 할 수도 있다. 이때, 흔하게 제기되는 질문은 다음과 같다. "왜 남자아이들은 자기의 감정을 다른 사람들과 나누기를 어려워할까?" "왜 여자아이들은 등 뒤에서 남의 험담을 할까?" 또 다른 예를 들면, 초등학교에서 과학 수업 시간에 교사가 한 단원을 시작하면서 지구에 대해 궁금한 것을 질문하라고 했을 때 학생들이 제기한 질문들 중 일부 질문(예: 번개는 어디에서 시작되는가?)에는 대답이 있고, 일부 질문(예: 지구에서 인간이 계속 생존할 수 있는 방법은 무엇인가?)은 계속적인 탐구를 요한다. 다음은 초등학교 5학년부터 고등학교 3학년까지 학생들이 궁금해하는 질문들을 예시한다.

궁금해요
• 내가 누구인지를 어떻게 알 수 있나? 내가 누구인지를 알게 된 때, 나는 내가 누구인지를 안다는 것을 알게 될 것인가? 다른 사람들이 그러한 변화를 알아차릴 것인가?
• 나에게 아름다움이 그렇게 많은 영향을 미치는 이유는 뭘까?
• 내가 괴짜인가? 다른 사람들이 괴짜인가?
• 선생님이 우리에게 관심을 갖고 신경 써 주시는가? 아니면 그러는 것처럼 꾸미는가? 선생님은 학생들에게 가르친 내용을 정말로 믿는가?

- 이 나이 때는 다른 사람들과 어울리기가 왜 어려운가?
- 무엇이 다른 사람들보다 더 많이 베풀고 사랑하게 만드는 걸까?
- 사람들이 남들과 어울리기 위해 자신의 믿음에 반하는 행동을 하는 이유가 뭘까?
- 나이를 먹는다는 것은 무슨 의미일까?
- 우주는 멈출까? 안 멈출까?

실제: 슬기롭게 도전을 헤쳐 나가기

학생들은 2단계에서 새로운 도전을 마주칠 수도 있다. 학생들이 자신을 더욱 완전하게 표현하고 좀 더 깊은 자신의 속마음을 다른 사람들에게 드러내며 공유하기 시작할 때 다른 한편으로는 취약함을 더 많이 느낄 수도 있다. 그래서 취약함의 느낌을 피하기 위해 공동체를 이탈하거나 이전의 행동으로 되돌아갈 수도 있다. 또한 2단계에 들어서면서 1단계의 '허니문 시기'가 끝난다. 그래서 학생들이 진짜 자기에 대해 더욱 온전하게 남들과 이야기를 나누면서 더욱 풍부하고 복잡한 역동으로 활동하게 된다. 지금까지 구축해 온 신뢰 때문에 이제 학생들은 안전함을 느끼면서 좀 더 개인적인 것들을 공유한다. 그래서 어떤 학생은 교실에서 공유하기에는 정서적으로 너무나 강렬하거나 개인적인 내용을 언급할 수도 있다. 그런 경우에는 교사가 학생들에게 한계를 분명하게 상기시키고 공감과 연민의 마음으로써 방향을 바꿔 줘야 한다(정서적 경계 설정의 전략에 대해서는 6장 참고).

또한 학생들이 학업 스트레스를 많이 겪고 있다는 점을 고려하여 2단계에서는 스트레스 완화 활동을 도입하는 것도 괜찮은 방법이다. 예를 들면, 집중(focusing) 활동, 마음챙김(mindfulness) 명상, 스트레스와 스트레스 감소를 주제로 서로의 관심사와 이야기를 나누는 공동체 서클 활동을 진행할 수 있다.

이제 점차 학생들의 역량이 강화되고 활기찬 참여와 활력이 증가하면, 교사는 한편으로는 즐거우면서도 다른 한편으로는 긴장감과 시험당한다는 느낌을 받을 수도 있다. 이때, 교사는 학생들이 긍정적인 방식으로 활력을 발휘할 배출구를 찾도록 도와주어야 하고 해결해야 할 당면 과제로 되돌아오게 해야 한다. 교사의 삶과 학생들의 삶에서 예측 불가능하게 발생하는 사건과 경험에서 비롯되는, 예기치 않은 도전은 종종 '반갑지 않은 것을 환영하는' 기회가 된다. 즉, 도전은 달갑지는 않지만 성장할 기회가 된다.

2단계에서 학급 관리의 문제가 발생하면, 바로 이때가 다음의 두 가지를 실행하기에 좋은 시기이다. 첫째, 수업 또는 활동의 목적, 학급이 합의하여 공유하고 있는 행동기대, 협상의 여지가 없는 규칙을 다시 돌아본다. 문제가 심각할수록 시간을 좀 더 할애하여 당면 문제의 잠정적 원인들과 문제 해결 전략들에 대해 탐색하고 논의하는 학급회의나 토론 시간을 가질 필요가 있다. 둘째, 학급의 리더로서 교사가 맡고 있는 궁극적 책무(확고한 존중의 경계를 설정하고 유지하며 행동기대와 후속조치에 대해 학생들에게 분명하게 알려 주고 실행하는 것)를 검토하고 학생들을 위해 이를 모델링한다. 경계 설정과 시행의 구체적 방법에 대해서는 5장을 참고하라.

2단계 요약
집단 발달의 2단계 동안 학생지도를 위해 교사가 시도하는 것: • 학생들의 의견 표명을 요청한다. ◦ 학생들에게 탐구하길 원하거나 관심이 가는 주제를 찾아오라고 한다. ◦ 또래관계 문제가 일어날 때 학생들에게 문제 해결을 위한 토론을 제안한다. ◦ 학생들에게 학습목표를 검토하고 학습 위기를 도전으로 받아들이도록 한다. • 자기, 타인, 세상과 더욱 깊은 연결을 이루도록 격려한다. ◦ 학생이 자신, 타인, 수업내용을 좀 더 깊은 수준에서 연결 짓는 데 도움이 되는 주제와 촉구자극을 제시한다. ◦ 학생이 가지고 있는 열정, 비전, 꿈, 흥미, 관심을 학습의 한 부분에 포함한다. ◦ 학생이 묻는 질문과 궁금사항을 교사, 또래, 학급과 공유하게 한다. • 도전을 슬기롭게 헤쳐 나아간다. ◦ 수업의 목적과 목표를 다시 돌아본다. ◦ 반갑지 않은 도전을 기회로 환영한다.

- 경계를 다시 설정하고, 합의 사항을 상기한다.
- 질문을 제기하고 탐구한다.
- 도움과 지원을 얻는다.

3단계: 긍정적 종결과 학습의 정착

학년 말이나 학기 말에는 의도적으로 종결 과정을 시행하여 학생들이 학습을 정착시키고 성취감을 경험하며 겨울방학이나 여름방학 또는 그다음 학년으로 원활한 전환을 이루도록 돕는다. 이때, 종결이 긍정적으로 이루어지지 않으면 학생들은 뭔가 완성했다는 느낌을 갖지 못한 채 혼란스러운 종말을 경험하게 된다. 학생들이 지금까지 배운 것을 종합하고 학습 여행의 전개 과정을 전체적으로 검토할 기회가 주어지지 않으면, 마지막 시간까지 진행된 수업과 프로젝트 그리고 각종 행사에 압도되어 주눅이 들 수도 있다. 교사는 의도적으로 긍정적인 종결이 되도록 미리 준비하여 학생들이 수업과 공동체 활동을 통해 효과적으로 학습하고 좋은 경험을 얻는 데 유의한 영향을 줄 수 있다.

실제: 의도적 종결 과정 실행하기

집단에 형성된 신뢰의 수준, 수업을 해 온 시간, 탐구해 온 사회적, 정서적, 학업적 주제 등을 고려하여 언제 어떻게 종결 과정을 도입할지를 결정한다. 3단계에서는 학생들이 한 학기 또는 한 학년 동안에 공부한 것을 종합적으로 검토하고 자기평가를 한다. 이는 사회나 과학 교과목처럼 표준적인 내용이 있는 수업의 3단계에 가장 적절한 방법이다. 사회정서학습, 세미나 수업, 리더십 훈련, 전환을 지원하는 수업에서는 종결 시간을 좀 더 연장하는 것이 유용하다(전환을 위한 커리큘럼을 참고하려면 www.passageworks.org를 볼 것).

교사는 어떤 상황에서든지 학생들이 경험한 것을 검토하고 학습한 것에 대해 성찰하며 종결하면서 느낀 감정을 표현하고 서로에게 의미 있는 피드백과 의견을 주고받을 수 있게 한다. 이로써 학생들의 종결 경험에 매우 큰 영향을 줄 수 있다. 어떤 수업 시간에는 교사와 학생들이 함께 지난 시간을 되돌아보고 반성해 보는 시간을 가질 수도 있고, 중요한 기억이나 학습경험을 나누는 시간을 가질 수도 있다. 다른 수업 시간에는 종결하기 2~3주 전쯤부터 임박한 변화와 전환에 대해 학생들과 이야기 나눌 수도 있다. 다음은 교실에서 의도적으로 실행하는 종결 활동을 예시한다.

의도적 종결을 위한 교실 활동

- 학생들이 학기 중에 한 프로젝트, 과제, 활동을 검토하고 자신의 발전 정도를 평가할 기회를 제공한다. 교사는 학생들의 연령에 적합한 체크리스트나 질문지를 준비하여 나눠 주고, 학생들은 각자 자신의 발전 정도를 기록한다. 또한 학생들이 학습한 것을 요약하고 이를 또래와 이야기 나누는 활동을 할 수도 있다. 이러한 평가활동은 교과학습이든 사회정서학습이든 구분 없이 연계될 수 있다.
- 학급을 소집단으로 구분하고, 소집단별로 교과 수업에서 학습한 내용의 전체적 전개를 논의한다. 즉, 자신이 학기 초에는 어떤 상태에서 시작했고, 학기 말에는 어떤 상태로 끝났으며 무엇을 배웠는지에 대해 소집단별로 논의한다. 이러한 활동은 교과학습과 사회정서학습의 통합 실행과 집단평가를 가능하게 한다.
- 집단상담, 세미나, 사회정서학습 시간에 '나는 기억해(I remember……)' 활동을 한다. 이 활동은 학급 전체가 하나의 큰 원을 이루어 둘러앉아 수업 시간에 들은 이야기나 기억나는 내용을 한 명씩 돌아가며 "나는 ……을 기억해."라고 말하는 것이다. 하나의 기억이 또 다른 기억을 자극할 수 있으므로 시간이 충분하면 몇 번에 걸쳐 계속할 수도 있다. 이와 같은 기억 나누기 활동을 집단 벽화나 콜라주 등 표현예술의 방식으로도 진행할 수 있다.
- 초등학교 수업 시간에는 학생들이 한 학년 동안에 겪은 특별한 경험에 관한 글을 쓰거나 그림을 그리고, 이것들로 각자 메모리 북을 만든다. 학급의 역사 기록물로 보존하기 위하여 복사본을 학급에 비치하면 다음 학년 학급의 학생들이 공유할 수도 있다.

- 같은 크기로 자른 종이를 학급 학생 수만큼 준비하고, 종이에 한 명씩 학생의 이름을 써서 상자에 넣는다. 다음, 학생들에게 각각 3개의 종이를 뽑게 하고, 종이에 있는 이름의 학생들에게 감사 쪽지를 쓰게 한다(초등학교 저학년은 그림을 그릴 수도 있다). 모든 학생은 자신이 받은 감사 쪽지를 큰 차트용 종이에 부착하여 보관한다. 또는 학급 전체가 서로에게 감사를 표한다.
- 학생들이 1년 후배들에게 보낼 편지를 쓰는 과제를 한다. 글쓰기 주제는 이번 학년에서 어려웠던 점, 즐거웠던 점, 배운 것 등이다. 다음과 같은 프롬프트를 사용하여 편지쓰기를 촉구할 수 있다(예: 중학교 1학년 때 좋았던 점은? 중학교 1학년 때 어려웠던 점은? 학년 초에 고등학교 1학년 학생으로서 배우기를 원했던 것은?).
- 이제 종결하려는 수업이나 학년에 관한 소책자를 소집단별로 준비한다(예: ○○고등학교에서 2학년으로 생활하기). 즐거움과 도전을 도처에서 발견할 수 있음을 강조한다.

실제: 검토와 반성의 시간을 활용하여 학습을 정착시키기

학생들이 한 학기 또는 한 학년 동안에 얻은 경험과 배운 내용을 기억하고 응용할 수 있으려면 학습한 것을 정착시킬 기회를 가져야 한다. 학습이 정착되어야 학습한 것이 다음 단계로 전이될 수 있기 때문이다. **정착 과정**(anchoring process)은 검토, 반성, 자기평가, 학습한 것을 또래들과 이야기 나누고 축하하는 활동을 포함한다. 학생들은 개별적으로 또는 소집단별로 학기 중에 또는 학년 중에 학습한 것을 검토하고 반성적으로 숙고한다. 그 내용을 더 큰 집단과 공유할 수도 있다. 검토하고 반성한 내용을 말이나 글로 또는 상징(예: 예술, 음악 등)을 이용하는 등 다양한 방식으로 표현할 수 있다.

교사는 학생들이 지금까지 배운 것을 검토하고 깊이 생각해 보도록 다음과 같은 질문을 던질 수 있다. 이 질문들은 학년에 상관없이 사용할 수 있다.

- 이번 학기 (이번 학년) 동안 수업에서 배운 것 중에 무엇이 가장 기억에 남

는가?

- 이번 학기 (이번 학년) 수업에서 무엇이 가장 즐거웠나?
- 이번 학기 (이번 학년) 수업에서 무엇이 가장 어려웠나?
- 이번 학기 (이번 학년) 수업에서 무엇을 배웠나?
- 이번 학기 (이번 학년) 수업에서 배운 것을 앞으로 어떻게 활용해 볼 생각인가? (저학년에게는 적절하지 않은 질문이므로 사용하지 않음)
- 이번 학기 (이번 학년) 동안에 자신의 목표는 무엇이었나? 목표를 달성했는가? 앞으로 어떻게 공부하길 원하는가?
- 학기 초와 (학년 초와) 비교해서 지금 자신이 어떤 점에서 달라진 것 같은가? 학급은 어떻게 달라진 것 같은가?
- 자신에 대해 개인적으로 배운 것이 있는가? 학습공동체의 한 사람으로 자신에 대해 무엇을 알게 되었는가?

실제: 모든 정서를 정상화하기

깊은 신뢰와 연결감이 학습공동체 안에 형성되어 있다면, 종결의 시기 동안에 교사와 학생 모두 매우 다양한 정서를 경험할 가능성이 있다. 상급 학교로 진학하는 전환기 동안에는 특히 강렬한 정서가 유발된다. 한 학기나 학년이 끝날 때나 졸업이 가까워지면 학생들은 흥분하기도 하고, 앞날을 기대하면서 가슴이 부풀기도 하며, 이처럼 특별한 공동체와 이별해야 한다는 생각에 슬퍼지기도 한다. 교사는 이 시기에 나타나는 모든 정서를 확인하고 그 정서가 정상적인 것이라고 알려 줘 학생들의 다양한 정서 경험을 지지한다. 예를 들면, 다가오는 종결에 대한 대화를 나누는 과정에서 교사는 다음과 같은 말을 해 줄 수 있다. "이번 학기에 우리는 자신에 대해 중요한 것들을 서로 나누었고 서로에게서 많은 것을 배웠어요. 이제 우리가 함께했던 시간을 뒤로 해야 할 순간이 다가오고 있어요. 그래서 여러분 중에는 이별할 준비가 되어 신나기도 하고 앞으로 겪을 변화 때문에 좀 슬프기도 할 거예요. 우리는 이렇게 다양한 감정을 경험할 수 있고, 이 모든 감정이 다 자연스럽고 정상적이라는 점을 여러분이 잘 이해했으면 해요."
이어서 교사는 학생들이 자신의 감정과 생각을 분명하게 표현하도록 대화를 이끌어 가거나 전환기 동안에 할 수 있는 경험과 앞으로 추진하려고 하는 목표를 말해 보게 한다.

초 · 중 · 고등학교 졸업처럼 '종결'이 매우 뚜렷한 경우에 학생들은 자신이 느끼는 감정을 어떻게 표현하고 조절해야 할지 몰라 당황할 수도 있다. 이때, 학생들은 어색하고 난처한 감정을 피하기 위해 본의 아니게 '부정적 이별(negative goodbyes)'을 한다. 사실, 작은 상실감이 큰 상실감을 불러일으킬 수 있기 때문에 성인인 우리도 의미 있는 이별을 가능하면 피하길 원한다. 성인들 대부분이 이별의 슬픔을 어떻게 다루어야 하는지를 교육받은 경험이 없고 이별을 경험할 때 지지받아 본 경험도 많지 않기 때문이다. 그래서 우리는 이별을 하면서 어색하거나 모호한 감정을 느낀다. 학생들도 마찬가지로 건강한 종결의 모델을 가지고 있지 못하다. 건강한 종결을 연습해 보는 기회는 학생들에게 전환기를 대비하는 훌륭한 도구가 될 것이고, 앞으로 경험하게 될 수도 있는 이별과 상실감을 건강한 방식으로 해결하여 다음 단계로 전환하게 해 주는 지지대가 될 것이다.

그렇다면 학생들은 어떤 식으로 부정적 이별을 하는가?

교사는 이와 같이 이별을 피하거나 망치는 학생이 눈에 띄면, 이별을 앞두고 이런 언행을 하는 경향성이 흔히 있다는 것을 학급 학생들에게 말해 준다. 의도적 종결의 과정을 진행하고, 이 과정 중에 나타나는 무의식적인 행동을 학생들이 알아차리도록 도와준다. 또한 교사는 앞에 소개된 '의도적 종결을 위한 교실 활동'을 실행하여 부정적 이별을 예방할 수 있다.

부정적 이별의 대표적 방식

• 부인하고, 대수롭지 않게 여기기

자신의 감정을 피하려고 이별을 부인하거나 대수롭지 않게 여긴다. 지금 이 집단과의 관계는 끝나지만 내년에 (또는 상급 학교에서) 다시 만나게 될 것이라고 생각하거나 헤어짐이 그리 대단한 일이 아니라고 말한다. 교사는 다가올 이별을 부인하거나 대수롭지 않게 여기는 학생의 감정을 인정해 주고 이번 학기의 (또는 이번 학년의) 종결에 따른 여러 감정을 경험해 볼 여유를 마련해 준다.

• 철회하기

종결이 가까워지면 집단에서 철회하는 학생들이 있다. 이런 학생들은 자신이 먼저 마음을 닫아 버리면 헤어지기가 쉬울 것이라고 여긴다. "마지막 수업 시간(모임)에도 와야 하는 걸 깜빡 잊었네. 미안해." "다른 수업의 과제를 끝내야 해서 이 수업에 참여할 수 없어." "별로 할 말이 없어." "이번 학년이 끝난다는 것에 대해 말하고 싶지 않아." 교사는 이런 학생에게 개인적으로 다가가 마지막 수업 또는 마지막 모임에 참여하는 것이 서로에게 중요하다는 것을 미리 알려 준다.

• 망치기

종결을 앞두고 어떤 사람들은 집단 안에서 경험했던 친밀함과 좋은 감정을 망치는 언행을 한다. 왜냐하면 상실감이 매우 불편하게 느껴지기 때문에 만일 우리가 서로에게 화를 내거나 지금까지 경험한 친밀함이나 학습한 것을 부인하면, 이별이 쉬울 것이고 각자 자기 길을 가는 걸로 끝낼 수 있을 것이라고 생각하기 때문이다. 한 학생이 이런 식의 언행을 하면, 이상하게도 다른 학생들이 안도감을 경험하기도 한다. "아, 드디어 수업이 딱 한 시간 남았어. 잘된 일이야. 어서 여기를 벗어났으면 좋겠어." 스포일러들은 보통 마지막 수업이나 모임에서만 망치는 언행을 하므로 수업 마지막 날에 실시되는 수업평가를 부정적으로 왜곡하기가 쉽다. 스포일러들은 그동안 수업 시간에 자신이 경험한 것 중에서 부정적인 측면을 특히 강조하는데, 이는 이별을 쉽게 (또는 덜 슬프거나 덜 어렵게) 만들어 준다. 만일 망치는 말이나 행동이 나타나면 교사는 바로 그 순간에 지적하고, 스포일러 학생들을 종결에 관한 토론이나 활동에 참여시키는 것이 바람직하다. 이러한 토론이나 활동에서는 수업 시간이나 모임에서 느꼈던 모든 감정과 경험이 수면 위로 떠오른다.

실제: 감사의 시간 갖기

긍정적 종결 과정의 일환으로, 교사는 학생들이 학습공동체에서 배운 것과 기여한 바를 인정하고 기념하며 서로에게 그리고 학습공동체 집단에 **감사**를 표현할 시간을 마련한다. 그런데 감사를 표현하고 받아들이는 문화가 학교나 또래 관계에 조성되어 있지 않다면, 감사 표현 활동에 앞서 감사하는 '방법'과 감사를 받아들이는 '방법'을 주제로 이야기를 나눌 시간이 필요하다. 다음, 성찰글 쓰기나 집단 경청의 방식으로 감사 활동을 진행한다. 예를 들면, 학생들은 일 년 동안 자신에 대해 알게 된 세 가지와 학급 또는 또래들에게 감사한 점 한 가지를 찾아서 종결 시간에 발표한다.

다음의 종결 활동을 하는 데는 한 차시의 수업 시간이 요구된다. 이 수업의 필수조건은 학생들이 서로에 대해 잘 알고 있어야 하고 서로에 대한 믿음을 가지고 있어야 한다는 것이다. 이 활동 역시 다른 활동들처럼 대상 집단의 연령과 문화에 적합하게 수정해서 진행하는 것이 중요하다. 학생들이 서로에 대해 긍정적으로 감사할 것 같지 않다면 미리 감사의 글을 쓰게 하고, 교사가 검토한 다음에 집단 안에서 발표하게 하는 것도 한 가지 대안이 된다.

종결 활동: 감사 모임

1. 교사는 바구니 한 개를 준비하고, 학생들은 각자 종이 세 장에 자기 이름을 써서 바구니 안에 넣는다.
2. 학생들은 감사를 표현할 세 명의 이름을 바구니에서 뽑는다.
3. 자기 이름을 뽑거나 같은 이름을 뽑은 경우에는 바구니에 도로 넣고 다시 뽑는다.
4. 감사하는 이유는 이 교실에서 그 친구를 알고 있기 때문일 수도 있고 다른 곳에서 그 친구를 알고 있기 때문일 수도 있다고 말해 준다. 교사가 몇 가지 예를 들어 주면 도움이 된다. "○○는 모든 아이와 가까이 지내면서 아이들이 차별을 느끼지 않게 했어. 그래서 고마워." "△△는 진실을 말하기 어려운 때도 거짓말을 하지 않고 진실을 말해. △△의 용기를 칭찬해."

5. 학생들은 자신이 뽑은 사람 세 명에게 줄 감사의 글을 쓴다(3~5분 정도).
6. 학급 전체를 한자리에 모이게 한다. 감사의 말을 할 사람과 받을 사람을 정하기 위해서 공이나 스틱을 사용한다. 다음, 모든 학생이 자기 이름을 뽑은 또래 세 명에게서 감사를 받는다. 마지막으로, 교사가 학생들에게 각각 감사를 표현하는 것도 상당히 효과적이다.

학급협의회 활동

협의회(council)는 깊고 솔직한 의사소통을 돕는 방법으로 학급회의, 상담실 회의, 학부모회의 등에 응용되고 있다. 아메리카 원주민의 대화 전통에서 찾아볼 수 있듯이 원으로 둘러앉아 발언 차례를 나타내는 물건을 돌려 발언할 사람을 지정하는 방식으로 구조화되어 있다. 또한 협의회는 자신, 타인, 세상에 대한 인식의 증대와 관련된다. 학급협의회는 기본적인 듣기와 말하기 기술뿐만 아니라 놀이, 운동, 리듬, 마음챙김, 시각예술, 테크놀로지, 자발적 즉흥을 포함한다. 협의회를 진행하는 목적은 내용의 전달, 사회정서능력의 발달, 학생이 이해하길 원하는 것의 탐색에 있다. 교사와 학생들은 자신들이 참여할 협의회의 진행을 위한 가이드라인을 독자적으로 개발하여 사용할 수도 있고, 잭 짐머만(Jack Zimmerman)과 버지니아 코일(Virginia Coyle)의 저서『협의회 방식(The Way of Council)』에 제시되었고 오하이 명상센터(Ojai Foundation)가 개발한 '네 가지 마음자세'를 참고할 수도 있다.

1. **진심으로 듣는다.** 판단, 습관적이고 즉각적인 반응, 의견을 보류하고, 수용의 기술을 실행한다.
2. **진심으로 성심껏 말한다.** '경청하면서 말하는' 법을 배운다.
3. **계획하지 말고 즉흥적으로 말한다.** 그러나 발언 차례를 나타내는 물건을 잡았을 때만 말한다.
4. **부족함은 지나침보다 낫다.** 모든 사람이 참여할 수 있도록 주제의 핵심에 대해서만 말한다.

출처: 조 프로바이저(Joe Provisor)의 2012년 2월 7일 개인서신을 수정한 것임. MFT 고문, 로스앤젤레스 연합 학교구 협의회 감독, 오하이 명상센터 학교기획위원.

실제: 발달적 전환 다루기

학생들의 삶은 **전환**(transitions)으로 가득 차 있다. 매일 새로운 수업과 새로운 하루를 맞이하고, 매해 새 학년에 진급하며, 새로운 발달단계에 들어선다. 상급학교 진학은 학생들에게 특히 중대한 전환이고, 이때 학생들은 문제에 취약하다(Weaver & Kessler, 2011). 학생들이 전환기에 도전과 기회를 둘 다 맞이한다는 사실을 인식하는 교사는 학생들이 전환기를 헤쳐 나아가는 데 필요한 새로운 능력을 발견할 수 있도록 더 큰 연민의 마음으로 학생들을 돕는다.

서양 문화에서 아동 · 청소년이 다음 발달단계(예: 사춘기, 성인기)로 진입할 때 치르는 의례행사는 거의 없다. 그런데 전환기 동안 성인의 지지를 받지 못하거나 의도적이고 건설적인 방식으로 다음 단계로 이행되지 못한 아동 · 청소년은 자신들만의 의례행사를 스스로 만들어 낸다. 예를 들면, 갱 폭력, 십대 임신, 폭음, 무분별한 운전, 무단결석, 괴롭힘 등이 있다. 이런 시도들은 위험하고, 잘못하면 치명적인 결과를 초래한다. 위버와 케슬러(Weaver & Kessler, 2011)의 저서 『진실한 마음으로 교육하기(Educating From the Heart)』에 있는 '아동기의 여섯 가지 통과의례(Six Passages of Childhood)'를 읽어 볼 것을 권장한다.

교사가 전환기 동안에 특히 취약한 아동 · 청소년을 어떻게 도울 수 있을까? 전환기의 문제를 다루기 위해 교사가 시도해 볼 만한 방법은 여러 가지가 있다. 첫째, 교사는 학생들이 전환기에 있다는 사실을 인정하는 것이 무엇보다도 중요하다. 그런 다음, 학생들의 발달적 전환과 변화에 관련된 주제를 교과 수업 교육과정 안에서 수업내용과 연계하여 다룬다. 이러한 방법은 전환기가 일부 학생들에게만 국한된 것이 아니라 대부분의 학생에게 해당되는 정상적인 과정임을 알려 준다. 이러한 방법을 통해 학생들은 전환기를 헤쳐 나아가는 방법을 배운다. 둘째, 성인기에 진입하는 주인공이 등장하는 책을 읽고, 주인공이 어떤 도전을 겪어 내고 있는지를 학급협의회 활동 중에 이야기 나눈다. 또는 학생들이 생애주기에 대해 배운 다음, 시간 경과에 따라 자신이 어떻게 변화하고 성장하며 발전하고 있는지를 생애주기에 비추어 묘사한다.

다음, 시간을 좀 더 들여 **발달적 전환**(developmental transitions)에 대해 직접 논의하는 것이 이상적이다. 특히, 상급 학교로 진학하는 전환기를 다룰 때는 발달적 전환에 대한 논의가 필수적이다. 다음은 교사가 학생들과 발달적 전환에 대해 논의하면서 발달적 전환의 문제를 다루는 방법을 소개한다. 첫째, 발달적 전환이 학생들의 과거 삶과 현재 삶에 미친 영향을 탐색하는 활동을 한다. 이러한 활동은 학생들이 도전을 극복하고 가능하다고 생각했던 것을 뛰어넘거나 변화를 이루어 내기 위해 과거에 얼마나 많은 애를 썼는지를 기억나게 한다. 둘째, 교사는 전환과 더불어 스트레스, 불안, 흥분을 경험한다는 점을 학생들에게 이해시키고, 학생들이 자신의 학습 여행에 대해 성찰하는 데 필요한 사회정서 기술을 가르친다. 셋째, 교사는 공동체 서클, 협의회, 글쓰기, 예술활동, 프로젝트 등을 실시하여 학생들이 발달적 전환에 관련된 정서 경험을 서로 나누게 하고, 새로운 발달단계로 넘어가면서도 유지하고 싶은 자신의 특징들뿐만 아니라 과거에 남겨 두고 잊고 싶은 자신에 대한 기억과 자신의 특징들에 대해 말하게 한다.

다음은 학생들이 처해 있는 전환을 좀 더 직접 탐색하도록 돕는 질문과 촉구자극(prompts)의 목록이다. 이러한 질문과 촉구자극은 성찰활동, 글쓰기, 예술활동에서 사용된다. 학생들은 혼자, 2인 1조로, 또는 집단을 이루어 주어진 질문에 대해 생각해 보고 답한다. 질문과 촉구자극을 사용할 때 교사는 학생들의 학년(연령)에 적합한 것을 선택해야 하고, 특정 학습공동체나 맥락에 적합하도록 변경하여 사용해야 한다.

전환에 대한 탐색을 돕는 질문들
• 학생으로서 그리고 한 사람으로서 자신의 어떤 점을 버리고 싶은가? • 다음 단계로 올라가면서 자신의 어떤 점을 계속 가지고 가고 싶은가? 어떤 점은 더욱 성장하고 더 확대되길 바라는가? • 바로 이전 시기가 어떤 점에서 자랑스럽고 뿌듯하게 여겨지는가? 그 시기에 어떤 성장을 이루었고 무엇을 배웠는가?

- 다음 단계에 어떤 성장의 기회가 자신에게 찾아올 것 같은가?
- 다음 단계에 대해 무엇이 걱정되는가? 어떻게 긴장이 되고 어떤 시험에 들 것 같은가?
- 다음 단계에서 어떤 자질을 개발하고 싶은가? 어떤 사람이 되고 싶은가?
- 그렇게 하는 데 무엇이 방해가 될 것 같은가?
- 그런 장해물을 극복하려면 어떤 내적 자원을 가지고 있어야 하는가? 가족은 어떤 자원을 가지고 있어야 하는가? 학교와 거주지역에는 어떤 자원이 있어야 하는가?
- 다음 단계의 자신에 대해 어떤 비전을 가지고 있는가?
- 그 비전을 달성하려면 자신과 사람들에게 어떤 결심을 할 필요가 있는가?

다음은 어느 남학생이 초등학교를 졸업한 후 중학교에 진학하는 전환기 경험을 부모와 공유하는 내용이다. 학생의 전환을 인정하고 축하하는 과정에서 학부모 공동체에 참여한 것이 얼마나 큰 도움이 되었는지를 보여 준다.

○○는 앞으로 찾아올 변화에 긴장과 흥분이 되었다. 변화를 맞이할 준비는 되어 있었지만, 새로 입학할 중학교는 초등학교보다 크고 선배들 때문에 두려웠다. 6학년 담임교사가 한 학기 동안 주당 한 시간을 따로 내서 학급공동체를 만들어 학생들과 전환에 대한 이야기를 나누었다. 구체적으로, 중학교에 진학하면 무엇을 뒤에 남겨두고 싶은지, 앞으로 어떤 사람이 되기를 원하는지에 대해 탐색하기로 했다. 활동의 정점은 **부모-자녀 증언**(parent-child witness) 활동이었다. 이 활동은 부모와 자녀들이 서클로 모여 앉아 부모가 자녀를 관찰하는 상태에서 자녀가 중학교 진학에 대한 자신의 생각과 느낌을 말하는 방식으로 진행되었다.

다음으로는 부모가 이야기할 차례이다. 부모는 지난 일 년 동안 자녀가 성장하고 변화해 온 바를 말하고 인정해 주었다. 이러한 활동은 매우 감동적이었다. 모든 부모와 학생이 이런 방식의 성찰활동이 자신들에게 큰 의미를 준다는 것을 발견하였다. 특히, 학생들은 자신의 성장과 변화에 관한 이야기를 또래들 앞에서 공유하는 데 의미를 두었다. 이야기를 나누는 중에 웃음도 있었고 눈물도 있었다. 대부분이 서로를 지원하는 따뜻함을 느꼈다. 학생들은 이제 앞으로 자신이 어디를 향해 가든지 진짜 자기를 찾을 것을 알고 있었다. 이러한 경험은 향후 스스로 선택하고 결정을 내리는 데 토대가 되었다.

교사들이 처해 있는 상황이 각기 다를지라도 이런 종류의 의도적 종결 과정은 학생들이 지금까지 학습한 것을 이해하고 정리하며, 현실과 연결 지어 생각해 보고, 공동체를 존중하며 건강한 방식으로 전환기를 헤쳐 나아가는 데 필요한 도움을 줄 수 있다.

3단계 요약

집단 발달의 3단계 동안 학생지도를 위해 교사가 할 수 있는 것:

- 의도적인 종결 과정 실행하기
- 모든 다양한 정서 경험을 정상적인 것으로 간주하기
- 감사의 시간 갖기
- 학습을 정착시키기
- 발달적 전환의 문제를 다루기

결론

이 장에서는 학습 여행의 3단계를 살펴보고, 교사가 교육 방법에 대해 발달적 접근을 취하는 것이 얼마나 중요한지를 알아보았다. 다음과 같은 세 가지 대주제를 다루었다. (1) 배려의 공동체 조성, (2) 공동체 의식과 연결의 강화, (3) 긍정적 종결과 학습의 정착. 다음에 제시된 '학습 여행의 단계별 개요' 차트는 교사와 학생이 함께하는 참여수업의 5영역을 학기의 진행 과정에 맞춰 통합적으로 제시한 일종의 내비게이션 같은 역할을 한다. 다음 8장에서는 교사와 학생이 함께하는 참여수업의 실행 계획을 어떻게 수립할 것인지에 대해 알아볼 것이다.

학습 여행의 단계별 개요

단계	목표	과제	시도해 볼 만한 활동
1단계	배려의 공동체 조성	• 학급 리더로서 교사의 역할 확립하기 • 사회정서학습과 교과학습을 병행하는 학급 맥락 조성하기 • 공유된 합의 이루기 • 신뢰 조성을 위한 스캐폴딩 활동하기	• 간단한 집중 활동 • 공유된 합의(행동 기대나 절차에 대해 교사와 학생들이 함께 의논하고 결정하기) • 경청과 2인 1조 의견(또는 감정) 나눔 활동 • 동심원 활동 • 자신, 또래, 공동체에 대해 알아가는 데 도움이 되는 활동 • 간단한 공동체 서클 활동 • 비밀보장, 비밀보장의 한계, 사생활 보호에 대한 동의
2단계	공동체 의식과 연결의 강화	• 학생의 의견 표명을 요청하기 • 자기, 타인, 세상과 더 깊은 연결 이루기 • 슬기롭게 도전을 헤쳐 나아가기	• 집중 활동 • 공동체 서클 또는 협의회 • 의미, 목적, 희망, 꿈, 비전, 중요한 질문의 탐구 • (만일 적절하다면) 좀 더 복잡하고 발달적으로 관련된 주제 포함 • 협력 활동, 상호작용 활동(예: 월드 카페, 소크라테스식 대화, 필요하다면 목적 · 맥락 · 공유된 합의를 재검토하는 프로젝트)
3단계	긍정적 종결과 학습의 정착	• 의도적 종결 과정 실행하기 • 검토와 반성의 시간을 활용하여 학습을 정착시키기 • 모든 정서를 정상화하기 • 감사의 시간 갖기 • 발달적 전환 다루기	• 학생들이 선호하는 집중 활동 • 감사 서클 활동 • 포트폴리오 검토 • (만일 적절하다면) 부정적 이별 예방 교육 • 발전 과정에 대한 학생의 자기평가 • 메모리 북 제작 • 자신에게 쓰는 편지 또는 다음 학년 후배들에게 쓰는 편지 • 부모-자녀 중언 협의회 • 공동체 맥락에 적절한 통과의례 행사

참여수업의 실제 요약

1. 집중 활동

행동을 활용하는 행동적 집중 활동(active focusing activity)과 성찰을 활용하는 반성적 집중 활동(reflective focusing activity)은 우리의 마음을 일깨우고 몸에 활력을 불어넣기도 하고 몸을 진정시키기도 하며 주의력을 높이고 공동체 의식을 개선한다.

예시

- 행동적 집중 활동: 학생들이 정신을 차리게 하고 공동체가 추구해야 할 공동의 목표를 제시하는, 유쾌하고 재미있는 팀 활동(예: 강물이 흐릅니다 활동, 집단 저글링 활동, 팝업 활동 등)
- 반성적 집중 활동: 글쓰기, 그림 그리기, 잠시 침묵하기, 이완과 호흡, 창의적 표현, 마음챙김 명상을 통해 지금 이 순간에 집중하는 활동(예: 좋은 인용구절에 대해 생각해 보고 일지 작성하기, 점진적 이완, 감정 바퀴 등)

2. 상징적 표현 활동과 창의적 표현 활동

상징적 표현 활동과 창의적 표현 활동은 학생들이 자신의 삶 속에서 또는 수업내용과 관련하여 느끼고 생각하며 경험하는 것을 상징, 은유, 이미지로 표현하는 활동이다. 이러한 표현 활동은 비판적 사고 기술과 추상적 사고 기술을 발달시키고, 직접 말하기 어려운 감정, 사고, 지각을 간접적으로(때로는 비언어적으로) 공유할 수 있게 하며, 자신과 타인을 더 잘 알게 해 준다.

예시

- 상징적 물건: 학생들이 일상생활 중에 느끼거나 생각하거나 가치 있게 여기는 것을 잘 나타내는 상징적 물건을 하나씩 교실에 가져온다. 수업내용을 일상생활과 연결 짓기 위해서도 이러한 활동을 시도해 볼 수 있다. 예를

들면, 학생들에게 교과서나 기타 서적의 등장인물 또는 수학교과에서 배운 개념을 가장 잘 대표하는 물건을 선택하여 가져오는 과제를 내 준다.

- 창의적 표현예술 활동: 자신의 어떤 측면, 자신이 추구하는 목표나 희망, 수업내용과의 관련성을 나타내는 그림을 그리거나 이미지를 콜라주로 만들어 본다.
- 집중 활동: 상징적 사고나 창의적 사고를 사용하여 즉흥연극이나 극 활동을 한다.

3. 집중하며 경청하는 방법

이 방법을 통해 학생들은 새로운 방식으로 서로에게 말하고 상대방의 말을 경청하는 기회를 얻는다. 집중하면서 경청할 때, 말하는 학생은 주제와 관련된 느낌이나 생각을 상대방에게 표현하고, 듣는 학생은 말하는 학생에게 질문을 하지 않으면서 또는 프롬프트(촉구자극)나 피드백을 제시하지 않으면서 듣는다. 이러한 활동의 소요 시간은 연령과 맥락에 따라 다른데, 30초에서 3분 정도가 대부분이다. 이 시간 동안에는 말하는 학생에게 특정 주제에 대한 자신의 생각, 감정, 이야기, 지혜를 이야기하라고 격려한다. 다음, 말하는 학생과 듣는 학생이 역할을 바꾼다. 학생들은 간섭이나 피드백을 받지 않으면서 다른 사람에게 말함으로써 종종 새로운 발견도 하므로 비판적 사고가 향상되는 효과를 얻을 수 있다. 또한 집중하며 경청하는 활동은 적극적 경청(active listening), 비폭력 대화(nonviolent communication: NVC), 구성주의적 경청(constructivist listening), 소크라테스식 대화(Socratic dialogue)와 같은 의사소통 방식을 더욱 강화하고 지원한다.

예시

- 2인 1조, 3인 1조 또는 소집단별로 집중하며 경청하기 연습
- 동심원 활동(Wheel Within a Wheel): 일련의 2인 1조에서 집중하며 경청하기 연습

4. 공동체 서클과 협의회

공동체 서클(community circle)과 협의회(council)는 학생들이 상호 존중의 의사소통, 스토리텔링, 적절한 주제에 관한 개인적 의견 공유 활동을 하는 단순하면서도 구조화된 방식을 말한다. 교사와 학생이 모두 앉을 수 있는 의자를 하나의 원으로 배치하고, 특정 주제 한 가지에 대해 한 번에 한 사람씩 중간에 간섭받지 않으면서 이야기한다. 소리 내어 말하기를 원하지 않는 참가자는 '패스'라고 말하거나 침묵할 수 있다. 공동체와 맥락의 특징에 따라 (마이크 같은) 토킹피스(talking piece)를 활용하여 말하는 사람을 지정할 수 있다. 또한 참가자들은 개방적으로 정직하게 그리고 판단하지 않으면서 경청하고 말해야 하며, 1인칭 '나' 관점에서 말할 것이 권장된다.

5. 침묵, 고독, 성찰

침묵, 고독, 성찰의 시기를 학급 활동에 통합하여 인식, 전념, 지적 통합, 개인적 회복탄력성을 향상시킨다. 이러한 활동은 학생들에게 필요한 휴식의 기회를 준다.

예시

- 골든 모멘트(침묵의 순간): 하루에 한두 번 또는 어떤 활동이나 수업을 시작하기 전과 종료 후에 침묵의 순간을 가진다. 또는 학생들이 집중을 못하고 있거나 소란스러울 때도 침묵의 순간을 가질 수 있다.
- 솔로 타임: 더 오랫동안 침묵하면서 개별 활동을 하는 기회를 제공한다.
- 성찰: 하던 일을 멈추고(정지), 자신을 돌아보며(관찰), 일기를 쓰거나 그림을 그리는 등 조용하게 성찰하는 시간을 가진다.

6. 관련성 있는 발달적 주제의 통합

학생들의 발달단계에 관련된 주제를 통합하여 가르치면, 학생들은 학교 경험이 개인적 삶과 관련되어 있다고 느끼게 된다. 그러한 주제는 학생이 지나가고 있는 전환의 문제를 다루고, 자신의 가치관, 정체성, 비전, 목표에 대해 생각해 볼 기회를 준다. 추가로, 학생들은 학업과 개인적 삶을 연결 지어 보고, 여러 조망을 수용해 보는 경험을 한다. 조망 수용은 비판적 사고 기술과 창의적 사고 기술의 핵심을 이룬다.

8 학습 여행의 종착점

교육이란 양동이를 채우는 일이 아니라 불을 밝히는 일이다.
- 윌리엄 버틀러 예이츠(William Butler Yeats)

생각해 보기

잠깐, 당신의 교직경력이 끝나는 미래에 당신이 어떤 모습일지 상상해 보십시오. 당신이 경험하고 이루었던 모든 것을 생각하면서, 마지막으로 학교 건물을 나올 때 당신은 무엇을 가장 자랑스럽게 여길 것입니까?

교사들이 열린 마음의 연수를 지원받을 수 있고 배려, 연민, 학생에 대한 높은 기대를 자연스럽게 표현할 수 있으며 다양한 문화적 배경의 학생들과 효과적으로 연결을 이룰 수 있는, 풍부하고 보람찬 교육시스템이 마련되어 있다고 상상하라. 교사와 학생 모두 자신을 관찰하고 산만함과 혼돈을 관리하며 지금 이 순간에 집중하여 당면 과제를 해결하는 기술을 가지고 있다고 상상하라. 모든 학생의 안전과 안녕을 도모할 목적으로 존중의 경계를 세우고 지키며, 이러한 경계가 서로 배려하는 관계와 생산적인 학습 환경을 유지하는 데 필수 요소임을 교사와 학생 모두 이해한다고 상상하라. 수업 내용과 방법이 흥미 있고 관심을 불러일으키므로 학습과 성장을 향한 학생들의 열정이 자연스럽게 피어오른다고 상상하라. 학생들이 학업수월성의 기준을 달성하고 존재감을 느끼며 자신 안에서뿐만 아니라 또래나 교사들과도 깊은 연결을 경험하는 학교에 다니고 있다고 상상하라. **교사와 학생이 함께하는 참여수업**(engaged teaching)은 바로 이러한 비전을 위해 설계되었다.

1장에서 우리는 교사와 학생이 함께하는 참여수업의 5영역의 근원을 살펴보았고 이러한 수업의 효과를 지지하는 연구와 조사 결과를 검토하였다. 2장에서 6장까지는 각 영역을 상세하게 검토하였고 영역별 수업의 원리와 실제에 대해 살펴보았다. 7장에서는 마치 **학습 여행**(learning journey)을 하는 것처럼 2장에서 6장까지 살펴본 모든 원리와 실제를 교실 수업에 통합해 보았다. 이제, 8장에서는 교사가 자신의 비전과 학교의 비전을 수립하고 목표를 향한 발전 정도를 평가하며 중·장기 결과를 달성하는 방법들을 살펴볼 것이다.

종착점을 염두에 두고 출발하기

우리는 무엇을 위해 후속세대를 가르치는가? 비전을 행동으로 바꾸는 계획을 수립할 때 교육의 목표를 고려해야 한다. 그래야 목표에 기초한 그리고 목표를 반영하는 비전을 세울 수 있기 때문이다.

근대식 공립교육이 시작된 1900년대 이래 세상이 매우 많이 변했다. 그러나 우리의 교육 패러다임은 아직도 상당 부분 산업혁명 시절의 모델을 따르고 있다. 그 당시에는 학생들이 서로 다른 종류의 삶을 살아가도록 교육을 받았다. 그렇게 해서는 21세기를 사는 '모든' 학생을 돕고 교사들을 지원하는 교육시스템을 조성할 수가 없다. 우리가 살고 있는 글로벌 세상은 상호연결되어 있고 급속한 변화를 보이고 있으며 자원 부족은 점점 더 심해지고 있고 불평등 문제는 증가하고 있으며 테크놀로지는 계속 진화하고 있고 국제 경제와 정치적 혼란은 우리 주변에 도사리고 있는데, 이런 세상에 우리 아이들을 준비시키고 교육시키는 시스템을 어떻게 수립할 수 있겠는가? 기술만으로는 문제를 해결하기에 충분하지 않다. 아이들이 우리 시대의 긴급하고 절박한 문제들을 해결하고 생산적이고 윤리적인 삶을 영위할 수 있으려면 지식과 정보가 사회정서 기술과 통합되어야 할 것이다. 우리는 교육의 전체를 보는 패러다임을 채택하여 학생들이 의미 있고 정당하며 지속가능한 생활방식을 계획하고 실행하는 데 필요한 기술과 능력을 발달시켜 나아갈 수 있도록 도와야 할 것이다.

안에서 시작해 밖을 변화시키기

교사가 미칠 수 있는 영향력의 범위를 고려하고 교직 업무와 학생들의 삶에 도사린 모든 도전적 난제를 감안할 때, 교사가 학생들의 학교 경험에 의미 있는 영향을 미치기 위해서 현재의 교육 환경 안에서 할 수 있는 일은 과연 무엇인가? 교사로서 우리는 이 점을 매우 궁금하게 여긴다. 이 책에서는 교직 업무와 교사라는 존재를 변화시키면 학생, 학교, 공동체에 긍정적인 영향을 매우 많이 미칠 수 있을 것이라고 전제하였다. 물론, 교사가 정책을 바꿀 수도 있고 그렇지 못할 수도 있으며, 자원 불평등의 문제를 해소할 수도 있고 그렇지 못할 수도 있으며, 동료 교사나 학부모들과 협력할 수도 있고 그렇지 못할 수도 있으며, 공동체에 영향을 미칠 수도 있고 그렇지 못할 수도 있다. 그런데 적어도 교사는 자신이 지닌 능력을 개발하여 학생들에게 모델로 보여 주고 가르칠 수는 있다. 이런 **파문효과**(ripple effect) 때문에 교사는 안에서부터 밖으로 교육시스템을 바꿀 수 있는 존재인 것이다.

다음은 교사와 학생이 함께하는 참여수업을 실행하는 독특한 방식을 개발한 어느 학교에 관한 이야기이다. 이 책을 읽는 독자 중에도 이러한 수업의 비전과 실행계획을 개발하고자 하는 사람이 있을 것이다. 그들에게 도움이 될 수 있도록 각 학교의 프로파일을 제시하였다. 각 학교가 어떻게 도전적인 난제를 다루었는지 그리고 강점을 구축하였는지를 살펴보고, 여러분 각자의 학교와 교실에 적절한 방식을 발견할 수 있기를 바란다.

다음의 이야기들은 학교관리자의 지원을 받아 학교 전체적으로 시행되는 활동에 초점을 맞추고 있다. 만일 여러분이 학급 수준에서 이런 시도를 하고 있다면, 이 책에 제시된 학교의 프로파일들은 **전체 학교 접근**(schoolwide approaches)의 특징과 성과를 묘사하므로 학급 수준의 활동과는 다를 수도 있음을 유념하길 바란다.

미국 아이오와주 농촌에 위치한 월튼 고등학교

월튼(Walton) 고등학교의 주요 경제 기반은 농업이고, 학부모 대부분은 최근에 멕시코, 중앙아메리카, 수단, 소말리아 등지에서 이주해 온 농부들이다. 2008년 여름, 새 학년 시작을 2~3주 앞두고 학교 리더십 팀이 모여 학교의 강점과 문제점에 대해 논의하였다. 많은 학생이 고등학교 진학의 전환 과정에서 어려움을 겪었다는 사실이 확인되어서 고등학교 신입생 전원을 대상으로 리더십 강좌를 제공하기로 결정하였다. 리더십 강좌는 전환기를 위한 사회정서학습 커리큘럼과 읽고 쓰기 및 학습기술 훈련을 통합한 방식으로 고등학교 1학년 동안 매일 제공되었다. 스토리텔링, 집단토론, 자기인식 및 자기성찰 활동, 예술표현, 협동학습, 소집단활동이 이루어졌다. 담당교사는 사회정서학습에 관한 기본 내용과 교사의 성찰에 관한 교육을 받았고 추수 연수와 코칭을 받았다. 또한 하루를 휴교일로 정해 전체 교직원들이 모여 학교의 비전과 목표를 세우고, 이를 공유할 수 있는 공통어를 개발하였다. 일 년 동안 리더십 강좌를 시행한 이후, 학생들의 학교 참여 수준이 높아졌고, 교사-학생 관계와 또래관계가 개선되었으며, 다양한 문화에 대한 이해도가 증가하였고, 고등학교 진학의 전환기를 건강하게 보낸 것으로 나타났다.

> 1년짜리 리더십 프로그램이 시행된 이후에 거의 모든 교직원이 이 프로그램의 실행을 강력하게 찬성하였다. 2년 후에는 리더십 프로그램이 우리 학교문화에서는 그 가치를 따질 수 없을 만큼 매우 귀중한 필수 요소로 여겨지고 있다.
> – 월튼 리더십 팀(Walton Leadership Team)

월튼 고등학교 전환기 리더십 강좌의 주요 목표

- 신입생의 사회정서 기술 향상

- 상이한 문화와 배경의 학생들이 서로에 대해 새로운 방식으로 알아 가는 포럼의 개발
- 고등학교 입학 또는 졸업을 앞둔 학생들을 위한 지원
- 학생들의 회복탄력성과 학습준비도의 증진
- 성인 멘토링과 옹호의 제공
- 사회적, 정서적, 문화적 다양성을 존중하는 안전하고 지지적인 학습 환경의 조성
- 삶의 기술과 사회적 능력을 기르고 강화하는 커리큘럼의 제공(예: 효과적인 의사소통 기술, 목표 명료화, 비판적 사고, 협력적 문제 해결과 의사결정, 조직화 기술, 스트레스 관리, 개인 내 및 개인 간 기술, 문화적 다양성의 이해, 문화에 대한 기여, 공동체 봉사활동)

월튼 고등학교 전환기 리더십 강좌의 요소

- 신입생 대상: 사회정서학습과 읽고 쓰기 및 학습기술 훈련을 통합한 교육
- 전 교직원 대상: 리더십 강좌 소개 프로그램, 직무연수 시간 할당, 협력과 기획 모임의 정례화 및 시간 배정
- 리더십 강좌 담당교사 대상: 심화훈련(사회정서학습 기술, 능력, 성찰활동, 전환기 문제에 관한 내용)
- 고등학교 3학년 대상: 전환기 강좌 선택과목(예: Senior Passages)
- 전문성 개발을 위한 교직원 시간의 확충
- 규칙적이고 지속적인 협력적 기획을 위한 교직원 시간의 확충

월튼 고등학교 전환기 리더십 강좌의 성과(학생 조사, 교직원 보고)

- 학생이 보고한 자기, 타인, 공동체와의 연결감 증가
- 학생의 학교 참여 수준 증가
- 학생의 사회정서 기술과 리더십 기술의 발달
- 신입생의 중퇴율 급감

- 교직원의 효과적 협력 능력과 교사 동아리 활동의 증가
- 시행 3년 후, 교사 보고에서 신입생 대상의 리더십 강좌가 월튼 고등학교의 주요 핵심으로 간주됨

월튼 고등학교 전환기 리더십 강좌의 난제

- 리더십 강좌 담당교사 회의, 강좌 계획, 교직원 연수, 지속적 지원에 필요한 시간 확보의 어려움
- 강좌 도입에 대한 교직원 전원의 합의 도출의 어려움
- 강좌의 목표와 비전을 방해하는 학생들과 함께 작업하기 어려움
- 사회정서학습 활동과 교과학습 내용의 적절한 균형을 찾기 어려움
- 모든 학생의 다양한 요구를 충족시키기 어려움
- 의미 있고 건설적인 공통의 평가 프로그램 개발의 어려움

미국 와이오밍주 교외에 위치한 폰데로사 초등학교(K-5)

폰데로사(Ponderosa) 초등학교는 예술 통합형 공립학교로 설립 초기부터 사회정서학습과 교과학습을 통합 운영하고 있다. '지덕노(知德勞; Head, Heart, Hands)' 철학을 근간으로 모든 교과 영역에서 전인교육과 예술 통합수업을 실시하고 있다.

학교는 성공을 거두었지만, 교직원들은 초등학교 입학 전후와 졸업 전후에 상당수의 학생과 가족들이 전환의 어려움을 겪고 있음을 자주 관찰하였다. 따라서 폰데로사 초등학교는 이 학교에 입학하는 아동들을 지원하는 유치원 전환 프로그램과 초등학교 졸업을 앞둔 학생들을 지원하는 한 학기 분량의 중학교 전환 프로그램을 시행하기로 결정하였다. 또한 전체 교사들을 대상으로 사회정서학습에 관한 훈련을 시행하였고, 학교의 목표를 설정하고 공통어를 개발하였다. 학년별 교사들이 협력하여 각 학년에 가장 적합한 사회정서학습 활동과 순서를 결정하였고 프로젝트 수업, 야외수업, 절기별 경축행사, 다중지능 수

업, 루핑 시스템(looping system: 학생들이 여러 학년을 거쳐 나가는 동안 동일한 교사가 반복 배정되는 시스템)을 조합하여 시행하였다. 폰데로사 초등학교의 루핑 시스템에서 학생들은 1학년부터 3학년까지 동일한 교사로부터 수업을 받고, 4학년 때 다른 교사가 배정되어 5학년까지 그 교사로부터 수업을 받는다. 또한 학교는 다양한 행사와 프로젝트(예: 교내 텃밭 가꾸기, 전교생 모금 디너, 정기 학생발표회, 부모와 자녀를 초대하는 졸업 축하 행사)를 실시하여 공동체 구축과 가족 관여가 학생 교육에 중요함을 강조하였다. 이 모든 노력의 결과, 학교풍토가 개선되었고 상급 학년 전환이 쉬워졌으며 학업성적이 향상되었고 학교에서 안전감과 소속감이 증가하였다. 이는 교육청의 지원을 받아 실시한 학교풍토 조사에서 나타난 결과이다.

> 처음에는 아이들이 공동체 조성에 다소 저항적일 수 있다. 그러나 내가 정말로 감사히 여기는 것은 이전에 저항했던 아이들이 반년이 지나자 이제는 그것을 간절히 원하기 시작했다는 점이다. 아이들은 이제 공동체 조성에 완전히 빠져들어 공동체를 사랑한다.
>
> \- 폰데로사 초등학교 교사

폰데로사 초등학교 전환 프로그램의 주요 목표

- 신입생과 가족의 건강한 전환
- 예비 졸업생과 가족의 건강한 전환
- 긍정적 학교풍토의 조성
- 모든 학생의 사회적, 정서적, 학업적 발달의 지원

폰데로사 초등학교 전환 프로그램의 요소

- 교사 대상: 사회정서학습과 교과수업의 통합에 관한 연수
- 신입생, 예비 졸업생 대상: 주별 1회 1시간 분량의 전환 프로그램
- 신입생, 예비 졸업생의 부모 대상: 사회정서 기술 발달과 자녀의 전환에 대한 이해를 돕는 학부모 교육의 밤 행사
- 자유입학제[1] 추첨 시, 무상급식 또는 급식비 지원을 받는 학생 선호

1) 역자 주. 자유입학제(open enrollment)란 학군 내 학교 정원에 비해 해당 학군에 거주하는 학생 수가 적을 경우 거주 지역에 상관없이 정원 내에서 입학과 전학을 허용하고, 원서 접수 이후에 지원자가 학교 정원보다 많은 것으로 드러나면 추첨을 통해 입학을 결정하는 미국의 교육제도이다.

- 영어학습자를 위한 ESL 프로그램
- 기획 및 협의를 위한 정기 교사 모임 시간의 배정
- 루핑 시스템
- 가족의 밤 등 가족을 포함하는 공동체의 정기행사
- 야외수업
- 프로젝트 학습

폰데로사 초등학교 전환 프로그램의 성과(교사 보고, 교육청의 학교풍토 조사)

- 긍정적 학교문화와 풍토의 점진적 증가(2009년 조사에서 학생 98%가 "나는 운동장에서 안전함을 느낀다."라고 대답하였음.)
- 교직원과 학부모 간의 협력 증가
- 교직원들 간의 협력 증가
- 표준화 학업성취도 검사에서 '숙달(proficient)' 수준 또는 '높은 숙달(advanced proficient)' 수준에 해당하는 학생 수의 증가
- 학업성취 우수 학교로 지정

폰데로사 초등학교 전환 프로그램의 난제

- 동일한 내용이 반복된다는 느낌을 학생들에게 주지 않기 위해 학년별로 사회정서학습 활동의 범위와 순서를 다양하게 결정해야 할 필요성
- 가족의 밤 행사 계획과 준비를 위한 추가 업무시간 확보의 어려움
- 교직원 훈련을 위한 자원과 시간 확보의 어려움

미국 일리노이주 도시에 위치한 파크사이드 고등학교

파크사이드(Parkside) 고등학교 재학생의 상당수는 무료급식 또는 급식비 지원을 받는 저소득층 가정의 자녀들이다. 새로 부임한 교장의 리더십 아래, 교사들이 학교에 존재하는 도전과 문제를 검토하였다. 고등학교 1학년(미국에서는 9학

년) 시기를 순조롭게 보내는 학생들은 제때 졸업할 가능성이 매우 높았지만, 교사들이 관찰한 바에 의하면 학생들은 상급 학년으로 진급하는 과정에서 어려움을 겪었다. 교사들은 이 문제를 해결하기 위하여 1학년 학생들과 교사들에게 더 많은 지원을 제공하고 학생과 교사 그리고 학교공동체 간의 연결을 더욱 강력하게 만들어 주는 1학년 학생 대상 아카데미 프로그램을 시행하기로 결정하였다.

이 프로그램에서는, 첫째, 학생 집단과 교사 집단을 짝 지은 소규모 학습공동체가 구성된다. 이러한 학습공동체 안에서 1학년 학생들끼리 공동체 의식과 관계를 이루고, 교사와 1학년 학생들 사이에서도 공동체 의식과 관계를 구축할 수 있다. 둘째, 1학년 학생들이 아카데미 교사로부터 주 1회 상담을 받는 어드바이저 프로그램(advisory program)을 운영한다. 이 계획의 일환으로, 고등학교 1학년 아카데미 교사들은 사회정서학습을 가르치고 성찰적 교직실무를 개발하는데 필요한 직무연수를 받는다. 셋째, 고등학교 1학년 아카데미 교사들은 분기별로 단기 교사연수에 참가하여 자신의 수업 방법과 지도교사 상담업무에 대한 컨설팅을 받는다. 넷째, 고등학교 1학년 아카데미 교사들은 수업계획을 세우고 학생들의 발전 정도를 추적 기록하기 위하여 매주 협력한다. 다섯째, 학교는 상호존중하는 긍정적 학교공동체를 조성하고 교직원 관계를 개선하며 지역사회 봉사활동에 참여하는 데 필요한 시간과 자원을 제공한다.

> 어드바이저 학급의 가장 좋은 점은 내가 새로운 사람들을 만날 수 있었고 내 친구들을 더 잘 알게 되었다는 점이다.
> – 파크사이드 고등학교 1학년 학생

고등학교 1학년 아카데미 교사들은 1학기에 매주 한 시간의 교과 수업 시간을 지도학생 상담에 할애했다는 점에 대해 문제를 제기하였다. 상담 시간이 학생들에게 유익할지라도 매주 한 시간의 교과 수업 시간을 잃는 것은 교사들에게 막대한 스트레스를 일으켰다. 따라서 2학기부터는 상담으로 인해 교과 수업 시간이 줄어들지 않도록 시간표가 변경되었다.

이러한 도전적인 문제도 있었지만, 파크사이드 고등학교의 1학년 학생들 중에서 2학년으로 진급한 수가 64%에서 1년 동안 아카데미 프로그램이 시행된 이후에 80%로 16% 증가하였다. 또한 학생들은 학교생활에 더욱 열심히 참여하였고, 또래와 교사들에 대해 새로운 방식으로 알게 된 점을 감사히 여겼다.

파크사이드 고등학교 아카데미 프로그램의 주요 목표

- 2학년 진급률 증가(궁극적 목표는 고등학교 졸업률 증가)
- 학생, 교사, 기타 교직원들이 서로 존중하는 학교풍토의 조성
- 신입생을 위한 리더십 훈련과 전환기의 지원
- 개별 학생 대상의 멘토링 제공

파크사이드 고등학교 아카데미 프로그램의 요소

- 교사들이 팀을 이루어 동일한 교사 팀이 모든 교과목에서 1년 내내 동일한 학생 집단을 가르치는 아카데미 프로그램
- 핵심교과 담당교사들 중에서 한 명이 주 1회 1시간 상담하는 어드바이저 프로그램
- 가족 지원을 위한 출장 프로그램
- 전체 학교의 상호존중 프로그램
- 교사와 관리자의 지속적 협력
- 주 1회 교사 팀의 수업계획 수립 시간 확보(이 날에는 한 시간 늦게 1교시가 시작됨)
- 학생과 교사가 평가한 사전조사와 사후조사 자료를 외부 평가전문가에 의뢰하여 분석

파크사이드 고등학교 아카데미 프로그램의 성과

- 2학년 진급률이 1년 전 64%에서 80%로 증가
- 교사-학생 관계의 의미 있는 개선(교사 보고와 학생 보고로 평가되었음)
- 교사와 가족의 소통 빈도 증가
- 동료 교사 간 관계의 개선(교사 보고로 평가되었음)

파크사이드 고등학교 아카데미 프로그램의 난제

- 매주 한 시간의 교과 수업 시간을 상담에 할애한 어드바이저 프로그램이

교사 스트레스를 유발함

- 과거, 폐교의 가능성 때문에 관리자 이직률이 높았음. 1년짜리 프로그램 종료 후 교장이 다른 직위로 옮겼고 이전의 아카데미 프로그램이 종결되었음. 그러나 이후에 어느 교사의 보고에 의하면, 아카데미 프로그램이 공식적으로 종료된 후에도 많은 교사가 어드바이저 프로그램의 원리와 실제를 계속 실행하였음

큰 구상부터 첫걸음까지

교사들은 서로 협력하여 비전을 세우고 역량을 개발하며 성과를 이루어 내고 자신의 발전 정도를 추적 평가할 수 있는 측정도구를 선정한다. 그런데 다른 학교의 사례를 통해 보고 배울 점이 있기는 하지만, 학교와 학급의 상황이 각기 독특하기 때문에 각 학교 학생들과 학교공동체의 요구 그리고 학교문화에 적절한 접근방안을 찾아야 한다. 그래야만 교직원들이 그 접근방안에 전념할 수 있고 성공적인 시스템 변화가 이루어질 수 있다.

이를 위해 교사는 다음과 같은 노력을 기울여야 한다.

- 재직 학교와 교실의 미래를 위한 자신의 비전을 분명하게 진술한다.
- 비전과 연관된 장기 성과를 파악하고, 장기 성과의 달성에 전념한다.
- 중간 성과(장기 성과의 달성에 필요한 기술과 능력)를 확인하기 위하여 현재의 강점과 요구를 조사한다.
- 교사 자신, 학생들, 학교의 능력과 기술을 증진시키는 데 유용한 원리와 실제를 탐구한다. (이 책에서 소개한 원리와 실제를 참고할 수 있다.)

이러한 노력에 교사 혼자, 동료 교사들과 함께 또는 전체 학교가 참여할 수 있다. 실제 전략과 방법들은 자신이 처한 상황, 학교 맥락, 공동체 맥락에 적합해야 한다.

실제: 비전의 수립

비전을 수립하기 위하여 교사는 자신이 처한 독특한 상황을 고려해야 한다. 자신에 대해서, 자신이 가르치는 학생들에 대해서, 재직 중인 학교에 대해서 어떤 포부와 열망을 가지고 있는가? 이러한 포부와 열망이 학교의 발전 계획, 미션 또는 비전과 어떻게 연관되는가? 교사 혼자서 또는 동료 교사들과 함께 협력하면서 이러한 질문들을 제기하고 숙고할 필요가 있다. 어떤 식으로든 비전에 대해 생각하고 비전을 세우는 과정은 큰 구상을 하게 만들고 교직실무에 대해 통합적이고 전체적인 접근을 취하게 만든다.

학교의 비전을 수립할 때 가능한 전체 교직원들이 참여하는 것이 매우 중요하다. 교사들이 서로 의견을 나누어 본 후에 학교의 비전을 수립하면, 그 비전과 앞으로 예측되는 성과를 수용하고 비전과 성과에 대한 책임감을 공유할 가능성이 높다. 어떤 경우에는 **비전 수립 과정**에 학생들이 포함되기도 한다. 이때, 학생들에게 어떤 교실이 가장 지지적이고 적합하다고 생각하는지를 묻는다.

어떤 학교는 **비전 수립 과정**에 교직원들이 더 많이 참여하도록 반일짜리 전문성 개발 활동을 제공하였다. 이때, 다음과 같은 시나리오와 질문들이 사용되었다.

> 지금부터 3년 내지 5년 후 우리 학교를 소개하는 신문기사를 작성한다면, 당신은 어떤 헤드라인을 쓰겠는가? 신문기사의 요점은 무엇인가? 그때까지 당신 자신은 무엇을 달성할 것인가?

다음은 교사가 자신의 교실이나 학교에 적합한 비전을 세우기 위하여 적용해 볼 수 있는 활동이다.

비전 수립 활동

1. 교사로서 당신은 자신의 사회정서능력을 꾸준히 개발해 왔고, 학생들도 이러한 능력을 발달시킬 수 있도록 당신이 적극적으로 모델링하고 지원해 왔다고 상상하라. 지금부터 2~3년 후의 당신 자신과 학생들을 관찰하고 있다고 상상하라. 무엇이 눈에 띄는가? 무엇이 변한 것 같은가? 당신과 학생들이 어떤 차이를 보이는가? 다음의 질문들을 고려하라.

   - 학생들이 무엇에 몰두하고 있는가? 학생들이 혼자서 그리고 또래들과 함께 어떤 식으로 공부하고 있는가?
   - 학생들이 서로 어떤 관계를 이루고 있는가?
   - 학생들이 교사와 어떤 관계를 이루고 있는가? 교사는 학생들과 어떤 관계를 이루고 있는가?
   - 학생들이 무엇을 학습하고 있는가? 어떻게 학습하고 있는가? 학생들이 학습하고 있다는 것을 교사가 어떻게 알 수 있는가?

   이제, 미래의 학생들이 교실 문을 열고 나가 복도나 운동장을 향해 걸어가고 있는 모습을 관찰하고 있다고 상상하라.

   - 복도에서, 운동장에서 무슨 일이 일어나고 있는가?
   - 학생들은 어떤 식으로 상호작용하고 있고 그들의 대인관계는 어떠한가?
   - 복도 벽에는 무엇이 걸려 있는가? 그것이 학생들에게 어떤 영향을 미치는가?
   - 학교의 전반적인 분위기는 어떠한가?

2. 앞의 질문들에 대한 자신의 대답을 생각하면서 비전을 작성한다. 당신이 앞으로 3년 내지 5년 안에 당신 자신, 학생들, 동료 교사들에게서 관찰할 것을 비전에 포함시킨다.
3. 학교의 1년 계획 또는 소속 부서의 1년 계획을 검토하고, 두 계획의 일치하는 부분과 차이가 나는 부분을 찾아서 기록한다.
4. 당신이 수립한 비전을 다른 사람들에게 알리고 의견을 듣는다. 전체 교직원이 비전 수립 과정에 참여하는 방안에 대해 수석교사나 학교관리자와 논의한다.
5. 당신의 비전에 대해 학교관리자, 동료 교사, 여타의 교직원, 학부모로부터 지지를 얻는 방법을 찾아본다.

실제: 장기 성과에 전념하기

분명한 비전을 수립하면, 장기 성과를 확인하고 달성하는 것에 전념하는 데 도움이 된다. 학교의 연간 발전 계획을 세우고 장기 성과를 개발하는 데 이 책에서 얻은 아이디어들을 참고할 수 있다.

학교의 연간 발전 계획에 포함되는 **장기 성과**의 예를 들면, 교직원 문화 개선, 교직원 간 협력 증진, 교사만족도 상승, 학교풍토 개선, 학교안전 향상, 학업성취도 상승, 학생의 적응유연성 증진 등이 있다. 장기 성과를 설정하기 위하여 이러한 목록을 활용하거나 수정할 수 있다. 그러나 학교 맥락과 학교공동체의 특징에 적합한 장기 성과를 수립하면, 교사들이 장기 성과의 달성에 더욱 전념할 수 있고 장기 성과의 달성에 대한 강렬한 동기를 가질 수 있다. 다음은 교사가 장기 성과를 수립하고 그 성과의 달성에 전념하는 데 도움이 되는 활동이다.

장기 성과 관련 활동

1. 자신의 비전과 연결 지어 장기 성과를 기술해 본다.
2. 학교에 이미 설정되어 있는 목표를 감안하여 자신의 개인적인 장기 목표와 학교 차원의 장기 목표를 목록으로 작성한다.
3. 자신의 비전과 장기 성과를 공유할 동료 교사 또는 팀과 논의한다.
4. 자신이 (또는 자신과 동료 교사들이) 교실과 학교에 가장 중요하다고 확인한 장기 성과를 목록으로 작성한다.
5. 장기 성과 수립의 과정이 현재 진행 중에 있다면, 장기 성과를 향한 자신의 발전 정도를 정기적으로 점검한다(예: 매월 1회 또는 분기별로).

실제: 중간 성과를 확인하기–능력과 기술

중간 성과는 장기 성과의 성공적 달성에 필요한 능력(capacities)과 기술(skills)을 포함한다. 교사와 학생이 함께하는 참여수업(engaged teaching)을 실행하여 달성하고자 하는 중간 성과의 예를 들면 다음과 같다. 이를 참고하여, 재직 학교 또는 자신이 처한 상황에 필요한 중간 성과를 탐색할 수 있다.

- 교사의 자기효능감, 열의, 동기 증가
- 학생의 자기관리 기술과 스트레스 관리 기술 향상
- 학교 안에서 팀워크, 협력 기술, 관계 기술의 개선

당신 자신과 당신의 학교는 중간 성과의 측면에서 현재 어디에 위치해 있는가? 당신과 동료 교사들은 중간 성과에 해당되는 능력의 어느 단계까지 발달했는가? 다음은 중간 성과에 해당되는 능력과 기술 목록을 작성하는 과정이다.

능력과 기술 목록의 작성 활동

1. 장기 성과를 달성하기 위해 교사로서 당신 자신, 학생들, 학교 교직원들이 갖추어야 할 필요가 있는 능력과 기술을 목록으로 작성한다.
2. 목록에 있는 능력과 기술들 중에서 무엇이 당신 자신, 학생들, 학교 교직원들의 현재 강점인가? 향후 어떤 강점을 더 발전시켜야 하는가? (pp. 250-258에 있는 평가에 관한 내용을 참고하여 강점 영역의 발전 정도를 추적 기록하는 방법을 결정하라.)
3. 이 책에서 제안된 도구나 당신이 별도로 찾은 도구를 이용하여, 당신의 현재 능력과 기술 수준 그리고 미래에 달성하고자 하는 목표 수준을 나타내는 루브릭을 만든다. 1년, 3년, 5년 일정표를 작성한다. 이러한 과정을 당신 자신, 학생들, 교직원 공동체 각각과 관련하여 반복한다. 당신이 정했던 장기 성과와 중간 성과를 각각의 일정표 안에 배치한다.

실제: 능력과 기술의 구축-원리, 실제 그리고 다음 조치

비전을 정하고 계획을 세우는 과정에 대해서는 앞에서 단계별로 설명했으므로 이제는 이 책의 원리와 실제를 중 · 장기 성과와 비전에 연결 짓는 방법을 알

아볼 차례이다. 이는 비전을 행동으로 옮기는 데 필요한 조치를 확인하는 데 도움이 될 것이다. 예를 들면, 문화적 민감성 또는 긍정적 교사-학생 관계의 형성 및 유지 능력을 개발할 필요가 있다면, 2장에서 살펴본 원리와 실제를 좀 더 철저하게 검토할 것을 권장한다. 만일 정서능력의 개발이 자신에게 또는 재직하고 있는 학교에 중요하다고 판단되면, 6장에서 살펴본 원리와 실제에 초점을 맞추어야 할 것이다. 만일 학교에서 다수의 학생이 정학을 당하고 있다면, 존중의 경계 설정을 지원하는 공동체 구축과 학급 관리에 대해 다룬 2장과 5장을 중점적으로 참고할 것을 권장한다. 그다음에 **실행계획**(action plan)을 개발하는데, 그 과정은 다음과 같다.

실행계획 개발 활동

1. 이 책의 어떤 원리와 실제를 참고해야 당신의 중간 성과를 달성하는 데 도움이 되겠는가? 그리고 이 책의 어떤 원리와 실제가 당신이 처해 있는 상황에 관련되는 것 같은가?
2. 어떤 프로그램, 전문성 개발 활동, 멘토링, 코칭, 시행 조치, 절차가 중간 성과의 달성과 능력의 증진에 기여하는가? (중간 성과의 달성과 능력의 증진은 당신이 추구하는 장기 성과의 달성으로 이어질 것이다.)
3. 어떤 원리와 실제가 당신의 능력 증진과 교직실무의 변화에 직접 도움이 되는가?
4. 이번 주에 당신은 무엇을 실행해 볼 것인가? 중간 성과를 달성하기 위해 당신이 이번 주에 취하려는 조치는 무엇인가?

교사와 학생이 함께하는 참여수업의 지도

이 책에서 우리는 교사와 학생이 함께하는 참여수업에 관한 기본적인 내용을 살펴보았다. 교사와 학생이 함께하는 참여수업의 5영역을 공부하고 실천하면 사회정서 기술과 내면적 삶의 기술을 개발할 수 있을 것이다. 학생들이 이러한 능력을 겸비할 수 있도록 돕는 실제적 방법을 교사가 자신의 교직실무에 통합하면, 교사의 교육 활동은 당연히 변할 것이고 학생들의 학습 경험과 성과에 직접 영향을 미칠 수 있을 것이다. 그런데 이러한 접근법은 틀에 박힌 것, 고정된 것이 아니므로 교사마다 학급 또는 학교 장면마다 다르다.

교사와 학생이 함께하는 참여수업은 학교의 비전과 장기 성과를 일상적인 교직 업무에 연결 짓는 데 도움이 된다. 18쪽에서 그림으로 봤듯이, 교사와 학생이 함께하는 참여수업은 (1) 사회정서학습과 교과학습의 통합, (2) 관계와 공동체에 대한 관심, (3) 문화적 맥락에 대한 반응, (4) 연결, 의미, 목적의식의 촉진, (5) 발달단계의 고려에 뿌리를 두고 있다.

교사와 학생이 함께하는 참여수업의 5영역과 이와 관련된 원리와 실제는 뿌리와 성과를 연결 짓는 실제적인 행동 경로의 역할을 한다. [그림 8-1]에서 볼 수 있듯이 '**교사와 학생이 함께하는 참여수업의 지도**'는 비전을 행동으로 잇는 시행 경로를 나타낸다.

앞에서 제기되었던 질문들에 대한 자신의 대답을 종합적으로 요약하여 교사와 학생이 함께하는 참여수업을 위한 자신의 지도를 작성해 본다.

교사와 학생이 함께하는 참여수업의 지도(ETM) 작성 활동

1. [그림 8-2]를 복사한다. 비전을 지도 상단에 있는 박스 안에 적는다.
2. 자신, 학생들, 학교에 중요한 장기 성과를 비전 박스 아래에 목록으로 작성한다.
3. 장기 성과의 달성에 중요한 중간 성과와 능력을 목록으로 작성한다.
4. 수업과 교직실무에서, 교실에서, 동료 교사들과 함께 또는 소속 부서나 팀과 함께 집중적으로 다룰 주요 원리와 실제를 목록으로 작성한다(예를 들면, 교사-학생 관계, 정서능력, 문화적 민감성).

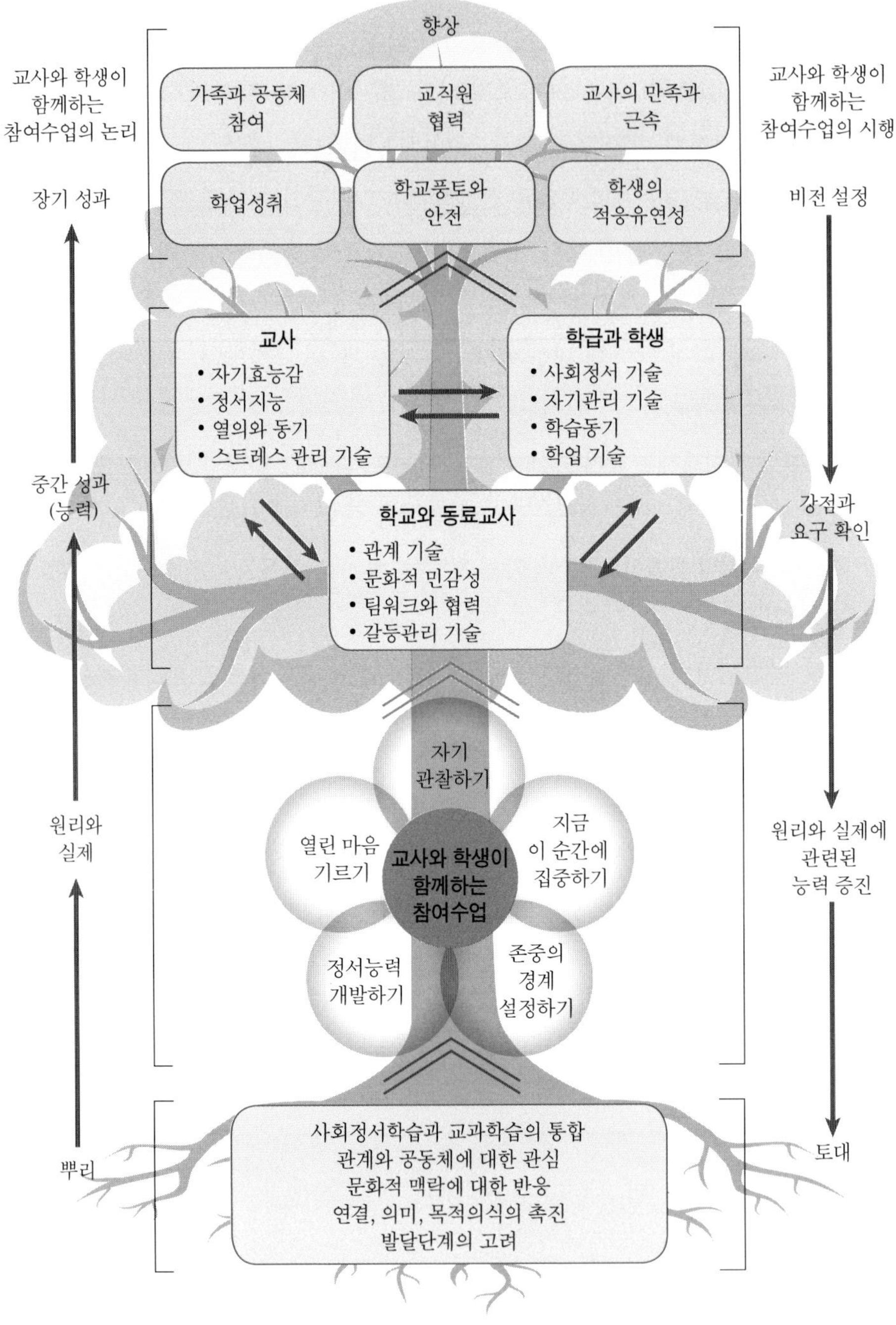

[그림 8-1] 교사와 학생이 함께하는 참여수업의 지도(ETM)

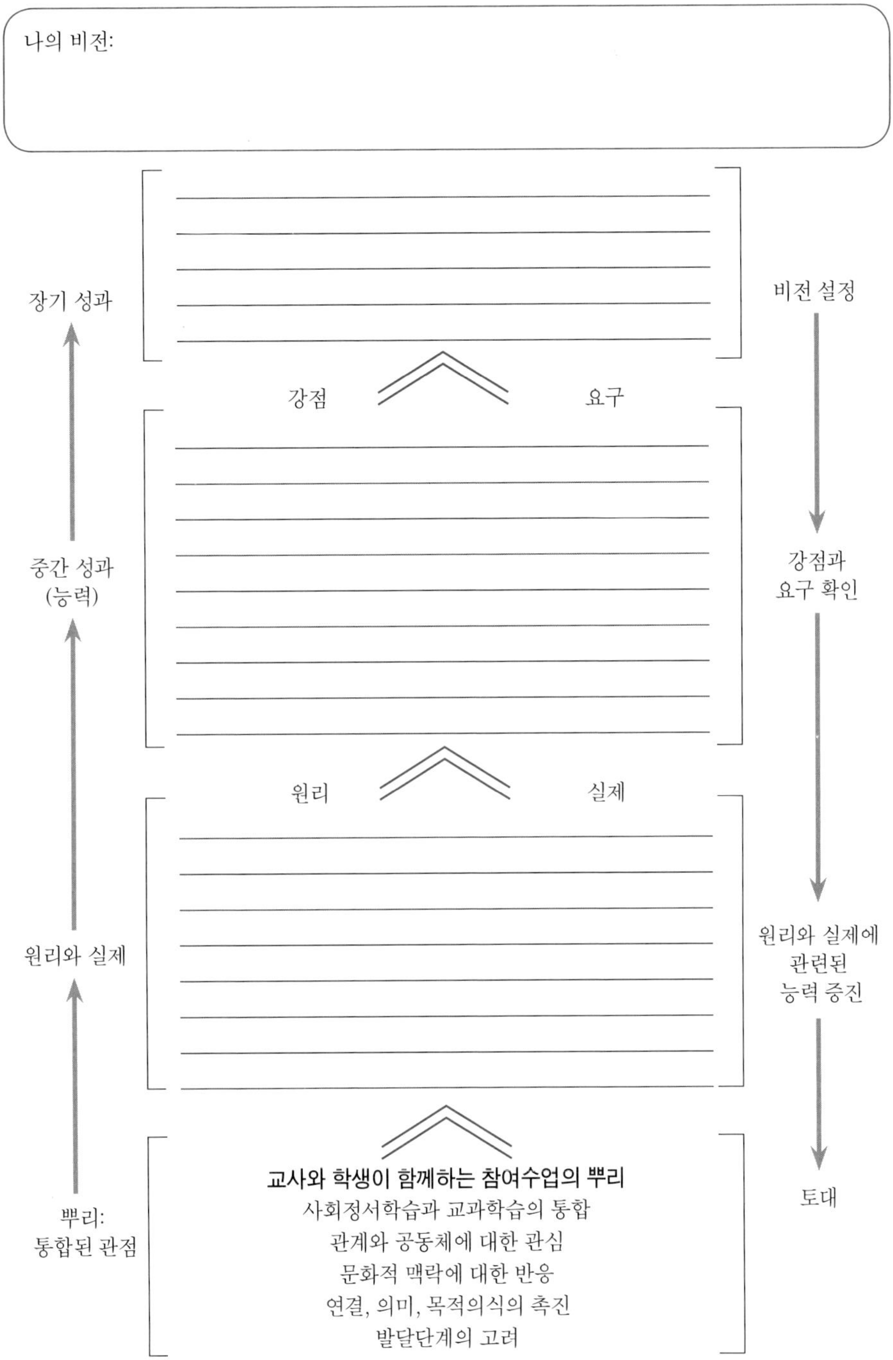

[그림 8-2] 교사와 학생이 함께하는 참여수업의 지도(ETM) 워크시트

평가: 학습 여행을 안내하는 정보의 수집

지도를 작성한 다음에는 당신이 선택한 접근법에 대한 피드백과 정보를 어떻게 수집할지에 대해 고민해야 한다. 당신이 학습 여행을 하는 데 필요한 능력과 기술의 발달이 제대로 이루어지고 있는지 당신은 어떻게 알 수 있는가? 이 접근법이 학생들에게 효과적인지 당신은 어떻게 알 수 있는가? 그 과정에서 반성적으로 생각하고 교훈을 얻고 수정을 가하는 데 도움이 되는 평가 방법과 도구에는 무엇이 있는가?

표준화 검사가 강조되면서 자료와 평가는 학교 어디에나 산재해 있다. 특히, 총합평가(summative assessment)는 어떤 교육정책을 채택할지, 어떤 커리큘럼을 시행할지, 어떤 교직원을 고용하고 해고할지, 어떤 학생을 합격시키고 불합격시킬지 등 수많은 결정을 좌우한다. 그래서 교사들이 대규모 학업성취도 검사에 학생들을 준비시켜야 하고 검사 결과에 따라 적절한 대응방안을 마련하고 실행해야 한다는 기대가 팽배해 있다. 그러나 의미 있는 평가를 실행할 수 있는 다른 방법은 많이 있다.

대부분의 교사는 평가에 따라 교직실무를 계속 개선하는 과정을 강조하는 평가 모델(계속적 개선의 평가 모델)의 유용성을 인정한다. 이 평가 모델과 3장에서 살펴본 '이중 회로 학습'을 잘 조율하여 병용하는 교사는 평가와 교직실무에서 다음과 같이 활동한다.

(1) 형성평가(formative assessment)와 총합평가를 통해 우리가 현재 위치한 수준과 미래 목표를 확인한다.
(2) 교수 프로그램과 수업지도 방식에 대한 종합적이고 전체적인 견해를 얻기 위해 다양한 방법을 활용한다.
(3) 피드백을 구하고 협력적으로 학습한다.
(4) 문제 영역과 성공 영역을 확인하고, 어떤 영역에서 교직실무를 변경할 필

요가 있는지, 어떤 영역에서 자원을 추가로 사용할 필요가 있는지를 확인한다.

(5) 자신의 접근법을 변경하고, 그에 따른 결과에 주목한다.

(6) 자신의 수업지도 방식 등 교직실무를 수정한다.

이와 같은 계속 평가를 통해, 우리는 자신의 교직실무와 동료 교사들의 교직실무에 대해 부단히 반성하고 그로부터 교훈을 얻을 수 있다.

다음에는 교사와 학생들의 학습과 성장을 평가하는 다른 방식들을 예시한다. 특히, 교사와 학생이 함께하는 참여수업의 영역별 발전 정도를 확인하는 데 도움이 되는 평가 방법들을 집중적으로 다루고자 한다.

평가의 과정

학년 초에 또는 프로그램을 시작하기 전에 기초선 자료(baseline data)를 수집하여 향후 발생하는 변화나 차이와 비교하는 기준을 세운다. 수업을 시작한 이후에는 형성평가의 방법으로 정보를 수집하고, 이때 수집되는 정보는 학기 중에 수업 내용이나 방법을 수정하는 데 활용한다. 학기말이나 학년말에는 총합평가 자료를 수집하는데, 이러한 자료는 이번 학기에 또는 학년에 충분한 학습이 이루어졌는지를 판단하고 다음 학년도에 변화를 일으키기 위한 근거로도 사용한다.

교수 방법을 개선하고 학생의 학습성과에 영향을 미치기 위해 자료를 수집하고 이해하는 데는 다양한 방법이 적용된다. 자기성찰 양식, 학생조사지, 부모/보호자 피드백, 표준화 검사, 수행평가, 스쿱 노트북,[2] 학교탐방 등의 방법은 모

2) 역자 주. 스쿱 노트북(scoop notebook)은 수업 개선을 위한 연구자료의 수집 방법으로 주로 사용된다. 교사가 수업을 위해 사용한 수업자료, 수업전략, 학습활동, 시험지, 학생이 작성한 과제, 과제에 대한 교사의 피드백, 게시물, 수업에 대한 교사의 성찰글과 기록물 등 교실 수업에서 파생된 모든 부산물(artifacts)의 샘플을 수집하는 방법을 말한다. 마치 광물학자가 연구대상이 되는 어떤 광물이 있는 토양이나 암반 이외의 장소에서 광물에 관한 연구를 수행하는 데 부족함이 없도록 광물의 특징을 잘 나타내는 모든 샘플을 조금씩 추출하여 연구실로 가져가 연구하듯이, 수업 연구자 역시 수업과 관련된 모든 자료의 샘플을 조금씩 수집하여 이후에 마치 교실 안 관찰자처럼 수업자료를 검토할 수 있다.

두 우리가 설정한 비전과 우리가 이룬 성과에 관한 중요한 정보를 제공한다. 그런데 모든 평가 방법에는 장점과 단점이 존재한다(McMillan, 2000). 만일 교사가 자기성찰 양식의 사용만 고집하면, 타인의 피드백이나 또래관찰 또는 학생의 학습 자료가 주는 혜택을 얻을 수 없다. 만일 표준화 검사만 사용하면, 수검행동이 좋지 않은 학생이나 단순히 질문이나 지시문을 잘못 이해한 학생들에 대해서는 정확한 정보를 수집할 수 없다. 뿐만 아니라 표준화 검사는 검사 결과에 영향을 주는 문화적 편향을 담고 있다. 그러므로 표준화 검사에만 의존하면, 검사에 포함된 것과는 다른 종류의 학습이나 지식의 표현을 평가하지 못하게 된다. 그랜트 위긴스(Grant Wiggins)가 1989년에 발표한 논문 「진정한 검사(A True Test)」에서 "표준화 검사의 사용에 대한 우리의 혼란은 마치 맥박수를 건강에 좋은 섭생의 총효과로 오인하는 것과 유사하다."고 의학적으로 비유하였다.

이러한 단점을 극복하기 위해 다양한 종류의 평가도구들을 사용하는 것이 중요하다. 학교풍토와 학생의 사회정서학습 정도를 측정하는 평가 방법과 도구들 중에서 신뢰도와 타당도가 양호한 도구들이 점차 많아지고 있다. 그러므로 하나의 평가 방법에만 의존하기보다 다양한 평가 방법을 사용하여 교사의 진전도와 학생들의 학습을 효과적으로 평가해야 한다. 또한 평가 결과에 미치는 문화적 영향을 감안하고 학생들의 사회적, 정서적, 학업적 발달의 지표를 평가에 포함한다면, 학생들의 전반적인 발달 상태를 더욱 정확하게 파악할 수 있을 것이다.

평가 방법

여기에서는 교사가 중요한 것으로 확인한 교수 능력과 기술의 발전 정도를 추적 조사하는 데 사용 가능한 형성평가의 도구 세 가지를 소개하고자 한다. 각각의 방법은 성과에 대해 현재 진행형의 피드백을 제공한다는 점이 특징적이다.

성찰하는 교사를 위한 도구

로버트 마르자노(Robert Marzano)와 동료들은 2012년에 발표한 저서 『성찰하는 교사되기(Becoming a Reflective Teacher)』에서 효과적인 수업 틀의 구성요소 41개를 설계하고 이를 평가하는 도구를 개발하였다. 그런데 교사가 자신의 발전 정도에 관한 정보를 수집할 때 자신과 학생 둘 다와 관련된 증거를 수집하는 것이 중요하다는 점을 명심해야 한다. 따라서 마르자노의 틀은 교사 자료와 학생 자료 둘 다의 수집에 관련된 구체적 사항을 제시한다. 이 중에서 교사용 자기평정 척도는 교사 자료를 수집하는 도구이다. 이 평가도구의 일부분은 [그림 8-3]에 제시되어 있다. 이것은 학생과의 관계 형성의 측면(구체적으로, 학생에 대한 온정)이 어떻게 발달하고 있는지에 대한 피드백을 얻기 위한 도구이다. 성찰하는 교사되기에는 학습목표 설정, 존중의 경계, 교사의 인식, 학생의 동기와 진전도, 효과적인 교사와 학생이 함께하는 참여수업을 구성하는 여러 요소와 관련된 척도와 문항들이 제시되어 있다.

스쿱 노트북

학교에서 사용하고 있는 커리큘럼이 정서적으로 얼마나 풍부하고 다양한 문화적 배경에 얼마나 민감한지에 관한 증거를 수집하려면 다양한 정보원으로부터 자료를 수집하고 교사와 교직원들로부터 피드백을 구할 필요가 있다. 이를 위해 활용할 수 있는 한 가지 강력한 도구로 스쿱 노트북(scoop notebook)이 있다. 힐다 보르코(Hilda Borko)와 동료들에 의하면, 스쿱 노트북은 '수업에서 만들어진 부산물(instructional artifacts)과 교사의 성찰(teacher reflections) 관련 자료를 수집하는 절차'이다(Borko, Stecher, & Kuffner, 2007, p. 10). 스쿱 노트북을 검토하는 사람은 자신이 마치 교실 안에 있는 관찰자인 것처럼 수업자료를 검토할 수 있다.

스쿱 노트북에 들어갈 자료는 보통 일주일에 걸쳐 수집된다. 수업 시작 전에 구성된 수업지도안 계획서와 기타 수업자료; 수업 동안에 만들어진 학생의 과제와 작품; 수업 이외의 시간에 학생이 만들어 낸 숙제와 프로젝트 작품; 시험, 퀴

교사 대상 질문: 학생들과 원만한 관계를 위해 나는 무엇을 할 것인가?

37. 나는 어떤 언어적, 비언어적 행동을 통해 학생들에게 온정을 표현하는가?	
교사에게 나타나는 증거: • 학생의 학업성취나 개인적 성취에 대해 칭찬한다. • 학업과 무관한 내용이라도 학생들과 허물없는 대화를 나눈다. • 적절한 경우, 학생들에게 유머를 사용한다. • 적절한 경우, 학생들에게 미소를 짓거나 고개를 끄덕인다. • 적절한 경우, 학생들의 어깨를 가볍게 토닥거린다.	학생에게 나타나는 증거: • 자신에게 관심을 가지고 보살펴 주는 사람이 누군지 묻는 질문에 교사라고 대답한다. • 교사의 언어적 상호작용에 반응한다. • 교사의 비언어적 상호작용에 반응한다.

© 2012 Robert J. Marzano

교사로서 나는 제대로 일하고 있는가?

	4 혁신 수준	3 적용 수준	2 발전 수준	1 초보 수준	0 미사용
학생들에게 온정을 표현하는 언어적, 비언어적 행동 사용하기	학생들의 독특한 요구와 상황에 맞게 전략을 바꾸거나 새로운 전략을 만들어 사용하고 있다.	이러한 행동을 사용하고 있고, 교실에서 학생과의 관계의 질을 모니터링하고 있다.	이러한 행동을 사용하고 있지만, 아직은 기계적으로 하고 있다.	이러한 전략을 부정확하게 사용하고 있고, 부족한 부분이 있다.	이러한 전략을 사용해야 하지만, 사용하고 있지는 않다.

© 2012 Robert J. Marzano

교사의 자기평가

요소	4 혁신 수준	3 적용 수준	2 발전 수준	1 초보 수준	0 미사용
37. 나는 학생들에게 온정을 표현하는 언어적, 비언어적 행동을 사용하기 위해 보통 무엇을 하는가?					

학생 조사 (중학생용)

지시문: 각 질문에 대해 "그렇지 않다." "그렇다." "매우 그렇다." 중 하나에 ○표 하세요.

37. 선생님은 나를 좋아하신다. ……………… 그렇지 않다. 그렇다. 매우 그렇다.

출처: Becoming a Reflective Teacher © 2012 Marzano Research Laboratory. marzanoresearch.com

[그림 8-3] 평가도구 샘플

출처: Marzano Research Laboratory와 Robert J. Marzano의 허락을 받아 『Becoming a Reflective Teacher』(Marzano, 2012, pp. 222, 245, 265)에서 옮겨 실었음.

즈, 보고서, 채점 루브릭 같은 형성평가 자료가 스쿱 노트북에 포함된다. 수집이 불가능한 작품(예: 프로젝트를 위해 만든 작품, 예술작품)은 사진을 찍어 스쿱 노트북에 보관한다.

숙제와 수업 시간에 완성한 과제 중 대표적인 세 가지를 선정한다. 교사는 각 과제의 질적 수준을 높음, 중간, 낮음으로 평가한 결과를 포스트잇에 써 붙여 스쿱 노트북에 보관한다. 추가로, 교사가 그렇게 평가한 이유를 기록할 수도 있고, 과제를 수행함으로써 학생이 무엇을 이해하게 되었다고 교사가 생각하는지에 대해서도 기록해 둘 수 있다.

또한 스쿱 노트북에는 교사가 매일 작성한 수업일정과 자기성찰 메모가 포함된다.

- 이번 수업의 학습목표는 무엇이고 학생들의 학습에 대한 교사 기대는 어떠한가?
- 오늘 수업을 통해 학생들의 학습에 대한 교사의 목표와 기대가 얼마나 충족되었는가? 이를 교사가 어떻게 알 수 있는가?

이에 추가하여, (3장에서 배운) 교사가 자기 관찰자로서 성찰한 자료를 포함할 수도 있다. 예를 들면, 교사는 교수, 학습, 학생에 대한 어떤 가정(assumptions)을 가지고 수업을 하는가? 즉, 교사는 교수, 학습, 학생이 이렇다 또는 저렇다는 선입관을 가지고 있는가? 수업 전, 중간, 후에 교사는 어떤 감정을 느꼈는가?

또한 평가자들이 스쿱 자료의 사용 및 생성 방법을 정확하게 파악할 수 있도록 교사는 수업에 대해 충분히 상세하게 기술해야 한다. 일주일의 스쿱 노트북 과정이 끝날 때쯤 교사는 수업이 학생들을 위한 장기 목표와 어떻게 관련되는지 그리고 스쿱 노트북이 수업을 정확하게 반영했는지를 대답한다. 또한 앞으로 수업을 더욱 정확하게 묘사하려면 무엇을 스쿱 노트북에 포함해야 하는지에 대한 시사점을 결론으로 제시한다.

다음, 평정척도를 이용해 스쿱 노트북을 검토하고 평가한다. 중학교 수학과 과학 수업에서 사용 가능한 스쿱 노트북 평정척도는 미국의 국립평가연구센터(National Center for Research on Evaluation, Standards, and Student Testing) 웹사이트(www.cse.ucla.edu)에서 찾을 수 있다.

교실 평가에서 비디오 활용하기

수업이 한창 진행 중인 교실에서 교사–학생 간의 역동적 상호작용을 관찰하고 평가하기란 쉬운 일이 아니다. 또한 교실문화라든지 학급풍토 같은 복잡한 측면에서 나타나는 결과를 효과적으로 평가하기도 어렵다. 이때, 비디오는 교사–학생 간의 역동적 상호작용을 관찰하고 학급풍토를 파악하는 데 효과적인 방법이다. 그러나 우리는 관찰당하고 비디오로 촬영되는 상황에서 겁이 나고 불편함을 느낀다. 그러므로 관찰 연구의 원칙에 따라 관찰을 설계하고 관찰 대상을 배려하는 방식으로 관찰한다면 교실 장면에 일어나는 현상을 제대로 이해할 수 있다.

교실 장면을 비디오로 촬영하고 관찰하는 하나의 예는 다니엘 윌링햄(Willingham, 2009)의 피드백 주고받기 방법이다. 윌링햄은 두 명의 교사가 스스로 할 수 있는 간단한 비디오 관찰법을 제안하였다. 동료 교사 두 사람이 일련의 순서를 따른다. 먼저, 두 명의 교사는 다른 교사들이 각자 다른 교실에서 가르치는 과정을 촬영한 비디오를 관찰하고, 시청한 내용에 대한 의견을 나눈다. 이러한 과정에 익숙해진 다음에는 두 명의 교사가 각자 자신의 교실에서 가르치는 장면을 비디오로 촬영하고 상대방의 비디오를 검토한다. 이러한 과정에서 배운 내용을 향후 수업에서 어떻게 통합할지에 대해 토론한다.

교실 장면을 비디오로 촬영하고 관찰하는 두 번째 예는 로버트 피안타(Robert Pianta), 브리지트 햄리(Bridget Hamre) 및 미국 버지니아 대학교 교수들이 개발한 '교실 평가 채점 시스템(Classroom Assessment Scoring System: CLASS)'이다(Curry School of Education, CASTL, 2013). CLASS는 교사와 학생의 효과적 상호작용을 조직하고 기술하며 시범하기 위한 관찰도구이다. 햄리와 피안타는 비디오를 평가도구로 사용하는 데는 어려움이 따른다는 점을 인정하고, 연구도구로 또는 교사들과의 작업에서 사용할 수 있는 비디오 관찰 과정을 면밀하게 설계하였다(Hamre et al., 2012). 또한 이들은 『교실 관찰 가이드(A Practitioner's Guide to Conducting Classroom Observations)』에서 다음과 같이 언급하였다(Stuhlman, Hamre, Downer, & Pianta, 2010, p. 34).

> 처음에는 교사들이 비디오 촬영에 대해 불편해하고 신경을 쓰지만, 이러한 심정을 이해하고 지지해 주면 교사들은 비디오 촬영을 매우 강력한 도구로 인정한다. 이 방법은 관찰해야 할 대상이나 사건에 대한 누군가의 말에 의존하는 대신, 실제로 발생한 것을 직접 그리고 정확하게 확인할 수 있게 해 준다.

이상에서 소개한 도구들은 비디오 관찰을 효과적으로 실행하는 데 도움이 된다. 이를 통해 교사들은 서로의 교수법을 관찰하면서 배울 수 있고 교수법을 개선할 수 있다.

학습공동체와 평가

비디오 관찰에서처럼 교사가 자신의 교수법에 대해 피드백을 받는 것은 그다지 유쾌한 경험은 아니다. 그러나 동료 교사들의 의견은 수업과 관련한 형성평가가 의미 있게 이루어지기 위한 필수 요소이다. 윌링햄(2009, p. 259)이 "우리는 적어도 다른 한 명의 사람과 함께 일할 필요가 있다. 그 사람은 내가 아니기 때문에 교실에서 내가 볼 수 없는 것을 볼 것이다."라는 점을 특기하였다. 그렇다면 신뢰할 수 있고 효과적인 평가 과정을 구성하기 위해 교사들이 할 수 있는 일은 무엇인가?

시간을 들여 그리고 열정을 쏟아 성인 학습공동체 안에 신뢰와 존중을 구축하면, 사람들은 평가를 유익하고 생산적인 것이라고 여기게 된다. 먼저, 인간관계 안에 신뢰의 기반이 만들어지고 피드백을 주고받는 분명하고 일관성 있는 절차가 마련되면, 평가를 훌륭하고 능숙하게 할 수 있다. 교사와 학생이 함께하는 참여수업(engaged teaching)의 원리와 실제는 성인 학습공동체 안에 신뢰를 구축하는 데 도움이 되고, 서로를 배려하면서도 효과적인 방식으로 피드백을 주고받는 데도 기여한다. 즉, 열린 마음을 기르고, 반성적으로 자신을 관찰하며, 지금 이 순간에 주의를 기울여 현재 상황을 알아차리고, 존중의 경계를 설정하고, 정서능력을 갖춘 교사는 열린 마음을 가지고 동료 교사들과 대화하고 서로의 말을 경청한다. (동료 교사와 함께 실행하는 원리와 실제는 2~6장에 제시되어 있다.)

이 장에서는 정보 수집의 다양한 방법으로서 평가 방법들을 소개하였다. 평가 방법에 대한 지식을 갖춘 교사는 교사와 학생이 함께하는 참여수업을 실행하는 능력을 발전시킬 수 있다. 상대방을 구체적으로 이해하겠다는 마음, 배려의 마음, 연민의 마음으로 피드백을 주고받는다면, 형성평가의 도구들은 동료 교사들과 신뢰의 관계를 형성하고 효과적으로 협력하며 상대방으로부터 무엇인가를 배울 수 있게 하는 방법으로 재평가될 것이다.

부록

행동적 집중 활동(Active Focusing Activities)

[집단 저글링]

소요시간: 10~15분

실시대상: 초등학교 4학년~고등학교 3학년

교사는 다치지 않을 정도로 부드러운 공 다섯 개를 준비한다. 그러나 너무 가벼운 공은 제대로 던질 수 없으므로 적당한 무게가 있어야 한다. 학생들에게 이 활동은 집중하고 학습을 준비하는 데 도움이 되는 활동이라고 소개한다.

만일 이 학급에서 학생들에게 집중 활동을 실시한 적이 없으면, 다음과 같이 '지금 이 순간에 집중하기'에 대해 학생들과 토론한다. 교사는 현재 일어나고 있는 일에 집중한다는 것이 무엇을 의미하는지, 집중하지 못하게 만드는 것이 무엇인지를 학생들에게 묻는다. (걱정, 다른 일에 몰두하고 있는 상태, 피로, 무관심, 약물, 백일몽, 과거 또는 미래에 집중하는 습관이 집중을 방해할 수 있다.) 이 수업의 목표는 주의 산만함을 줄이고 집중력을 키워서 학습에 도움이 되는 방법을 배우는 것이라고 설명한다.

공 한 개를 제외하고 나머지 공은 모두 교사 가까이에 숨긴다. (예를 들면, 교탁 가까이에 놓아 둔 가방 안에 숨긴다.) 학생들은 모두 하나의 원을 이루어 선다. 단, 두 팔을 쉽게 흔들 수 있는 공간이 확보되어야 한다. 학생들이 기억할 수 있는 패턴으로 교사가 공을 던질 텐데, 누구로부터 공을 받았는지 그리고 자기가 누구에게 공을 던졌는지를 반드시 기억해야 한다고 학생들에게 말해 준다. 각각의 학생은 공을 단 한 번만 받는다.

교사가 먼저 상대 학생의 이름을 부르고 난 다음에 공을 던진다. 만일 서로의 이름을 모르는 사람들이 집단을 이루어 이 활동을 하는 경우에는 상대방의 이름을 부르는 대신에 상대방과 눈을 맞추고 상대방에게 자신의 이름을 말하게 한다. 공을 받은 사람은 다른 사람의 이름을 부르거나 눈을 맞추면서 그 사람에게 공을 던진다. 공을 받은 학생은 공을 다음 사람에게 던진 이후에는 손을 뒤로 한다. (교사는 집단이 패턴을 만드는지를 주의 깊게 관찰해야 한다. 만일 어떤 패턴이 완성되기 전에 누군가가 공을 두 번 받으면, 교사는 이 활동을 중지시키고 시정한다. 그렇지 않으면 게임이 제대로 진행되지 않는다.) 모든 학생이 한 번씩 공을 받았으면, 마지막 학생이 공을 교사에게 던진다.

일정한 패턴이 만들어진 다음, 방금 전 패턴과 똑같은 패턴으로 그 공을 다시 던지게 한다. 상대방이 공을 잡을 수 있게 던져야 하고, 원래 누구에게 공을 던졌었는지 잊은 친구는 도와주는 것이 중요하다. 이 게임의 목표는 집단이 성공을 이루고 즐거운 시간을 보내는 데 있다. 두 번째 시도에서도 패턴을 성공적으로 완성한 다음에는 상대방의 이름을 부르지 않은 상태에서 그 패턴을 신속하게 반복한다. 교사는 긍정적 피드백을 많이 제공해 준다.

이 시점에서 학생들에게 "이번에는 공 두 개를 가지고 할 수 있을까?"라고 묻는다. 원래의 일정한 패턴을 그대로 똑같이 유지해야 한다고 상기시킨다. 각각의 학생은 항상 똑같은 사람에게 공을 던지고 똑같은 사람으로부터 공을 받는다. 교사가 첫 번째 공을 던진 후 몇 초가 지나면 두 번째 공을 던진다. 공 두 개를 가지고 이 게임을 성공적으로 했다면, 이제는 세 번째 공을 던진다. 집단이 계속 성공하면, 교사가 마지막 공을 던질 때까지 계속해서 공을 추가한다. 교사가 던진 공 다섯 개 모두가 교사에게 되돌아오면 이 활동은 끝난다. 게임을 즐겁게 서로 도와가면서 성공적으로 끝낸 데 대해 학생들을 칭찬한다.

이 게임을 하는 데는 웃음소리와 소음을 허용해야 한다. 만일 학생들이 웃으면서 집중한다면, 웃음소리와 소음은 바로 학생들이 성공을 많이 경험했다는 것을 의미한다. 만일 어떤 학생이 공을 떨어뜨려 다른 학생들로부터 비난받으면, 서로를 도와주라고 격려한다. 실수를 해도 괜찮다고 학생들을 상기시키고, 떨어뜨린 공을 그냥 집어 들고 게임을 계속하면 된다고 말해 준다.

게임이 끝나면 다음과 같은 질문을 던져 5분 정도 학생들의 소감을 듣는 시간을 가진다. 이 게임이 현재에 집중하는 것과 어떻게 관련된다고 생각하는가? 공동체를 만드는 것과 어떻게 관련된다고 생각하는가? 학습과 어떻게 관련된다고 생각하는가? 이때가 바로 실수의 허용에 대해 이야기할 절호의 기회이다. "완벽함은 실수가 없다는 것을 의미하지만, 오늘 우리는 완벽함이 아니라 우수함을 목표로 활동했다. 우수함은 실수를 허용한다. 왜냐하면 실수는 웃음과 배움을 가져오기 때문이다." 앞으로 학생들은 주의를 산만하게 만드는 것이 많은 상황에서 집중하기를 배우는 것이 중요하다는 점을 종종 이야기할 것이다. 집단 저글링의 원리가 협동하기, 집중하기, 지금 이 순간에 주의를 기울이기, 실수로부터 배우기 등 학습에 어떻게 적용되는지에 대해 학생들과 대화하면서 이 활동을 마친다.

[쟁반 위 물건 20개]

소요시간: 15분

실시대상: 초등학교 5학년~고등학교 3학년

이 활동의 학습양식은 앞의 활동과는 다르다. 교사는 집 주변에서 얻을 수 있는 물건 20개를 준비한다. 다르면서도 비슷한 점이 있는 물건들로 선정한다. 예를 들면, (가위, 바늘, 실, 헝겊처럼) 기능이나 용도가 동일한 물건이거나 색깔이 비슷하거나 알파벳의 같은 낱자로 시작하는 이름을 가진 물건들이다. 이 물건들이 모두 잘 보이도록 쟁반 위에 펼쳐 놓고, 보자기로 쟁반을 덮는다. 학생들이 교실에 들어오기 전에 모든 준비를 마친다.

학생들이 교실에 들어오기 시작하면 원으로 둘러앉게 한다. 앞서 준비한 쟁반을 보자기로 완전히 가린 채로 학생들 앞에 내놓는다. 학생들에게 연필 한 자루와 메모지 한 장씩을 나누어 준다. 보자기를 걷어치우면 학생들은 쟁반 위에 있는 물건들을 2분 동안 가능한 많이 암기해야 한다고 알려 준다. 2분이 지나면 곧바로 쟁반을 다시 보자기로 덮는다. 다음, 2분 동안 학생들은 메모지에 기억나는 대로 물건의 이름을 쓰고, 자신이 작성한 메모지를 보관한다. 2분 후에 교사가 원을 돌면서 학생들에게 메모지에 적은 물건들 중에서 하나를 선택하게 하고 그것을 어떻게 암기했는지를 말해 보라고 한다. 여기에는 한 가지 규칙이 적용되는데, 학생들은 자신이 몇 개의 물건을 기억하는지를 말하지 않는다는 규칙이다. 이 활동에서 중요한 것은 얼마나 많이 기억했느냐가 아니라 어떻게 생각하고 기억하느냐이다.

모든 학생이 자신이 어떤 물건을 기억했고 어떻게 그것을 기억했는지에 대해 말한 다음에 교사는 보자기를 다시 걷어치운다. 이제, 학생들은 각자 자신이 어떤 물건을 기억했고 어떤 물건들은 기억하지 못했는지 알게 된다. 이 대목에서 교사는 이 게임은 경쟁이 아니라는 점을 학생들에게 다시 상기시키고, 학생들이 협력하면 더 긴 목록을 작성할 수도 있다는 점을 알려 준다. 그런 다음, 기억법에 대한 토론으로 넘어간다.

쟁반 위에 있던 것을 어떻게 기억했는지를 설명할 학생은 거수하여 발표하게 한다. 서너 가지의 상이한 기억법이 발표된 다음에 "사람들이 기억하기 위해 사용하는 방법에 대해 여러분은 무엇을 알게 되었습니까?" 어떤 친구들은 서로 다른 색깔의 물건들이 몇 개인지 셌다고 말하고(예를 들면, "나는 파란색 물건 네 개, 빨간색 물건 세 개, 초록색 물건 한 개, 검정색 물건 두 개를 봤어."), 다른 친구들은 쟁반 전체를 사진 찍고 그 사진을 떠올리듯이 기억나는 물건들을 기록했다고 말했다. 또 다른 학생들은 물건들 사이의 연결을 찾으려고 했고, 물건들의 이름을 알파벳 순서로 기억하려고도 했으며, 물건들과 관련된 이야기를 만들어 내려고도 했다고 대답했다. 시간이 남으면, 마지막 방법을 써서 기억했다고 대답한 학생을 지명하여 물건과 연결 지은 이야기를 말해 보라고 요청할 수도 있다.

수업을 마치기 전에 교사는 사람들이 학습하는 다양한 방식에 대해 언급한다. 이 수업에서는 사람들 사이의 차이를 존중하고 삶과 학습에 대한 개인적 접근법들을 찾아보고자 했다는 점을 강조하면서 수업을 마친다.

[팝업]

소요시간: 5분

팝업(pop up)은 간단하게 실시할 수 있는 집중 활동이다. 어떤 문장이 자신에게 해당되는 학생들은 자리에서 일어선다(즉, 팝업 한다). 교사는 학생 집단에 관련되고 내용이 적절한 질문들을 미리 준비한다. 예를 들면, "스포츠를 좋아하는 사람은 일어나세요." 또는 "공상과학소설을 좋아하는 사람은 일어나세요." 이 활동은 어떤 집단 안에 있는 사람들이 서로를 파악하고 교사나 지도자가 집단 구성원들을 파악하는 데 도움이 된다.

[변형된 팝업] "몇 명인가요?"

이 변형된 팝업 활동에서는 학생들이 선 채로 집단을 이룬다. 만일 질문이나 문장이 자신에게 해당되는 학생들은 원 안으로 한 발짝 들어선다. 예를 들면, 다음과 같다. "여러분 중에 스포츠를 좋아하는 사람은 몇 명인가요?" "악기를 연주할 줄 아는 사람은 몇 명인가요?" "○○시(또는 △△군)에서 태어난 사람은 몇 명인가요?"

[갓챠! 잡았다!]

소요시간: 5분

학급 학생들을 하나의 원을 이루어 세운다. 학생들에게는 이 활동이 반사신경을 기르기 위한 것이라고 소개한다. 학생들 모두 왼쪽 손바닥을 편 채로 왼쪽 팔을 뻗는다. 다음, 오른손 집게손가락을 옆에 있는 사람의 왼쪽 손바닥 위에 놓는다. 교사가 셋을 세면 학생들은 자신의 손바닥 안에 있는 다른 사람의 손가락을 잡아야 하고 자신의 손가락은 다른 사람에게 잡히지 말아야 한다. 셋까지 세고 난 다음에 어떤 일이 발생하는지를 살펴본다. 다음, 팔을 바꿔 같은 활동을 반복한다. 이 활동은 많은 웃음을 유발하는데, 학기 초나 방학 후에 오랜만에 학생들이 학급에 모였을 때 어색함을 없애고 집단을 모으는 데 좋은 방법이다.

반성적 집중 활동(Reflective Focusing Activities)

[열 일하는 연필]
실시대상: 초등학교 3학년~고등학교 3학년

열 일하는 연필(Hot Pencil)은 편집하지 않은 채 어떤 주제나 질문에 대한 글을 쓰는 활동이다. 학생들은 특정 질문이나 주제에 대해 1~3분 동안 쉬지 않고 글을 쓴다. 이 글은 오로지 자신만을 위한 것이므로 무엇을 어떻게 쓰는지에 대해 걱정하지 않아도 된다. 중요한 것은 우리 내면에 있는 재판관과 편집자를 내보낸 상태에서(즉, 편집하지 않으면서) 자유롭게 어떤 주제에 대해 글을 쓸 때 무엇이 드러나는지를 알아보려는 것이다.

[인용어구와 심사숙고]
실시대상: 초등학교 2학년~고등학교 3학년

교사는 수업을 시작하면서 칠판에 인용어구 하나를 쓴다. 이때, 사용하는 인용어구는 담당교사가 가르치는 과목의 내용과 관련된 것일 수 있다. 학생들은 3~5분 동안 그 인용어구에 관한 글을 쓴다. 그다음, 몇몇 학생을 지명하여 쓴 글의 일부를 발췌하여 읽게 하거나 인용어구에 관한 글을 쓰는 과정에서 깨달은 점을 말해 보게 한다.

[침묵하기 또는 호흡에 집중하기]
실시대상: 유치원 아동~고등학교 3학년

수업이 시작되면 학생들은 몇 분 동안 조용히 앉아서 침묵의 시간을 가진다. (여기에서는 이러한 시간을 '**골든 모멘트**'라고도 한다.) 학생들은 눈을 떠도 되고 감아도 된다. 학생들이 벨 소리에 집중하도록 교사는 차임벨을 울리고, 더 이상 벨 소리가 들리지 않는 때를 잘 알아차리라고 한다. 또한 다섯 번 정도 심호흡을 해서 배와 가슴이 확장되게 한다. 호흡을 하면서 자신의 배와 가슴에 어떤 변화가 생기는지에 집중한다.

집중하며 경청하기 연습(Focused Listening Practices)

[2인 1조 또는 3인 1조 경청 활동]

실시대상: 유치원 아동~고등학교 3학년

집중하며 경청하기 활동은 2인 1조나 3인 1조로 시행된다. 모든 학생이 어느 한 조에는 포함되어야 한다. 학생들 스스로 짝을 찾게 하지 말고 무작위로 조를 만든다. 조별로 서로 다른 종류의 듣기 · 말하기 활동을 할 것이라고 학생들에게 알려 준다. 이 방법이 여타의 의사소통 방식보다 더 좋거나 나쁜 것은 아니고 단지 다른 종류의 의사소통 도구 중 하나이다.

학생들은 정해진 시간 동안에(시간은 집단의 연령과 주제에 따라 다르지만 보통 30초에서 2분 사이가 적절함) 순서를 번갈아 가면서 특정 주제에 대해 듣기도 하고 말하기도 한다. 먼저, 첫 번째 A학생이 주어진 시간 동안에 주제에 대해 말한다. 그동안 두 번째 B학생은 말을 끊거나 질문하지 않으면서 듣는다. 교사가 시간이 다 되었다는 신호를 주면, 두 학생은 역할을 바꾼다. 즉, 처음에 듣는 사람의 역할을 했던 B학생이 이번에는 말하는 사람이 되고, 처음에 말하는 사람의 역할을 했던 A학생은 상대방의 말을 끊거나 질문하지 않으면서 조용히 듣는 사람의 역할을 한다. 이러한 조별 활동을 하면서 조원들은 눈 맞춤을 시도해 볼 수도 있다. (다른 문화권의 사람들은 눈 맞춤에 대해 다른 감정을 느낀다는 것을 경험하는 기회가 될 수 있다.)

두 학생이 말하기와 듣기를 모두 마친 다음, 자신이 듣고 경험한 바를 약 2~3분 동안 정리한다. 학생들은 어떻게 듣고 어떻게 말했는지에 대해 이야기를 나눈다. 그다음에는 다른 짝과 조를 이루어 두 번째 경청 활동을 한다. 두 번째 활동을 마친 후에는 두 번째 활동을 하면서 느낀 점에 대해 이야기를 나눈다.

이 활동은 집중하며 경청하기와 진심을 가지고 말하기를 하면 좋은 점과 어려운 점 그리고 의사소통에 대한 풍부한 토론으로 이어질 수 있다.

[동심원 활동(Wheel Within a Wheel)]

소요시간: 15~30분

실시대상: 초등학교 3학년~고등학교 3학년

다양한 사람에 집중하며 경청하는 방법을 연습할 것이라고 학생들에게 안내한다. 새로운 사람하고 새로운 방식으로 의사소통할 때 어떤 감정을 느끼는지를 알려면 자기-과학자가 되어야 한다는 점을 학생들에게 알려 준다. 이번에 연습할 의사소통 방식은 다른 방식보다 더 좋거나 나쁜 방식이 아니라, 단지 다른 방식임을 학생들에게 상기시킨다.

학생들은 1, 2, 1, 2…… 숫자를 세고, 숫자 1에 해당하는 학생들이 한 집단을 이룬다. 이 학생들은 교실 중앙에 원 모양으로 배치된 의자에 원 밖을 바라보는 방향으로 앉는다. 숫자 2에 해당하는 학생들도 한 집단을 이루는데, 이들은 바깥 원을 이루어 배치된 의자에 원 안쪽을 바라보는 방향으로 앉는다. 안쪽 원과 바깥쪽 원 사이에 충분한 공간을 둔다. 안쪽 원 의자에 앉은 학생과 바깥쪽 원 의자에 앉은 학생이 짝을 이룬다. 게임이 진행되면서 계속해서 다른 짝을 만난다는 점을 미리 학생들에게 알려 준다. 첫 번째 주제를 공개하고, 안쪽 원에 있는 학생이 먼저 말을 하고, 바깥쪽 원에 있는 짝은 두 번째 주제에 대해 먼저 말하는 순서로 진행된다. 학생들은 조용한 목소리로 말한다.

교사는 시간기록원 역할을 하는데, 종을 치거나 손을 들어 시간이 다 되었음을 학생들에게 알린다. (이를 위해 비퍼나 버저가 달린 타이머가 유용하다.) 듣는 학생들에게 언어적 반응을 하지 않으면서 조용히 들어야 한다는 점을 강조한다. 시간이 다 되면, 교사는 벨을 울리거나 손을 들어 첫 번째 학생의 말하는 시간이 끝났음을 알리는 신호를 한다. 그다음으로는 두 번째 학생이 동일한 주제에 대해 말하기 시작한다. (모든 학생이 지시를 분명하게 들을 수 있도록 주제를 다시 말해 준다.) 안쪽 원과 바깥쪽 원에 있는 학생들이 화자의 역할과 청자의 역할을 번갈아 가며 모두 마친 다음, 바깥쪽 원에 있는 학생들은 의자에서 일어나 왼쪽으로 한 칸 이동한다. 다음 번 라운드에서는 바깥쪽 원에 앉은 학생이 먼저 말한다.

이 활동을 시작하기 전에 교사는 몇 개의 2인 1조를 구성할지를 결정한다. 보통 4회 내지 7회의 라운드를 진행하는데, 매 라운드에서 서로 다른 주제를 제시한다. 모든 활동을 종결한 다음, 몇 분 동안 활동에 대해 정리한다. 이때, 학생들은 자신이 말한 것을 전체 집단과 나눌 수 있지만, 허락 없이는 짝이 말한 것을 공개하지 않는다는 점을 학생들에게 상기시키는 것이 중요하다.

활동을 모두 끝마친 다음에는 학생들을 모두 한자리에 모이게 한다. 교사는 다음과 같은 질문을 사용해 학생들의 대화를 촉진한다.

- 상대방의 말을 끊지 않으면서 듣기가 어떠했는가? 상대방의 말을 끊지 않으면서 말하기가 어떠했는가?
- 이 활동을 하면서 무엇이 가장 힘들었는가? 무엇이 가장 좋았는가?
- 이 활동을 하면서 자신에 대해 무엇을 알게 되었는가? 짝에 대해서는 무엇을 알게 되었는가? (이 질문은 내용이 아니라 과정을 공유하는 기회를 제공한다.)
- 말하고 싶은 다른 질문이 있는가?

이 활동은 **개인적 이야기**를 말하거나 공유하기 위해, 퀴즈나 시험에 대비하기 위해, 소설이나 문장과 연결을 이루기 위해, 내용에 관한 자신의 생각을 다른 학생들과 공유하기 위해 실시한다. 예를 들면, 폴 플라이쉬만(Paul Fleischman)의 저서 『작은 씨앗을 심는 사람들(Seedfolks)』을 읽으며 수업할 때, 학생들에게 어떤 등장인물을 가장 많이 이해할 수 있었는지, 그 이유는 무엇인지, 이 책의 교훈이 무엇인지에 대한 생각을 공유하게 한다. 또는 역사 수업에서 어느 한 시대에 관해 가르친다면, 그 역사적 시대와 관련된 일련의 질문들을 만들어서 이 활동에서 사용할 수도 있다.

교사는 이 활동을 시작하기 전에, (말하는 사람의 말을 끊지 않고, 얼굴을 찡그리지 않으며, 말하는 사람을 놀리거나 비웃지 않으면서) 듣는 사람의 표정과 외형을 검토한다. 이것에 시간을 들이면, 앞으로 이와 비슷한 상황에서 학생들을 가르칠 때 도움이 될 것이다. 신체 언어(보디랭귀지)와 얼굴 표정에 대해서도 학생들에게 말해 준다. 듣는 사람은 말을 하지 않으면서 머리를 끄덕이거나 미소를 지을 수 있다. 말하는 사람과 듣는 사람 둘 다 눈 맞춤을 하거나 하지 않는 것을 시도해 볼 수도 있다.

말하는 사람과 듣는 사람 둘 다 물리적으로 동일한 수준에 있는 것이 중요하다. 예를 들면, 둘 다 똑같은 종류의 의자에 앉거나 교실 바닥에 앉아야 한다. 한쪽이 다른 쪽보다 높거나 낮은 위치에 놓여서는 절대로 안 된다. 이러한 배치는 힘의 지위가 높거나 낮음을 암시할 수 있으므로 또래들끼리일지라도 진심으로 마음을 공유하는 데는 부적절하다.

교사는 학생들의 활동을 관찰하고 촉진하지만 학생들의 활동에는 관여하지 않는 것이 중요하다. (만일 두 명의 촉진자를 확보할 수 있다면, 그중 한 명은 학생들의 활동에 관여할 수 있다.) 촉진자의 위치에서 교사는 학생들이 서로를 존중하면서 경청하고 말하는지 그리고 상대방의 말을 끊거나 방해하지 않는지를 감독한다. 상대방을 존중하지 않는 행동이 관찰되면, 교사가 개입하여 무슨 일이 일어나고 있는지를 조사하고 학생들에게 활동 가이드라인을 다시 상기시키는 것이 매우 중요하다.

시간을 관리하기 위해 타이머를 사용한다. 일반적으로, 질문별로 30초를 준다. 만일 믿을 만하거나 성숙한 학생들이라면 1분이나 1분 30초까지 시간을 확대할 수도 있다.

한 번의 라운드 동안에 4개 내지 7개의 질문을 사용하는데, 학생 연령에 맞춰 변경 가능하다. 몇 가지 질문을 예로 들면 다음과 같다.

- 어떤 음악(영화, 책)을 좋아합니까?
- 좋아하는 게임은 무엇입니까? 그 게임의 어떤 점을 좋아합니까?
- 좋아하는 장소는 어디입니까? 그 장소가 어떻게 보이는지 묘사해 보세요. 그 장소에 대해 좋은 점은 무엇입니까?
- 여름방학 동안에 또는 작년에 일어난 일 중에서 가장 기억에 남는 일은 무

엇입니까?

- 학교 안에서 관심사는 무엇입니까? 학교 밖에서는 무엇에 관심이 있습니까?
- 어떤 과목을 좋아합니까? 어떤 과목을 싫어합니까?
- 여러분의 삶에서 또는 이 세상에서 가장 존경하는 사람은 누구입니까? 그 사람을 존경하는 이유는 무엇입니까?
- 어떤 경축일이 가장 즐겁습니까? 그 경축일 동안에 무엇을 하는 것을 좋아합니까?
- 이 세상 어디든지 여행할 수 있다면, 어디를 가고 싶습니까? 그 이유는 무엇입니까?
- 초등학교 때 무엇이, 어떤 선생님이, 어떤 친구가, 어떤 경험이 가장 즐거웠습니까?
- 만일 슈퍼 파워를 가질 수 있다면, 어떤 슈퍼 파워를 가지고 싶습니까? 그 이유는 무엇입니까?
- 작년에 배운 인생의 교훈에 대해 이야기해 보세요.
- 돈이 문제가 안 된다면, 어떤 삶을 살아보겠습니까?
- 이 세상에서 여러분에게 중요한 한 가지 문제가 있다면, 그것은 무엇입니까? 왜 그 문제가 그렇게 중요합니까?

[나눔의 서클, 공동체 서클]

실시대상: 유치원 아동~고등학교 3학년

나눔의 서클(sharing circle) 또는 **공동체 서클**(community circle)은 전체 공동체가 집중하며 경청하기와 진심을 담아 말하기를 연습하는 활동이다. 교사 또는 촉진자가 주제 하나를 소개하고, 이 주제에 대해 학생과 교사가 이야기를 나눈다. 이 활동에서 성인들은 단지 서클 활동을 위한 공간을 구성하는 데 그치지 않고, 서클 활동에 온전히 참여하는 것이 중요하다. (이 활동의 기조를 정하기 위해 교사가 먼저 말하는 것이 유익할 수도 있다.) 주제가 제시되면, 서클 안에 있는 사람들이 한 번에 한 사람씩 방해받지 않으면서 말한다. 말할 준비가 되어 있지 않거나 말하기를 원하지 않는 학생은 '패스'라고 말하고, 말할 기회를 다음 학생에게 넘길 수 있다.

첫 번째 말할 기회에서 말하지 않는 학생에게 두 번째 기회를 줄 수 있지만, 두 번째 기회 역시 의무사항이나 강요에 의한 것은 아니다. 학생에게 이번에는 말하길 원하는지 물어본다. 일반적으로 교실에서는 시간제한이 있으므로 시간을 재고 잘 지키는 것이 매우 중요하다. 학생당 1~2분 정도면 충분하다. 만일 수업 시간이 45분이고 학급에 20명의 학생이 있다면, 각각의 학생은 2분 이하의 시간을 배정받는다. 15초 남았을 때 종료시간을 알려 주기 위해 교사는 시계나 차임벨 또는 수신호를 사용할 수 있다. 그래야 나눔 활동을 마무리하는 여유를 가질 수 있다. 어떤 공동체에서는 말하는 사람이 누구인지, 즉 말하는 차례를 나타내기 위해 모형 마이크나 봉제인형 또는 작은 공을 '토킹 피스(talking piece)'로 사용한다.

[협의회]

조 프로바이저(Joe Provisor)의 2012년 2월 7일 개인서신을 수정한 것임. MFT 고문, 로스앤젤레스 연합 학교구 협의회 감독, 오하이 명상센터(Ojai Foundation) 학교기획위원

협의회(council)는 깊고 솔직한 의사소통을 격려하는 방법이다. 이 방법은 미국을 포함한 전 세계 여러 나라 학교의 교실, 상담실, 교직원 회의, 학부모 회의, 공동체 회의에서 실행되었다. 협의회는 토착적이든 세계적이든 '문화적 담화(cultural dialogue)' 방법에 토대를 두고 만들어졌다. 마치 아메리카 원주민들이 원을 이루어 '앉아' 말하듯이, 프롬프트에 따라 '토킹 피스'를 받은 사람이 말하는, 형식적이고 구조화된 원형 과정으로 진행된다. 더 큰 의미로, 협의회는 자신, 타인, 자연세계에 대한 인식을 높이는 과정이다.

학급협의회에서는 기본적인 경청 기술과 말하기 기술뿐만 아니라 연극, 율동, 리듬, 마음챙김, 시각예술, 테크놀로지, 자발적 즉흥연주를 연습한다. 또한 교과내용의 전달을 위해, 사회정서능력의 발달을 위해, 학생들이 이해하기를 원하는 것을 끌어내기 위해 협의회를 실행하기도 한다. 교사와 학생들은 이러한 활동을 원활히 진행하기 위한 가이드라인을 제작해 참고할 수도 있고, 잭 짐머만(Jack Zimmerman)과 버지니아 코일(Virginia Coyle)이 저술한『협의회 방식(The Way of Council)』에 제시되었고 오하이 명상센터(Ojai Foundation)가 개발한 '네 가지 마음자세'를 참고할 수도 있다.

1. 진심으로 듣는다. - '수용의 기술'을 실행한다. 판단, 습관적이고 즉각적인 반응, 의견을 중단한다.
2. 진심으로 성심껏 말한다. - '경청하며 말한다.'
3. 계획하지 말고 즉흥적으로 그러나 말할 차례가 되었을 때 말한다.
4. 주제의 핵심에 맞게 간결하게 말한다. 그래서 모든 사람이 참여할 시간을 확보한다.

정서 활동(Working With Emotions)

[감정 단어]

실시대상: 초등학교 1학년~중학교 2학년

학급을 여섯 집단으로 나눈다. 각각의 집단에 하나의 감정 범주를 배정하고 브레인스토밍 활동을 소개한다. 즉, 학생들은 집단별로 배정된 범주에 속하는 **감정 단어**들을 가능한 많이 제안한다. 이 활동에서 사용하는 감정 범주의 예를 들면, '흥분된' '슬픈' '행복한' '화난' '다정한'이 있다. 인간의 감정은 상당히 복잡한 것이므로 어느 단어는 여러 감정 범주의 특색을 가질 수도 있다. 예를 들어, '좌절한'은 '슬픈' 감정 범주와 '화난' 감정 범주에도 속할 수 있는 감정 단어이다.

선택사항 1

학생들이 집단별로 감정 단어 목록을 다 작성하면, 교사는 감정 범주를 칠판이나 전지에 쓴다. 지명된 집단은 감정 단어들을 발표한다. 교사는 집단별로 발표하는 감정 단어들을 모든 학생이 볼 수 있도록 칠판이나 전지에 쓴다. 집단별 감정 단어 작성과 발표가 끝나면, 전체 학생들에게 어떤 것이든 추가하고 싶은 감정 단어가 있는지 묻는다.

선택사항 2

집단별로 신문지 크기의 종이를 한 장씩 나눠 준다. 집단마다 서로 다른 색의 매직펜을 사용해 감정 범주를 종이의 상단에 쓰고, 감정 범주 아래에 그 범주에 해당되는 감정 단어들을 생각나는 대로 모두 작성한다. 약 10분 경과 후, 모둠별로 종이를 벽에 게시하거나 바닥에 펼쳐 놓는다. 모든 학생이 미술관에서 작품을 관람하듯이 조용히 걸으면서 각 모둠의 감정 단어 목록을 관찰한다. 학생들은 모둠이 사용하지 않은 색깔의 매직펜을 사용해 목록에 추가되어야 할 감정 단어들을 적는다.

약 5분 경과 후에 집단별로 한 명의 학생을 지명하여, 자신의 모둠이 기록한 모든 감정 단어를 낭독하게 한다. 다른 학생들은 이러한 감정 단어들이 어떤 감정 범주에 해당하는지를 맞힌다.

[감정 바퀴(Feelings Wheel)]

실시대상: 유치원 아동~초등학교 5학년

학생들은 백지와 연필을 준비한다. 백지는 넓게 반으로, 종이 윗면을 아래로 내려 접고 윗면에 원 하나를 그린 후 4분할 표시를 한다. 지금 느끼고 있는 감정에 해당하는 단어 네 가지를 사분면에 하나씩 적는다. 네 가지 감정 단어 중에서 두 가지를 선택하고, 각각의 감정 단어를 사용해 "나는 …… 때문에 …… 느낀다."라는 문장을 종이의 아랫면에 작성한다. 이처럼 감정 단어를 포함하는 문장은 작성자만 알기 위한 것이므로 원하지 않으면 공유하지 않는다.

다음은 감정을 공유할 수 있는 또 다른 방법들이다.

- 각각의 학생이 자신의 감정 바퀴에 있는 감정 단어들 중에서 공유할 감정 단어 하나를 선택한다.
- 2인 1조를 구성하고, 1~2분 동안 자신들이 적은 감정과 관련지어 말하고 싶은 것을 말하거나 이 활동을 하면서 느낀 점을 말한다.
- 경험하고 있거나 말하고 싶은 감정을 그림, 조각 또는 기타 상징물로 표현해 본다.

[감정 일기예보]

학생들이 이 순간에 집중하고 현재 상태를 알아차리는 데 도움이 되는 활동이다. 이 활동은 학생들에게 상징, 비유, 은유의 개념을 소개하고, 하루를 시작하면서 학급 전체 학생들의 감정상태를 신속하게 파악할 수 있는 도구가 된다.

학생들은 하나의 원을 이루어 앉거나 서서 활동에 참여한다. 학생들에게 학급 전체가 '**감정 일기예보**'를 할 것이라고 알려 준다. 각각의 학생은 날씨 이미지(해, 구름, 눈, 비)를 사용해 자신이 오늘 느끼고 있는 감정을 말할 것이라는 안내를 받는다. 날씨는 바로 그 순간에 학생들이 어떤 상태에 있는지를 알려 주는 비유로 사용된다. 교사는 "지금은 화창하지만 폭풍우가 몰려오고 있다." "먹구름이 끼어 있다." "비가 오고 있지만 오늘 오후에는 날씨가 개일 것이다." "하늘이 파랗다." 등의 감정 일기예보를 학생들에게 예시한다. 다음, 학생들은 눈을 감고, 오늘 어떤 감정을 느끼고 있는지를 조용히 생각하는 시간을 갖는다. (이 활동에 앞서 감정 바퀴 활동을 했다면, "감정 바퀴 활동을 하면서 여러분이 느끼고 있다고 쓴 감정에 대해 곰곰이 생각해 보세요. 또는 지금 새롭게 느끼게 된 감정이 있다면, 그 감정에 대해 생각해도 좋습니다."라고 안내한다.)

15~30초가 지난 후에 눈을 뜨게 한다. 이 활동의 촉진자로서 교사는 먼저 이 활동을 연습해 본 후에 학생들에게 모델링하는 것이 바람직하다. 모든 학생이 감정 일기예보를 할 때까지 계속 진행한다. 이 활동의 목적은 자신의 내적 상태에 대한 인식을 높이고 정서를 묘사하는 다양한 언어 표현을 배우는 데 있다.

유의사항: 교사는 집단 활동의 촉진자로서 다음과 같은 코멘트를 할 수 있다. "여러분이 눈치 챘듯이, 오늘은 여러분이 지금 느끼고 있는 감정을 알아내는 여러 가지 활동을 했어요. 먼저 감정 단어를 연습하는 활동을 했고, 지금 느끼고 있는 감정에 집중하고 감정을 생각해 보고 표현하는 활동도 했어요."

짝 구성 전략(Pairing Strategies)

학기 후반이 되면 학생들이 2인 1조 파트너를 스스로 선택하도록 허용할 수 있다. 그러나 학기 초에는 학생들이 친한 친구를 선택할 가능성이 있어서 선택받지 못하거나 소외당하거나 거부당한다고 느낄 수도 있고 자신의 선택으로 인해 자신을 드러낼 것에 대해 불안함을 느낄 가능성도 있음을 유의해야 한다.

교사가 2인 1조를 정해 줄 수 있다. 이 경우, 매주 2인 1조를 어떻게 구성했는지 기록하여, 학생들이 가능하면 많은 수의 다른 학생들과 조를 이루어 개인적 접촉을 할 수 있게 하는 것이 바람직하다. 또는 무작위로 2인 1조를 구성할 수도 있다. 이를 위해, 학생들을 흩어 모이게 하고 차례대로 1부터 10까지 숫자를 세게 한 다음에 다시 1부터 10까지 숫자를 세게 한다. 같은 숫자를 부른 학생들이 두 명씩 2인 1조를 이룬다.

또는 카드 두 벌을 사용해서 짝을 구성할 수도 있다. 한 벌에서 카드 한 장을 선택하고, 다른 한 벌에서 동일한 카드 한 장을 선택한 학생이 2인 1조를 이룬다. 카드 대신에 이미지나 범주 쌍을 활용할 수도 있다.

학년 초에 짝을 이루어 하는 활동은 여러 장점을 가지고 있다. 학생들은 신속하게 자신이 존재감 있는 사람이라는 경험을 할 수 있고, 집단 안에서 이야기를 나누고 공유하는 데 대한 자신감을 높일 수도 있다. 만일 무작위로 짝을 지었다면, 친한 친구하고만 짝 활동을 하려는 경향성을 없앨 수 있다.

종결 활동(Closure Activities)

종례시간이나 매 수업 종료시간에 시행하는 종결 활동은 학생들에게 다음의 것을 해 볼 기회를 준다.

1. 오늘 하루 동안 또는 특정 수업 시간에 무엇을 했고 어떤 일이 발생했는지를 깊이 생각해 보고 학습한 것을 종합하여 정리한다.
2. 무엇이 의미 있었고 놀라웠으며 혼란스러웠는지에 대해 곰곰이 생각해 본다.
3. 자신을 학습자로 또는 기여자로 평가한다.
4. 공동체에 감사하고 다른 사람들이 제공해 준 것에 대해 감사히 여긴다.
5. 이번 수업을 마무리하고, 다음 수업으로 전환한다.

종결 활동의 예를 들면, 다음과 같다.

- 1~2분 동안 (또는 이보다 좀 더 길게) 침묵한다.
- 조용한 가운데 음악을 듣는다.
- 한 차시 수업이나 하루 일과가 끝나가는 중에 느끼는 감정을 조용히 또는 음악을 들으면서 크레용, 매직펜, 찰흙이나 다른 물건을 사용하여 표현해 본다.
- 다음과 같은 질문에 대한 대답을 일지에 쓰거나 성찰글을 작성해 본다.
  - 무엇이 놀라웠나?
  - 무엇 때문에 생각을 하게 되었나?
  - 무엇을 배웠는가?
  - 오늘 하루 어떤 질문이 제기되었나?
  - 무엇에 대해 더 배우고 싶은가?
- 다음에 대한 반응을 글로 작성한다.

◦ 나중에 다음 각각에서 바꾸고 싶은 것 한 가지는 무엇인가?
  - 내 행동에서
  - 또래학생들의 기여에서
  - 선생님의 기여에서
  - 이번 수업을 더 좋게 만들 수 있었던 것에서
◦ 나는 …… 필요하다.
◦ 나는 ……에 대해 염려한다.

여기에서 글쓰기는 글 쓴 학생의 사적인 경험이므로 다른 학생들과 공유하지 말고 교사에게 직접 제출하게 한다. 교사는 포스트잇에 코멘트를 써서 붙이고, 한 학년 동안의 모든 글쓰기 활동을 검토하는 마지막 달에 학생들에게 돌려준다.

- 오늘 느낀 감정 또는 수업에 대해 느낀 감정에 관한 2인 1조 토론을 한다.
  ◦ 체크아웃 서클 활동: 학생들은 원을 이루어 서서 다음에 대해 터놓고 말한다.
    - 지금 느끼고 있거나 생각하고 있는 것 한 가지 또는 묻고 싶은 질문 한 가지를 낱말이나 문구로 말한다.
    - 오늘 누군가가 수업 시간에 한 행동 중에서 진정으로 감사하거나 존경할 만한 것을 찾고 긍정적으로 평가하여 말한다.
- 색인 카드를 학생들에게 나눠 주고, 오늘 수업 중에서 (모든 다른 것을 잊더라도) 기억하고 싶은 것 하나를 카드에 쓰라고 지시한다. 카드를 걷은 후에 학생들에게 다시 나눠 주고 차례대로 읽게 하거나 (시간이 부족하면) 교사가 몇 개의 카드를 뽑아서 읽어 준다.
- 학생들이 집단을 이루어 시 한 편이나 감명 깊은 글을 읽는다. 집단을 구성하는 학생들은 각각 문구 하나 또는 두세 문장을 읽는다.
- 수업에서 제기된 주제를 묘사한 짧은 이야기, 우화, 전기, 시를 학생들에게 낭독해 준다.

성공 분석 프로토콜(Success Analysis Protocol): 교사용

소요시간: 40분

촉진자와 시간 기록자의 역할을 교대로 수행한다. (라운드 당 하나의 역할을 맡는다.)

촉진자는 발표자가 성공을 경험하게 만든 것이 무엇인지를 집단이 탐구하는 데 집중하도록 돕는다.

시간 기록자는 프로토콜의 다음 단계로 넘어가야 할 때를 집단에 알려 준다.

- 집단을 3인 1조로 나눈다. 작년에 교사로서 정말 성공적이었다고 느꼈던 때를 잠시 떠올린다. 무엇이 그렇게 성공적인 경험을 할 수 있게 했는지에 주의를 기울인다. 성공적이었던 상황 맥락과 자신이 설정했던 목표에 대해 구체적으로 생각해 보고, 어려운 점은 없었는지 살펴보며 어떻게 난제를 만족스럽게 해결했는지를 설명한다. 이러한 경험에 대해 성찰하면서 떠오르는 생각을 기록한다. (2분)
- 3인 1조의 첫 번째 사람은 자신의 성공 경험, 성공한 상황 또는 맥락, 성공적이었던 이유를 공유한다. (2분)
- 나머지 두 사람은 성공 경험의 상세한 사항에 대해 묻는 명료화 질문(정보적 질문)을 제기한다. (2분)
- 집단은 발표자의 성공에 대해 들은 내용을 분석하고, 발표자가 그 상황에서 성공적이었던 이유에 대해 추가로 통찰한 것을 제시한다. (2분)
- 발표자는 집단의 의견을 들은 후에 새롭게 통찰한 것을 되살려서 (발표자의 성공 경험 이유에 대한) 집단의 분석에 대해 응답한다. (2분)
- 이번 발표자의 성공을 축하한 다음에 다음 발표자로 넘어간다. (1분)
- 모든 사람이 발표자가 되어 볼 수 있도록 이 과정을 반복한다.

주: School Reform Initiative(National School Reform Faculty, n.d.; www.schoolreforminitiative.org/protocol)와 다니엘 바론(Daniel Baron)의 도움을 받아 수정한 것임.

가족 활동(Family Extensions)

이 활동은 학생들이 숙제로 작성하는 '가족 면담' 또는 '보호자 면담'을 예시한 것이다. 학생과 가족이 속한 공동체와 그 구성원들의 요구에 맞게 수정해서 사용한다.

가족 또는 보호자를 위한 유의사항: 우리 학교의 주요 목적은 학생들이 청소년기에서 성인기로 건강하게 전환하도록 지원하는 데 있습니다. 학생들이 자신의 뿌리와 과거에 대해 배우고 존중하도록 격려하는 것은 이러한 목적을 달성하게 해 줍니다.

1. 내가 태어나기 직전에 당신의 삶이 어떠했는지에 대해 내가 알기를 바라는 것을 말씀해 주세요.
2. 조부모님 중에서 내게 중요하다고 생각하는 한 분에 관한 이야기를 해 주세요.
3. 당신이 매우 행복했던 때에 대해 말씀해 주세요.
4. 당신이 어렸을 때 가졌던 생각과는 다르게 당신의 삶에서 일어난 일에 대해 말씀해 주세요.
5. 당신이 내 나이 또래였을 때 발생한 주요한 국제적 사건들에 대해 말씀해 주세요. 특히, 미디어, 테크놀로지, 정치, 패션, 또래들의 측면에서 그 당시의 세상은 어떠했습니까?
6. 당신이 현재 알고 있는 것(이야기, 지혜, 진실, 가치 등)을 내 나이 또래에 알았더라면 좋았을 것에 대해 말씀해 주세요.

평가 예시의 출처(Assessment Examples)

교사의 자기평가와 피드백

Marzano, R. J. (2012). *Becoming a reflective teacher*. Bloomington, IN: Marzano Research Laboratory.

비디오를 활용한 교실 관찰

Curry School of Education, Center for Advanced Study of Teaching and Learning. (2013). *Classroom Assessment Scoring System*. Accessed at http://curry.virginia.edu/research/centers/castl/class on March 1, 2013.

Hamre, B. K., & Pianta, R. C. (2009). Classroom environments and developmental processes. In J. L. Meece & J. S. Eccles (Eds.), *Handbook of research on schools, schooling and human development* (pp. 25-41). New York: Routledge.

Hamre, B. K., Pianta, R. C., Burchinal, M., Field, S., LoCasale-Crouch, J., Downer, J. T., et al. (2012). A course on effective teacher-child interactions: Effects on teacher beliefs, knowledge, and observed practice. *American Educational Research Journal, 49*(1), 88-123.

Stuhlman, M. W., Hamre, B. K., Downer, J. T., & Pianta, R. C. (2010). *A practitioner's guide to conducting classroom observations: What the research tells us about choosing and using observational systems*. Accessed at www.wtgrantfdn.org/File Library/Resources/Practitioners Guide.pdf on March 1, 2013.

Willingham, D. T. (2009). *Why don't students like school? A cognitive scientist answers questions about how the mind works and what it means for the classroom*. San Francisco: Jossey-Bass.

교실 부산물의 수집

Borko, H., Stecher, B., & Kuffner, K. (2007). *Using artifacts to characterize reform-oriented instruction: The scoop notebook and rating guide*. Los Angeles: National Center for Research on Evaluation, Standards, and Student Testing. Accessed at www.cse.ucla.edu/products/reports/r707.pdf on October 22, 2012.

참고문헌

Abbott, R. D., O'Donnell, J., Hawkins, J. D., Hill, K. G., Kosterman, R., & Catalano, R. F. (1998). Changing teaching practices to promote achievement and bonding to school. *American Journal of Orthopsychiatry, 68*(4), 542-552.

Aber, L., Brown, J. L., Jones, S. M., Berg, J., & Torrente, C. (2011). School-based strategies to prevent violence, trauma, and psychopathology: The challenges of going to scale. *Development and Psychopathology, 23*(2), 411-421.

Azzam, A. M. (2009). Why creativity now? A conversation with Sir Ken Robinson. *Educational Leadership, 67*(1), 22-26.

Battistich, V., Schaps, E., Watson, M., Solomon, D., & Lewis, C. (2000). Effects of the Child Development Project on students' drug use and other problem behaviors. *Journal of Primary Prevention, 21*(1), 75-99.

Battistich, V., Solomon, D., Watson, S., & Schaps, E. (1997). Caring school communities. *Educational Psychologist,* 32, 137-151.

Bear, G. (2010). *School discipline and self-discipline: A practical guide to promoting prosocial student behavior.* New York: Guilford Press.

Benitez, M., Davidson, J., Flaxman, L., Sizer, T., & Sizer, N. (2009). *Small schools, big ideas: The essential guide to successful school transformation.* San Francisco: Wiley.

Benson, T., Fullan, M., Kegan, R., Madrazo, C., Quinn, J., & Senge, P. (2012). *Developmental stories: Lessons of systemic change for success in implementing the new Common Core standards—A report for the Hewlett Foundation*

Program on Deep Learning. Accessed at www.academyforchange.org/wp-content/uploads/2012/08/CC7.4.12rl.pdf on March 5, 2013.

Bernard, S. (2010, December 1). *Science shows making lessons relevant really matters* [Web log post]. Accessed at www.edutopia.org/neuroscience-brain-based-learning-relevance-improves-engagement on June 18, 2012.

Bierman, K. L., Domitrovich, C. E., Nix, R. L., Gest, S. D., Welsh, J. A., Greenberg, M. T., et al. (2008). Promoting academic and social-emotional school readiness: The Head Start REDI program. *Child Development, 79*(6), 1802-1817.

Borko, H., Stecher, B., & Kuffner, K. (2007). *Using artifacts to characterize reform-oriented instruction: The scoop notebook and rating guide*. Los Angeles: National Center for Research on Evaluation, Standards, and Student Testing. Accessed at www.cse.ucla.edu/products/reports/r707.pdf on October 22, 2012.

Brackett, M. A., & Kremenitzer, J. P. (2011). *Creating emotionally literate classrooms: An introduction to the RULER approach to social and emotional learning*. Port Chester, NY: National Professional Resources.

Breines, J. G., & Chen, S. (2012). Self-compassion increases self-improvement motivation. *Personality & Social Psychology Bulletin, 38*(9), 1133-1143.

Broderick, P. C. (n.d.). *Learning to BREATHE: A mindfulness curriculum for adolescents*. Accessed at http://learning2breathe.org on June 27, 2012.

Bronson, P., & Merryman, A. (2010, July 19). The creativity crisis. *Newsweek,* pp. 44-50.

Brown, A. L. (1997). Transforming schools into communities of thinking and learning about serious matters. *American Psychologist, 52*(4), 399-413. Accessed at http://psycnet.apa.org/journals/amp/52/4/399 on October 12, 2012.

Brown, B. (2010, December 23). *Brené Brown: The power of vulnerability* [Video file]. Accessed at www.ted.com/talks/brene_brown_on_vulnerability.html on June 16, 2012.

Brown, B. (2012). *Daring greatly: How the courage to be vulnerable transforms the way we live, love, parent, and lead*. New York: Penguin.

Brown, J., & Isaacs, D. (2005). *The World Café: Shaping our futures through conversations that matter.* San Francisco: Barrett-Koehler.

Brown, K. W., & Ryan, R. M. (2003). The benefits of being present: Mindfulness and its role in psychological well-being. *Journal of Personality and Social*

Psychology, 84(4), 822–848.

Brown, K. W., Ryan, R. M., & Creswell, J. D. (2007). Mindfulness: Theoretical foundations and evidence for its salutary effects. *Psychological Inquiry, 18*(4), 211–237.

Brown, P. L. (2007, June 16). In the classroom, a new focus on quieting the mind. *The New York Times*, pp.10–13. Accessed at www.nytimes.com/2007/06/16/us/16mindful.html?sq=in the classroom a new focus&st=cse&scp=1&pagewanted=print on October 12, 2012.

Brown, R. (1999). The teacher as contemplative observer. *Educational Leadership, 56*(4), 70–73.

Bryk, A. S., & Schneider, B. L. (2004). *Trust in schools: A core resource for improvement*. New York: Sage Foundation.

Bryk, A. S., Sebring, P. B., & Allensworth, E. (2010). *Organizing schools for improvement: Lessons from Chicago*. Chicago: University of Chicago Press.

Chetty, R., Friedman, J. N., & Rockoff, J. E. (2011). *The long-term impacts of teachers: Teacher value-added and student outcomes in adulthood* (NBER Working Paper No. 17699). Cambridge, MA: National Bureau of Economic Research. Accessed at www.nber.org/papers/w17699 on October 12, 2012.

Collaborative for Academic, Social, and Emotional Learning. (n.d.a). *How evidence-based SEL programs work to produce greater student success in school and life*. Accessed at http://casel.org/publications/how-evidence-based-social-and-emotional-learning-programs-work-to-produce-greater-student-success-in-school-and-life on October 12, 2012.

Collaborative for Academic, Social, and Emotional Learning (n.d.b). *What is SEL?* Accessed at http://casel.org/why-it-matters/what-is-sel on March 5, 2013.

Collins English dictionary: Complete and unabridged (10th ed.). (2013). New York: HarperCollins.

Committee on Psychosocial Aspects of Child and Family Health. (1998). Guidance for effective discipline. *Pediatrics, 101*(4), 723–728.

Connolly, M. (2009). *What they never told me in principal's school: The value experience cannot be overestimated*. Lanham, MD: R&L Education.

Covey, S. R. (2004). *Seven habits of highly effective people*. New York: Free Press.

Covey, S. R. (2009). *The leader in me: How schools and parents around the world are inspiring greatness, one child at a time*. New York: Simon & Schuster.

Cox, M., Alm, R., & Holmes, N. (2004, May 13). Op-chart where the jobs are. *The New York Times*, p. A27.

Crew, R. (2007). *Only connect: The way to save our schools*. New York: Farrar, Straus & Giroux.

Cullen, M., Wallace, L., & Hedberg, B. (2009). *SMART-in-Education Teachers' Program: Instructor's manual*. Boulder, CO: Impact Foundation.

Curry School of Education, Center for Advanced Study of Teaching and Learning. (2013). *Classroom Assessment Scoring System*. Accessed at http://curry.virginia.edu/research/centers/castl/class on March 1, 2013.

Danielson, L. M. (2009). How teachers learn: Fostering reflection. *Educational Leadership, 66*(5), 5-9.

Darling-Hammond, L. (2012). *Creating a comprehensive system for evaluating and supporting effective teaching*. Stanford, CA: Stanford Center for Opportunity Policy in Education.

Darling-Hammond, L., Ancess, J., & Ort, S. W. (2002). Reinventing high school: Outcomes of the Coalition Campus Schools Project. *American Educational Research Journal, 39*(3), 639-673.

Darling-Hammond, L., Austin, K., Orcutt, S., & Rosso, J. (2001). *How people learn: Introduction to learning theories*. Stanford, CA: Stanford University.

Darling-Hammond, L., & Bransford, J. (Eds.). (2005). *Preparing teachers for a changing world: What teachers should learn and be able to do*. San Francisco: Jossey-Bass.

Darling-Hammond, L., & Richardson, N. (2009). Teacher learning: What matters? *Educational Leadership, 66*(5), 46-53.

Denton, P. (2008). The positive classroom: The power of our words. *Educational Leadership, 66*(1), 28-31.

Diamond, A. (2010). The evidence base for improving school outcomes by addressing the whole child and by addressing skills and attitudes, not just content. *Early Education and Development, 21*(5), 780-793.

Diamond, A., & Lee, K. (2011). Interventions shown to aid executive function development in children 4 to 12 years old. *Science, 333*(6045), 959-964.

Dictionary.com. (2013). *Creativity*. Accessed at http://dictionary.reference.com/

browse/creativity?s=t on June 18, 2012.

Duckworth, A. L., & Quinn, P. D. (2009). Development and validation of the Short Grit Scale (GRIT-S). *Journal of Personality Assessment, 91*(2), 166-174.

Durlak, J. A., & DuPre, E. P. (2008). Implementation matters: A review of research on the influence of implementation on program outcomes and the factors affecting implementation. *American Journal of Community Psychology, 41*(3-4), 327-350.

Durlak, J. A., Weissberg, R. P., Dymnicki, A. B., Taylor, R. D., & Schellinger, K. B. (2011). The impact of enhancing students' social and emotional learning: A meta-analysis of school-based universal interventions. *Child Development, 82*(1), 405-432.

Dweck, C. S. (2006). *Mindset: The new psychology of success*. New York: Random House.

Eccles, J. S., & Roeser, R. W. (2011). School and community influences on human development. In M. H. Bornstein & M. E. Lamb (Eds.), *Developmental science: An advanced textbook* (6th ed., pp. 571-643). New York: Taylor & Francis.

Elbot, C. F., & Fulton, D. (2008). *Building an emotional school culture: Excellence in academics and character*. Thousand Oaks, CA: Corwin Press.

Elias, M. J. (1997). *Promoting social and emotional learning: Guidelines for educators*. Alexandria, VA: Association for Supervision and Curriculum Development.

Elias, M. J., & Arnold, H. (2006). *The educator's guide to emotional intelligence and academic achievement: Social-emotional learning in the classroom*. Thousand Oaks, CA: Corwin Press.

Elias, M. J., Arnold, H., & Hussey, C. S. (Eds.) (2003). *EQ + IQ = Best leadership practices for caring and successful schools*. Thousand Oaks, CA: Corwin Press.

Elias, M. J., Parker, S. J., Kash, V. M., & Dunkeblau, E. (2007). Social-emotional learning and character and moral education: Synergy or fundamental divergence in our schools? *Information Age, 5*(2), 167-181.

Elias, M. J., & Zins, J. E. (2003). Implementation, sustainability, and scaling up of social-emotional and academic innovations in public schools. *School Psychology Review, 32*(3), 303-319.

Ellinor, L., & Gerard, G. (1998). *Dialogue: Rediscover the transforming power of conversation*. New York: Wiley.

Emmons, R. A., & McCullough, M. E. (2003a). Counting blessings versus burdens: An experimental investigation of gratitude and subjective well-being in daily life. *Journal of Personality and Social Psychology, 84*(2), 377-389.

Emmons R. A., & McCullough, M. E, (2003b). *Highlights from the research project on gratitude and thankfulness: Dimensions and perspectives of gratitude*. Accessed at www.psy.miami.edu/faculty/mmccullough/Gratitude-Related%20 Stuff/highlights_fall_2003.pdf on March 5, 2013.

Fixsen, D. L., Naoom, S. F., Blase, K. A., Friedman, R. M., & Wallace, F. (2005). *Implementation research: A synthesis of the literature*. Tampa: University of South Florida.

Flaspohler, P., Duffy, J., Wandersman, A., Stillman, L., & Maras, M. A. (2008). Unpacking prevention capacity: An intersection of research–to–practice models and community-centered models. *American Journal of Community Psychology, 41*(3-4), 182-196.

Flicker, J. (2012, March 23). Mindfulness in education [Web log post]. Accessed at http://lifeworkslearningcenter.com/2012/mindfulness-in-education on June 12, 2012.

Frey, N., Fisher, D., & Everlove, S. (2009). *Productive group work: How to engage students, build teamwork, and promote understanding*. Alexandria, VA: Association for Supervision and Curriculum Development.

Fried, R. (2001). *The passionate teacher: A practical guide*. Boston: Beacon Press.

Fritz, R. (1984). *The path of least resistance: Principles for creating what you want to create*. Salem, MA: DMA.

Fritz, R. (1994). *The path of least resistance: Learning to become the creative force in your own life*. Burlington, MA: Butterworth Heinemann. Accessed at http://books.google.com/books?id=JHtRAAAAYAAJ&pgis=1on October 12, 2012.

Fullan, M. (Ed.) (1997). *The challenge of school change: A collection of articles*. Arlington Heights, IL: IRI/Skylight Training.

Gambone, M. A., Klem, A. M., & Connell, J. P. (2002). *Finding out what matters for youth: Testing key links in a community action framework for youth development*. Philadelphia: Youth Development Strategies, Institute for

Research and Reform in Education.

Garmston, R. J. (1998). Becoming expert teachers (Pt.1). *Journal of Staff Development, 19*(1). Accessed at www.learningforward.org/news/jsd/garmston191.cfm on October 12, 2012.

Garrison Institute. (n.d.). *CARE for teachers*. Accessed at www.garrisoninstitute.org/index.php?option=com_content&view=article&id=77&Itemid=79 on June 27, 2012.

Gay, G. (2000). *Culturally responsive teaching: Theory, research, and practice* (Multicultural Education Series). New York: Teachers College Press.

Gerzon, M. (1997). Teaching democracy by doing it! *Educational Leadership, 54*(5), 6-11.

Gerzon, M. (2010). *American citizen, global citizen*. Boulder, CO: Spirit Scope.

Ginott, H. G. (1975). *Teacher and child: A book for parents and teachers*. New York: Avon Books.

Goddard, R. D., Hoy, W. K., & Hoy, A. W. (2000). Collective teacher efficacy: Its meaning, measure, and impact on student achievement. *American Educational Research Journal,* 37(2), 479-507. Accessed at http://aer.sagepub.com/content/37/2/479short on October 12, 2012.

Goddard, R. D., Hoy, W. K., & Hoy, A. W. (2004). Collective efficacy beliefs: Theoretical developments, empirical evidence, and future directions. *Educational Researcher, 33*(3), 3-13.

Goleman, D. (1995). *Emotional intelligence*. New York: Bantam Books.

Goleman, D. (1998). What makes a leader? *Harvard Business Review, 76*(6), 93-102.

Goleman, D. (2006). *Social intelligence: The new science of human relationships*. New York: Random House Large Print.

Goleman, D., Boyatzis, R., & McKee, A. (2001). Primal leadership: The hidden driver of great performance. *Harvard Business Review, 79*(11), 42-53.

Goodenow, C. (1993). Classroom belonging among early adolescent students: Relationships to motivation and achievement. *The Journal of Early Adolescence, 13*(1), 21-43.

Greenberg, M. T., Weissberg, R. P., O'Brien, M. U., Zins, J. E., Fredericks, L., Resnik, H., et al. (2003). Enhancing school-based prevention and youth development through coordinated social, emotional, and academic learning. *American Psychologist 58*(6-7), 466-474.

Greenland, S. K. (2010). *The mindful child: How to help your kid manage stress and become happier, kinder, and more compassionate*. New York: Simon & Schuster.

Guhn, M., Schonert-Reichl, K. A., Gadermann, A. M., Marriott, D., Pedrini, L., Hymel, S., et al. (2012). Well-being in middle childhood: An assets-based population-level research-to-action project. *Child Indicators Research, 5*(2), 393-418.

Halgunseth, L. C., Carmack, C., Childs, S. S., Caldwell, L., Craig, A., & Smith, E. P. (2012). Using the Interactive Systems Framework in understanding the relation between general program capacity and implementation in afterschool settings. *American Journal of Community Psychology, 50*(3-4), 311-320.

Hamre, B. K., & Pianta, R. C. (2001). Early teacher-child relationships the trajectory of children's school outcomes through eighth grade. *Child Development, 72*(2), 625-638.

Hamre, B. K., & Pianta, R. C. (2009). Classroom environments and developmental processes. In J. L. Meece & J. S. Eccles (Eds.), *Handbook of research on schools, schooling and human development* (pp. 25-41). New York: Routledge.

Hamre, B. K., Pianta, R. C., Burchinal, M., Field, S., LoCasale-Crouch, J., Downer, J. T., et al. (2012). A course on effective teacher-child interactions: Effects on teacher beliefs, knowledge, and observed practice. *American Educational Research Journal, 49*(1), 88-123.

Han, S. S., & Weiss, B. (2005). Sustainability of teacher implementation of school-based mental health programs. *Journal of Abnormal Child Psychology, 33*(6), 665-679.

Hargreaves, A. (2001). *Learning to change: Teaching beyond subjects and standards*. San Francisco: Wiley.

Hargreaves, A., & Fullan, M. (2012). *Professional capital: Transforming teaching in every school*. New York: Teachers College Press.

Hart, T. (2009). *From information to transformation: Education for the evolution of consciousness* (3rd ed.). New York: Peter Lang.

Hattie, J. (2009). *Visible learning: A synthesis of over 800 meta-analyses relating to achievement*. New York: Taylor & Francis.

Heckman, J. J., & Kautz, T. (2012). Hard evidence on soft skills. *Labour Economics, 19*(4), 451-464.

Heifetz, R. A., & Linsky, M. (2002). *Leadership on the line: Staying alive through the dangers of leading*. Watertown, MA: Harvard Business School Press.

Holzel, B. K., Lazar, S. W., Gard, T., Schuman-Olivier, Z., Vago, D. R., & Ott, U. (2011). How does mindfulness meditation work? Proposing mechanisms of action from a conceptual and neural perspective. *Perspectives on Psychological Science, 6*(6), 537-559.

Hughes, J. N., Cavell, T. A., & Willson, V. (2001). Further support for the developmental significance of the quality of the teacher-student relationship. *Journal of School Psychology, 39*(4), 289-301.

Hymel, S., Schonert-Reichl, K. A., & Miller, L. D. (2006). Reading, 'riting, 'rithmetic and relationships: Considering the social side of education. *Exceptionality Education Canada, 16*(3), 1-44.

Intrator, S. M. (2002). *Stories of the courage to teach: Honoring the teacher's heart*. San Francisco: Jossey-Bass.

James, W., Burkhardt, F., Bowers, F., & Skrupskelis, I. K. (1981). *The principles of psychology* (Vols. 1-2). Cambridge, MA: Harvard University Press.

Jennings, P. (2011). *Teachers tuning in*. Accessed at www.mindful.org/the-mindful society/education//teachers-tuning-in on October 12, 2012.

Jennings, P. A., & Greenberg, M. T. (2009). The prosocial classroom: Teacher social and emotional competence in relation to student and classroom outcomes. *Review of Educational Research, 79*(1), 491-525.

Jennings, P. A., Snowberg, K. E., Coccia, M. A., & Greenberg, M. T. (2012). *Refinement and evaluation of the CARE for Teachers program*. In M. Greenberg (Chair), Promoting empathy, awareness, and compassion with parents, teachers, and youth. Symposium presented at the International Symposia for Contemplative Studies, Denver, CO, April 2012.

Joyce, B. R., & Showers, B. (2002). *Student achievement through staff development* (3rd ed.). Alexandria, VA: Association for Supervision and Curriculum Development.

Kabat-Zinn, J. (1994). *Wherever you go, there you are: Mindfulness meditation in everyday life*. New York: Hyperion.

Kahn, W. A. (1992). To be fully there: Psychological presence at work. *Human Relations, 45*(4), 321-349.

Kegan, R., & Lahey, L. L. (2009). *Immunity to change: How to overcome it and unlock the potential in yourself and your organization*. Cambridge, MA: Harvard Business School Press.

Kessler, R. (1999). Nourishing students in secular schools. *Educational Leadership, 56*(4), 49-52.

Kessler, R. (2000a). *The soul of education: Helping students find connection, compassion, and character at school*. Alexandria, VA: Association for Supervision and Curriculum Development.

Kessler, R. (2000b). The teaching presence. *Virginia Journal of Education, 94*(2), 4.

Kessler, R. (2002a). Adversity as ally. In S. M. Intrator (Ed.), *Stories of the courage to teach: Honoring the teacher's heart* (pp. 141-151). San Francisco: Jossey-Bass.

Kessler, R. (2002b). Nurturing deep connections: Five principles for welcoming soul into school leadership. *School Administrator, 59*(8), 22-26.

Kessler, R. (2002c). *Teaching presence extended*. Unpublished manuscript.

Kessler, R. (2004). Grief as a gateway to love in teaching. In D. P. Liston & J. W. Garrison (Eds.), *Teaching, caring, loving and learning: Reclaiming passion in educational practice* (pp. 133-148). New York: RoutledgeFalmer.

Kessler, R., & Fink, C. (2008). Education for integrity: Connection, compassion and character. In L. Nucci & D. Narváez (Eds.), *Handbook of moral and character education* (pp.431-455). New York: Taylor & Francis.

Kitayama, S., & Uskul, A. K. (2011). Culture, mind, and the brain: Current evidence and future directions. *Annual Review of Psychology, 62*, 419-449.

Kline, K. K. (2003). *Hardwired to connect: The new scientific case for authoritative communities*. New York: Springer-Verlag, Institute for American Values.

Kouzes, J. M., & Posner, B. Z. (2010). *The leadership challenge*. Hoboken, NJ: Wiley.

Langer, E. J. (1989). *Mindfulness*. Indianapolis, IN: Addison-Wesley.

Langer, E. J. (1997). *The power of mindful learning*. Reading, MA: Addison-

Wesley.

Lantieri, L. (2003), Waging peace in our schools. In M. J. Elias, H. Arnold, & C. S. Hussey (Eds.), *EQ + IQ = Best leadership practices for caring and successful schools* (pp. 76-87). Thousand Oaks, CA: Corwin Press.

Lantieri, L., & Goleman, D. (2008). *Building emotional intelligence: Techniques to cultivate inner strength in children*. Boulder, CO: Sounds True.

Lawlor, M. S., & Schonert-Reichl, K. A. (2009). *Resiliency and transitions: Early adolescents and the transition to high school*. Toronto, Ontario: Canadian Association for School Health.

Loehr, J., & Schwartz, T. (2003). *The power of full engagement: Managing energy, not time, is the key to high performance and personal renewal*. New York: Free Press.

Lorde, A. (1994). *Our dead behind us: Poems*. New York: Norton. Accessed at www.amazon.com/Our-Dead-Behind-Us-Poems/dp/0393312380 on October 15, 2012.

Lynch, M., & Cicchetti, D. (1992). Maltreated children's reports of relatedness to their teachers. In R. C. Pianta (Ed.), *Beyond the parent: The role of other adults in children's lives—New directions for child development* (pp. 81-108). San Francisco: Jossey-Bass.

MacDonald, E., & Shirley, D. (2009). *The mindful teacher*. New York: Teachers College Press.

Mandela, N. (1994). *Long walk to freedom: The autobiography of Nelson Mandela*. New York: Little Brown.

Marzano, R. J. (2007). *The art and science of teaching: A comprehensive framework for effective instruction*. Alexandria, VA: Association for Supervision and Curriculum Development.

Marzano, R. J. (2009). *Classroom management that works: Research-based strategies for every teacher*. Upper Saddle River, NJ: Merrill. Accessed at http://books.google.com/books?id=iPOLJwAACAAJ&pgis=1 on October 15, 2012.

Marzano, R. J. (2011). The inner world of teaching. *Educational Leadership, 68*(7), 90-91.

Marzano, R. J. (2012a). *Becoming a reflective teacher*. Bloomington, IN: Marzano Research Laboratory.

Marzano, R. J. (2012b). Relating to students: It's what you do that counts. *Educational Leadership, 68*(6), 82-83.

Marzano, R. J., Marzano, J. S., & Pickering, D. (2003). *Classroom management that works: Research-based strategies for every teacher.* Alexandria, VA: Association for Supervision and Curriculum Development. Accessed at http://books.google.com/books?id=BVM2ml2Q –QgC&pgis=1 on October 12, 2012.

McCormick, K. M., & Brennan, S. (2001). Mentoring the new professional in interdisciplinary early childhood education: The Kentucky Teacher Internship Program. *Topics in Early Childhood Special Education, 21*(3), 131-149.

McCullough, M. E., Pargament, K. I., & Thoresen, C. E. (2001). *Forgiveness: Theory, research, and practice.* New York: Guilford Press. Accessed at http://books.google.com/books?hl=en&lr=&id=bXzbpTaorg4C&pgis=1 on October 12, 2012.

McIntosh, P. (2003a). White privilege: Unpacking the invisible knapsack. In P. S. Rothenberg (Ed), *Race, class, and gender in the United States: An integrated study* (pp. 188-192). New York: Worth.

McIntosh, P. (2003b). White privilege and male privilege. In M. S. Kimmel & A. L. Ferber (Eds.), *Privilege: A reader* (pp. 147-160). Boulder, CO: Westview Press.

McMillan, J. H. (2000). *Basic assessment concepts for teachers and school administrators.* College Park, MD: ERIC Clearinghouse on Assessment and Evaluation. Accessed at www.behavioralinstitute.org/FreeDownloads/Assessment/ERIC basic assessment concepts for teachers and administrators.pdf on March 5, 2013.

McNeely, C. A., Nonnemaker, J. M., & Blum, R. W. (2002). Promoting school connectedness: Evidence from the National Longitudinal Study of Adolescent Health. *Journal of School Health, 72*(4), 138-146.

Meador, D. (n.d.). *Qualities of an effective teacher.* Accessed at http://teaching.about.com/od/pd/a/Qualities–Of–An-Effective-Teacher.htm on June 25, 2012.

Medina, J. (2008). *Brain rules: 12 principles for surviving and thriving at work, home, and school.* Seattle, WA: Pear Press.

Meece, J. L., & Eccles, J. S. (2009). Schools as a context of human development. In J. L. Meece & J. S. Eccles (Eds.), *Handbook of research on schools, schooling and human development* (pp. 3-5), New York: Routledge.

Mendes, E. (2003). What empathy can do. *Educational Leadership, 61*(1), 56-59.

MetLife. (2012). *The MetLife Survey of the American Teacher: Teachers, parents and the economy*. New York: Author. Accessed at www.eric.ed.gov/ERICWebPortal/contentdelivery/servlet/ERICServlet?accno=ED530021 on October 12, 2012.

Meyers, D. C., Durlak, J. A., & Wandersman, A. (2012). The Quality Implementation Framework: A synthesis of critical steps in the implementation process. *American Journal of Community Psychology, 50*(3-4), 462-480.

Miller, J. P. (2007). Whole teaching, whole schools, whole teachers. *Educational Leadership, 64*, 7-10. Accessed at www.ascd.org/publications/educational-leadership/summer07/vol64/num09/Whole-Teaching,-Whole-Schools,-Whole-Teachers.aspx on October 12, 2012.

Mitchell-Copeland, J., Denham, S. A., & DeMulder, E. K. (1997). Q-sort assessment of child-teacher attachment relationships and social competence in the preschool. *Early Education & Development, 8*(1), 27-39.

Moulthrop, D., Calegari, N. C., & Eggers, D. (2006). *Teachers have it easy: The big sacrifices and small salaries of America's teachers*. New York: Perseus Books Group.

Murray, C., & Greenberg, M. T. (2000). Children's relationship with teachers and bonds with school: An investigation of patterns and correlates in middle childhood. *Journal of School Psychology, 38*(5), 423-445.

Myers, S. (2008). Conversations that matter: The positive classroom. *Educational Leadership, 66*(1).

National Coalition for Equity in Education. (n.d.). *NCEE publications*. Accessed at http://ncee.education.ucsb.edu/publications.htm on March 5, 2013.

National Council for Accreditation of Teacher Education. (2008). *Professional standards for the accreditation of teacher preparation institutions*. Washington, DC: Author.

National School Reform Faculty. (n.d.). *Success analysis protocol*. Accessed at www.nsrfharmony.org/protocol/doc/success_analysis_cfg.pdf on March 5, 2013.

Newfield Network. (n.d.). *Learning with heart: A Newfield News article by Bob Dunham*. Accessed at www.newfieldnetwork.com/New2/News/0212/Heart/index.cfm on March 5, 2013.

Nieto, S. (2003). *What keeps teachers going?* New York: Teachers College Press.

Noddings, N. (2011). *Philosophy of education*. Boulder, CO: Westview Press.

Noë, A. (2009). *Out of our heads: Why you are not your brain, and other lessons from the biology of consciousness*. New York: Farrar, Straus and Giroux.

Noguera, P. (2011, May 21). *Morningside Center's Courageous Schools Conference*. Accessed at www.morningsidecenter.org/noguera.html on October 12, 2012.

Nucci, L. P., & Narvaéz, D. (2008). *Handbook of moral and character education*. New York: Taylor & Francis.

Odom, S. L., Hanson, M., Lieber, J., Diamond, K., Palmer, S., Butera, G., et al. (2010). Prevention, early childhood intervention, and implementation science. In B. Doll, W. Pfohl, & J. S. Yoon, *Handbook of youth prevention science* (pp. 413–432). New York: Routledge.

Olalla, J. (n.d.). *Learning with heart*. Accessed at www.newfieldnetwork.com/New2/News/0212 Heart/index.cfm on June 26, 2012.

O'Neill-Grace, C., & Thompson, M. (2002). *Best friends, worst enemies: Understanding the social lives of children*. New York: Random House.

Orfield, G., Losen, D., Wald, J., & Swanson, C. B. (2004). *Losing our future: How minority youth are being left behind by the graduation rate crisis*. Cambridge, MA: Civil Rights Project at Harvard University. Accessed at www.urban.org/UploadPDF/410936_LosingOurFuture.pdf on March 5, 2013.

Osher, D., Sprague, J., Weissberg, R. P., Axelrod, J., Keenan, S., Kendziora, K., et al. (2008). A comprehensive approach to promoting social, emotional, and academic growth in contemporary schools. In A. Thomas & J. Grimes (Eds.), *Best practices in school psychology V* (5th ed., pp. 1263–1278). Bethesda, MD: National Association of School Psychologists.

Ottmar, E. R., Rimm-Kaufman, S. E., Larsen, R., & Merritt, E. G. (2011). *Relations between mathematical knowledge for teaching, mathematics instructional quality, and student achievement in the context of the "Responsive Classroom (RC)" approach*. Evanston, IL: Society for Research on Educational Effectiveness.

Palmer, P. J. (1993). *To know as we are known: Education as a spiritual journey*. New York: HarperCollins.

Palmer, P. J. (1997). The heart of a teacher identity and integrity in teaching. *Change:*

The Magazine of Higher Learning, 29(6), 14-21.

Palmer, P. J. (1998). *The courage to teach: Exploring the inner landscape of a teacher's life*. San Francisco: Jossey-Bass.

Palmer, P. J. (2009). *A hidden wholeness: The journey toward an undivided life*. San Francisco: Wiley.

Pausch, R., & Zaslow, J. (1990). *The last lecture*. New York: Hyperion.

Payton, J., Weissberg, R. P., Durlak, J. A., Dymnicki, A. B., Taylor, R. D., Schellinger, K. B., et al. (2008). *The positive impact of social and emotional learning for kindergarten to eighth-grade students: Findings from three scientific reviews*. Chicago: Collaborative for Academic, Social, and Emotional Learning. Accessed at http://casel.org/wp-content/uploads/PackardTR.pdf on March 5, 2013.

Pollock, J. E. (2007). *Improving student learning one teacher at a time*. Alexandria, VA: Association for Supervision and Curriculum Development.

Pool, C. R. (1997). Maximizing learning: A conversation with Renate Nummela Caine. *Educational Leadership, 54*(6), 11-15.

Porter, A. C., Gamoran, A., & Board on International Comparative Studies in Education. (2002). *Methodological advances in cross-national surveys of educational achievement*. Washington, DC: National Academies Press.

Porter, C. J., & Cleland, J. (1995). *The portfolio as a learning strategy*. Portsmouth, NH: Boynton/Cook.

Reiss, K. J. (2012). *Be a CHANGEMASTER: 12 coaching strategies for leading professional and personal change*. Thousand Oaks, CA: Corwin Press.

Rendón, L. I. (2009). *Sentipensante (sensing/thinking) pedagogy: Educating for wholeness, social justice and liberation*. Sterling, VA: Stylus.

Resnick, M. D., Bearman, P. S., Blum, R. W., Bauman, K. E., Harris, K. M., Jones, J., Tabor, J., et al. (1997). Protecting adolescents from harm: Findings from the National Longitudinal Study on Adolescent Health. *Journal of the American Medical Association, 278*(10), 823.

Roeser, R. W. (2012). *Mindfulness training for public school teachers: Rationales, processes and outcomes*. Denver, CO: International Symposia for Contemplative Studies.

Roeser, R. W., Eccles, J. S., & Sameroff, A. J. (2000). School as a context of early adolescents' academic and social-emotional development: A summary of research findings. *The Elementary School Journal, 100*(5), 443-471.

Roeser, R. W., Marachi, R., & Gelhbach, H. (2002). A goal theory perspective on teachers' professional identities and the contexts of teaching. In C. Midgley (Ed.), *Goals, goal structures, and patterns of adaptive learning* (pp. 204-241). Mahwah, NJ: Erlbaum.

Roeser, R. W., Midgley, C., & Urdan, T. C. (1996). Perceptions of the school psychological environment and early adolescents' psychological and behavioral functioning in school: The mediating role of goals and belonging. *Journal of Educational Psychology, 88*(3), 408-422.

Roeser, R. W., & Peck, S. C. (2009). An education in awareness: Self, motivation, and self-regulated learning in contemplative perspective. *Educational Psychologist, 44*(2), 119-136.

Roeser, R. W., Peck, S. C., & Nasir, N. S. (2009). Self and identity processes in school motivation, learning, and achievement. In J. L. Meece & J. S. Eccles (Eds.), *Handbook of research on schools, schooling and human development* (pp. 391-424). New York: Routledge.

Roeser, R. W., Skinner, E., Beers, J., & Jennings, P. A. (2012). Mindfulness training and teachers' professional development: An emerging area of research and practice. *Child Development Perspectives, 6*(2), 167-173.

Roeser, R., & Zelazo, P. D. (2012). Contemplative science, education and child development: Introduction to the special section. *Child Development Perspectives, 6*(2), 143-145.

Ryan, T. (2012). *A mindful nation: How a simple practice can help us reduce stress, improve performance, and recapture the American spirit.* Carlsbad, CA: Hay House.

Salovey, P., & Mayer, J. D. (1990). Emotional intelligence. *Imagination, Cognition and Personality, 9*, 185-211.

Sankowski, L. (n.d.). *Teaching from the inside out: From an interview with first-grade teacher Maura McNiff.* Accessed at www.couragerenewal.org/stories/152-stories/294-teaching-from-the-inside-out on June 2, 2012.

Sarason, S. (1990). *The predictable failure of educational reform: Can we change course before it's too late?* San Francisco: Jossey-Bass.

Scharmer, C. O. (2009). *Theory U: Leading from the future as it emerges*. San Francisco: Berrett-Koeher.

Schoeberlein, D., & Sheth, S. (2009). *Mindful teaching and teaching mindfulness: A guide for anyone who teaches anything*. Somerville, MA: Wisdom.

Schonert-Reichl, K. A. (2011). Promoting empathy in school-aged children. In K. Nader (Ed.), *School rampage shootings and other youth disturbances: Early preventative interventions* (pp. 159-204). New York: Taylor & Francis.

Schonert-Reichl, K. A., & Hymel, S. (2007). Educating the heart as well as the mind: Social and emotional learning for school and life success. *Education Canada, 47*(2), 20-25. Accessed at www.eric.ed.gov/ERICWebPortal/detail?accno=EJ771005 on October 12, 2012.

Schonert-Reichl, K. A., Smith, V., Zaidman-Zait, A., & Hertzman, C. (2011). Promoting children's prosocial behaviors in school: Impact of the "Roots of Empathy" program on the social and emotional competence of school-aged children. *School Mental Health, 4*(1), 1-21.

Schön, D. A. (1983). *The reflective practitioner: How professionals think in action*. New York: Basic Books.

Senge, P. M., Cambron McCabe, N. H., Lucas, T., Kleiner, A., Dutton, J., & Smith, B. (2000). *Schools that learn: A fifth discipline fieldbook for educators, parents, and everyone who cares about education*. New York: Doubleday.

Shulman, L. S. (2009, October 8-9). *Educating world citizens: Integrations, reflections, and future directions*. Presented at the meeting of the Mind and Life Institute, Mind and Life XIX: Educating World Citizens for the 21st Century, Washington, DC.

Siegel, D. J. (2010). *Mindsight: The new science of personal transformation*. New York: Bantam Books.

Smith, R., & Lambert, M. (2008). The positive classroom: Assuming the best. *Educational Leadership, 66*(1), 16-21.

Spaulding, T. (2010). *It's not just who you know: Transform your life (and your organization) by turning colleagues and contacts into lasting, genuine relationships*. New York: Broadway Books.

Stecher, B. M., Borko, H., Kuffner, K. L., & Wood, A. C. (2005). *Using classroom artifacts to measure instructional practices in middle school mathematics:*

A two-state field test. Accessed at www.cse.ucla.edu/products/reports/r662.pdf on October 22, 2012.

Stuhlman, M. W., Hamre, B. K., Downer, J. T., & Pianta, R. C. (2010). *A practitioner's guide to conducting classroom observations: What the research tells us about choosing and using observational systems*. Accessed at www.wtgrantfdn.org/File Library/Resources/Practitioners Guide.pdf on March 1, 2013.

Sylwester, R. (1994). How emotions affect learning. *Educational Leadership, 52*(2), 60-65.

Sylwester, R. (1995). *A celebration of neurons: An educator's guide to the human brain*. Alexandria, VA: Association for Supervision and Curriculum Development.

Thompson, S. (2005). *Leading from the eye of the storm: Spirituality and public school improvement*. Lanham, MD: R&L Education.

Thompson, M., & Grace, C. O. (2001). *Best friends, worst enemies: Understanding the social lives of children*. New York: Ballantine Books.

Tomlinson, C. A., & Imbeau, M. B. (2010). *Leading and managing a differentiated classroom*. Alexandria, VA: Association for Supervision and Curriculum Development.

Tschannen-Moran, M. (2004). *Trust matters: Leadership for successful schools*. San Francisco: Jossey-Bass.

Tutu, D. (2004). *Truth and reconciliation*. Accessed at http://greatergood.berkeley.edu/article/item/truth_and_ reconciliation on January 25, 2013.

Vansteenkiste, M., Simons J., Lens, W., Sheldon, K. M., & Deci, E. L. (2004). Motivating learning, performance, and persistence: The synergistic effects of intrinsic goal contents and autonomy-supportive contexts. *Journal of Personality and Social Psychology, 87*(2), 246-260.

Vitto, J. M. (2003). *Relationship-driven classroom management: Strategies that promote student motivation*. Thousand Oaks, CA: Corwin Press.

Vygotsky, L. S., & Cole, M. (1978). *Mind in society: The development of higher psychological processes*. Cambridge, MA: Harvard University Press.

Wagner, T. (2010). *The global achievement gap: Why even our best schools don't teach the new survival skills our children need—and what we can do about it*. New York: Basic Books.

Wandersman, A., Duffy, J., Flaspohler, P., Noonan, R., Lubell, K., Stillman, L., et al. (2008). Bridging the gap between prevention research and practice: The Interactive Systems Framework for Implementation and Dissemination. *American Journal of Community Psychology, 41*(3-4), 171-181.

Watson, M., & Ecken, L. (2003). *Learning to trust: Transforming difficult elementary classrooms through developmental discipline*. San Francisco: Jossey-Bass.

Weaver, L., & Kessler, R. (2011). Six passages of childhood. In A. N. Johnson & M. Neagley (Eds.), *Educating from the heart: Theoretical and practical approaches to transforming education* (pp. 49-67). Lanham, MD: R&L Education.

Weissberg, R. P., Payton, J. W., O'Brien, M. U., & Munro, S. (2007). Social and emotional learning. In F. C. Power, R. J. Nuzzi, & D. Narvaez (Eds.), *Moral education: A handbook* (pp. 417-418). Westport, CT: Greenwood Press.

Wentzel, K. R. (2009). Students' relationships with teachers. In J. L. Meece & J. S. Eccles (Eds.), *Handbook of research on schools, schooling and human development* (pp. 75-91). New York: Routledge.

White, K. K., Zion, S., & Kozleski, E. (2005). *Cultural identity and teaching*. Tempe, AZ: National Institute for Urban School Improvement. Accessed at www.niusileadscape.org/lc/Record/605?search_query=Cultural Identity and Teaching on March 5, 2013.

Wiggins, G. (1989). A true test: Toward more authentic and equitable assessment. *Phi Delta Kappan, 70*(9), 703-713.

Wiggins, G. (2011). A true test: Toward more authentic and equitable assessment. *Phi Delta Kappan, 92*(7), 81-93.

Wilensky, R. (2013, February 6). "Mindfulness" in schools to combat stress [Web log post]. Accessed at www.ednewscolorado.org/2013/02/06/55748-voices-mindfulness-in-schools-to-combat-stress on March 5, 2013.

Willingham, D. T. (2009). *Why don't students like school? A cognitive scientist answers questions about how the mind works and what it means for the classroom*. San Francisco: Jossey-Bass.

Willis, J. (2007). The neuroscience of joyful education: Supporting good teaching practices with neuroscience. *Educational Leadership, 64*(9), 1-5.

Wilson, B. L., & Corbett, H. D. (2001). *Listening to urban kids: School reform and the teachers they want.* New York: SUNY Press.

Wiseman, L., & McKeown, G. (2010). *Multipliers: How the best leaders make everyone smarter.* New York: HarperCollins.

Witvliet, C., Ludwig T. E., & Laan, K. L. V. (2001). Granting forgiveness or harboring grudges: Implications for emotion, physiology, and health. *Psychological Science, 12*(2), 117-123.

Zajonc, A. (2005, February 11-13). *Love and knowledge: Recovering the heart of learning through contemplation.* Presented at the meeting of the Center for Contemplative Mind in Society, Contemplative practices and Education: Making Peace in Ourselves and in the World, New York, NY. Accessed at www.contemplativemind.org/admin/wp-content/uploads/2012/09/zajonc-love-and-knowledge.pdf on March 5, 2013.

Zajonc, A. (2008). *Meditation as contemplative inquiry: When knowing becomes love.* Great Barrington, MA: Lindisfarne Books.

Zelazo, P. D., & Cunningham, W. (2007). Executive function: Mechanisms underlying emotion regulation. In R. A. Thompson & J. J. Gross (Eds.), *Handbook of emotion regulation* (pp. 135-158). New York: Guilford Press.

Zimmerman, J. M., & Coyle, V. (2009). *The way of council.* Wilton Manors, FL: Bramble Books.

Zins, J. E., & Elias, M. J. (2006). Social and emotional learning. In G. G. Bear & K. M. Minke (Eds.) *Children's needs III: Development, prevention, and intervention* (3rd ed., pp. 1-13). Bethesda, MD: National Association of School Psychologists.

Zion, S., Kozleski, E., & Fulton, M. L. (2005). *Understanding culture.* Accessed at www.niusileadscape.org/docs/FINAL_PRODUCTS/LearningCarousel/Understanding_Culture.pdf on October 12, 2012.

찾아보기

저자 소개

로라 위버(Laura Weaver)

(현) 패시지 워크 연구소 공동대표이사.

로라 위버는 2003년에 패시지 워크 연구소[1]에 합류한 이래, 이 연구소의 공동책임자로 그리고 수석교사로 활동하고 있다. 로라 위버가 개발한 전환기를 위한 커리큘럼에는 고등학교 신입생을 위한 '고등학교 여행(Journey Into High School)', 최근에 이민 온 학생들을 위한 '이민자들의 통과절차(Newcomers' Passage)', 유치원 아동을 위한 '첫걸음(First Steps)', '건강한 중학교 진학(Making Healthy Transitions Into Middle School)', '상급생으로의 전환(Senior Passages)'이 있다. 또한 저서 『진실한 마음으로 교육하기(Educating From the Heart)』에서는 '아동기의 여섯 가지 통과의례(Six Passages of Childhood)'를 소개하였다. 뿐만 아니라 교사 대상 연수 프로그램의 개발과 시행, 학교관리자 자문, 교사와 학부모를 위한 자료 개발 등에도 많은 시간을 할애하고 있다.

로라 위버는 콜로라도 대학교(University of Colorado) 보울더 캠퍼스에서 석사학위를 취득하였다. 페이스북, www.facebook.com/engagedteaching에서 로라 위버를 팔로우 할 수 있다.

마크 와일딩(Mark Wilding)

(현) 패시지 워크 연구소 공동대표이사.

마크 와일딩은 교사 역량 개발을 지원하는 프로그램과 전문가 직무연수 프로그램을 개발하여 실행하고 있다. 2008년에 패시지 워크 연구소에 합류하기 전까지 나로파 대학교(Naropa University) 교수로 재직한 바 있다. 나로파 대학교에 리더십 및 경영 전문성 개발 센터를 창립하였고, 패시지 워크 연구소의 공동대표이사직을 맡아 이직하기 전까지 줄곧 센터장을 역임하였다. 마크 와일딩은 지금까지도 대학원에서 리더십과 시스템 사고를 주제로 한 강의를 하고 있다. 그는 기업의 사회적 책임을 위한 콜로라도 교육 펀드(CORE, Colorado's Education Fund for Corporate Social Responsibility) 부회장으로 일한 바 있으며, 현재는 게리슨 협회의 국립명상교수학습리더십위원회(Leadership Council for

---

1) 역자 주. 패시지 워크 연구소(PassageWorks Institute)는 2001년에 설립된 비영리 단체로 유치원~고등학교 3학년 교사들이 진정성을 가지고 성찰하면서 가르치는 수업 방법을 개발하고, 사회정서학습과 교과수업을 통합하여 가르치며, 효과적이고 의미 있는 학습공동체(learning community)와 학교문화를 조성하는 데 도움이 되는 혁신적 원리와 실제적 방법을 제공하고 있다. 다양한 강좌, 현장 전문성 개발, 전환기를 위한 커리큘럼, 출판물, 연수 프로그램을 제공하고 있으며, 미국 각지에서 새로운 교육 계획을 세우고 프로그램을 개발하려는 많은 교사 및 교육단체들과 협력하고 있다.

Contemplative Teaching and Learning) 위원으로 활동하고 있다.
마크 와일딩은 시라큐즈 대학교(Syracuse University)와 뉴욕 주립 대학교(State University of New York: SUNY)에서 학사학위를, 나로파 대학교에서 석사학위를 취득하였다. 트위터, @mwilding과 Google+, gplus.to/EngagedTeaching에서 마크 와일딩을 팔로우 할 수 있다.

【집필진과 개발진】

이 책에는 수천 명 교사들의 지혜와 경험이 고스란히 담겨 있다. 자신의 학습공동체에 교사와 학생이 함께하는 참여수업(engaged teaching)의 원리와 실제를 적용해 온 유치원~고등학교 3학년 교사, 교감, 교장, 연구원, 커리큘럼 개발자, 대학교수들이 이 책을 집필하거나 이 책에 소개된 프로그램을 개발하였다. 또한 이들의 연구, 강의, 전문가 직무연수, 인터뷰, 포커스 그룹 등에 참여했던 수많은 교사들의 경험도 이 책에 녹아들어 있다.

비비안 엘리어트 박사(Vivian Elliott, PhD)

러닝 포워드(Learning Forward)의 수석 자문가로서 미국 전역에서 교사와 학교관리자들을 대상으로 전문가 직무연수와 리더십 코칭을 하고 있다. 콜로라도 대학교 보울더 캠퍼스에서 박사학위를 취득하였다. 지난 30년 동안 문화적 민감성(cultural responsiveness)과 편견 제거를 위한 연구를 수행하였고, 이에 관한 워크숍을 개발 및 진행하였다.

캐서린 핑크(Catherine Fink)

패시지 워크 연구소 창립이사로서 2001년 창립 초기부터 지금까지 줄곧 교수진으로 활동하고 있다. 학교자문 프로그램을 맡아 패시지 워크 전환기 커리큘럼을 가르쳤고, 그 밖의 여러 패시지 워크 커리큘럼을 개정, 편집, 감수하였다. 『도덕 및 인성교육 핸드북(Handbook of Moral and Character Education)』에서 사회정서학습[2] 챕터를 공동집필하였다.

---

2) 역자 주. 사회정서학습(social and emotional learning: SEL)은 미국에서 K-12 학생들의 정신건강과 사회정서능력의 증진, 학교폭력과 정서행동문제의 예방, 안전하고 배려하며 지지적인 학교공동체의 확립을 위해 전체 학교 차원에서 실행하는 교육 방법이다.

수전 키스터(Susan Keister)

30년 이상 종합적 학교개혁, 사회정서학습, 약물사용과 괴롭힘의 긍정적 예방, 인성발달, 갈등관리, 봉사학습에 관한 연구, 국제적 프로그램의 개발과 훈련, 전문가 직무연수를 이끌어 왔다. 학업 및 사회정서학습 협회(Collaborative for Academic, Social, and Emotional Learning: CASEL), 국제 라이온즈 클럽 재단, 패시지 워크 연구소에 국제적 자문과 전문가 직무연수 서비스를 제공하고 있다.

아리 저존-케슬러(Ari Gerzon-Kessler, MA)

콜로라도주 아라파호 릿지 초등학교 교장이다. 초등학교 교사로 근무한 경력 이외에도 교육 컨설턴트, 저널리스트, 구술역사가로도 활동한 바 있다. 미국 교육의 모범사례, 특히 사회정서학습(SEL)의 모범적 실제에 관한 대규모 연구를 수행하였다.

캐리 심슨(Carrie Simpson)

유치원생과 초등학교 1학년을 가르친 경력이 있지만 패시지 워크 연구소에서는 주로 성인교육 강좌와 교사 멘토링, 아동발달과 사회정서학습에 관한 발표를 담당하였다. 레이첼 케슬러와 함께 패시지 워크 유치원 전환기 커리큘럼을 공동 저술하였고, 중학교 진학을 앞둔 초등학교 학생을 위한 전환기 커리큘럼의 편저자로 기여한 바 있다. 현재 패시지 워크 연구소에서 저술과 교육활동을 주로 하고 있다.

로나 윌렌스키(Rona Wilensky)

현재 패시지 워크 연구소와 덴버에 있는 SOAR 차터 스쿨의 이사로 활동하고 있으며 게리슨 협회의 명상교수학습리더십위원회 공동회장직을 맡고 있다. 관계(relationships), 현실문제와의 관련성(relevance), 강직함(rigor)을 강조하는 리더십 개발, 명상교육, 유치원~고등학교 교육개혁에 관한 교육 컨설턴트이자 사회적 기업가이며 콜로라도 내 교육개혁을 위한 교육정책분석가로 활동한 바 있다. 콜로라도 보울더에 있는 뉴 비스타 고등학교 창립자이고, 1992년부터 2009년까지 교장으로 재직하였다. 예일 대학교(Yale University)에서 경제학 학사학위와 박사학위를 취득하였다.

역자 소개

신현숙(Shin, Hyeonsook)
미국 미네소타 대학교 학교심리학 전공(PhD)
현 전남대학교 교육학과 교수

〈저서〉
교육심리학
초등학생을 위한 사회정서학습 프로그램
중학생을 위한 사회정서학습 프로그램

〈역서〉
사회정서학습: 정신건강과 학업적 성공의 증진
바르게 훈육하는 학교 스스로 규율을 지키는 학생
적응유연성 핸드북

〈학술논문〉
교사의 사회정서학습 시행의도와 영향요인: 계획된 행동이론에 기초한 증강 모형의 탐색
사회정서학습 시행의 저해요인과 성공요건
중학생용 학교생활참여척도(K-SES-M) 단축형의 개발 및 타당화
교사가 학급에서 제공하는 사회적 맥락과 중학생이 경험하는 주관적 안녕감의 관계에서 기본심리욕구 충족과 희망의 매개효과
Cultural universality and specificity of student engagement in school: The results of an international study from 12 countries

교사와 학생이 함께하는 참여수업

The 5 Dimensions of Engaged Teaching: A Practical Guide for Educators

2019년 8월 20일 1판 1쇄 인쇄
2019년 8월 30일 1판 1쇄 발행

지은이 • Laura Weaver, Mark Wilding
옮긴이 • 신현숙
펴낸이 • 김진환
펴낸곳 • (주) 학지사
04031 서울특별시 마포구 양화로 15길 20 마인드월드빌딩
대표전화 • 02)330-5114 팩스 • 02)324-2345
등록번호 • 제313-2006-000265호

홈페이지 • http://www.hakjisa.co.kr
페이스북 • https://www.facebook.com/hakjisabook

ISBN 978-89-997-1854-0 93370

정가 18,000원

역자와의 협약으로 인지는 생략합니다.
파본은 구입처에서 교환해 드립니다.

이 도서의 국립중앙도서관 출판시도서목록(CIP)은 서지정보유통지원시스템 홈페이지(http://seoji.nl.go.kr)와 국가자료공동목록시스템(http://www.nl.go.kr/kolisnet)에서 이용하실 수 있습니다.
(CIP 제어번호: CIP2019024905)